帝国日本における越境・断絶・残像

モノの移動

植野弘子
上水流久彦 編

風響社

まえがき

上水流 久彦

本書は一対となる『帝国日本における越境・断絶・残像——人の移動』と『帝国日本における越境・断絶・残像——モノの移動』の一冊である。みなさんは、どちらの本を手にしただろうか。この二冊の本の学術的な意義は、それぞれの「序」で述べることとして、「まえがき」では私自身の調査経験からこの二冊の持つ魅力や「大日本帝国」研究から見えてきた感想を紹介したい。

台湾で植民地期の様子を高齢の知人である漢人に聞いていると、「ここには朝鮮から来た人の遊郭があって、そこで働いていた男の人から野球をならったことがあったよ」と語ってくれた。また台湾暮らしでの私の大家は、「あの大きな病院の大先生は、満州の大学を出て医者の免許をとった」と教えてくれた。韓国華僑（中華民国籍を持つ、主に戦前に中国本土から朝鮮半島に移動し居住した華僑。台湾、日本、欧米に住む者もいる）の調査をソウルでしている時、中国語で話していた相手が突然、「戸籍は……」と日本語で語りだした。話を聞くと戦前、山東から大連にいき、そこで学校に通い日本語を学び、朝鮮半島に最終的に移り住んだということであった。与那国の調査では、植民地期、日本本土のマンガが台湾経由で入ってきて那覇よりも早く見ることができたと聞いた。このような話を耳にするたびに、日本（内地）対旧植民地という枠組みではとらえることができない状況がたくさんあり、いつか研究ができないかと考えていた。

植民地期から現在まで台湾に残る「日本」、帝国日本の問題に向き合うべきだという機運は、二〇〇二年頃には台湾を対象とする人類学者の間で広く共有された。そして、最初の成果は、五十嵐眞子・三尾裕子編『戦後台湾における〈日本〉植民地経験の連続・変貌・利用』（風響社、二〇〇六年）としてまとめられた。その後、複数の日本学術振興会科学研究費補助金による研究プロジェクト（以下、科研プロジェクト）において帝国日本の植民地主義を問い、植野弘子・三尾裕子編『台湾における〈植民地〉経験――日本認識の生成・変容・断絶』（風響社、二〇一一年）、三尾裕子・遠藤央・植野弘子編『帝国日本の記憶――台湾・旧南洋群島における外来政権の重層化と脱植民地化』（慶應義塾大学出版会、二〇一七年）としてその成果を世に問うた。前者では、台湾の人々が「日本」をどう操作し、利活用しているのか、その主体性を問うことに重点を置いた。後者では、外来政権に複数回統治された重層性に目を向け、その中で「日本」を捉えなおした。これらの研究成果に続くのが姉妹本の本書である。

本書の成果の多くは、科研プロジェクト「帝国日本のモノと人の移動に関する人類学的研究―台湾・朝鮮・沖縄の他者像とその現在」（研究代者 植野弘子、JP25244044）に負うものだが、この科研プロジェクトでは、日本対旧植民地ではなく、台湾と朝鮮半島というような旧植民地と旧植民地の関係を視野にいれ、かつモノが結ぶ帝国日本という視点で研究を行った。その調査を通じて、日本を中心として東アジアを見る見方から脱却できていない自分の認識の狭さを痛感することとなった。台湾の人々から見れば、日本本土も、沖縄も、朝鮮半島も、旧満州も、そして旧南洋群島も、自らが移動する選択肢、もしくは行かされる場所のひとつであった。私の台湾の知人は、父の仕事で旧満州に住み、その後、北京に居を移した。そこで終戦を迎えるが、彼は台湾に戻るものの、兄と姉は北京に残り、台湾と中国の対立のなか、数十年連絡さえとることができない関係となった。日本本土と台湾を見ているだけでは、零れ落ちる歴史の断面である。

今回、彼が住んだ旧満州での調査はできなかったが、長野県阿智村の満蒙開拓平和記念館をプロジェクトメンバーで訪ねた。記念館の協力を得て旧満州から引き揚げて来た方々からも直接話を伺うことができた。そこでは、移動にみる国策の暴力を痛感した。満州移民は昭和二〇（一九四五）年になっても続けられ、同年五月に旧満州に渡った人もいた。すでに関東軍は旧満州の多くの地域から撤退していたにも拘わらず、である。引き揚げた人々は、そこに住む人々の土地を奪って入植が成り立っていたことも知っていたし、旧満州の地に朝鮮半島の人々が先にいて手助けを受けたことも語ってくれた。満蒙開拓平和記念館が二〇一三年に設立され、一般の人々がその歴史を知ることができるようになったことは、貴重である。その後、敗戦直後、ソ連兵らの攻撃から免れるために村の女性を彼らに差し出した事実も明らかになるなど、多くの過去がいまだに埋もれていることを思い知った科研プロジェクトでもあった。

また、過去の人とモノの移動に目を向けることは、文化の雑多性にも改めて気づかせてくれた。台湾人の移住者が持ち込んだ石垣のパイナップルは石垣の名産になっており、台湾の植民地期の建築物のなかには、その出自が忘れられて、台湾の人々に利用されているものもある。わざわざ過去を掘り返して、「あなたたちの文化には、日本の植民地支配が影響している」と言う必要はない。しかし、ピュアな日本文化も韓国文化も台湾文化も存在しないことは事実である。それにも拘わらず、歴史の忘却は、文化の雑多性を排除することを容易にしている。

この文化の雑多性の忘却は、現在、私たちが、国民国家の単位で思考することにどっぷり浸っていることのあらわれであろう。私には、このような状況が、特に日本では、かつて帝国日本であった地域で起こっていることを他人事としてとらえる要因になっているように思えてならない。例えば、慰安婦問題は、韓国対日本の構図で語られているが、大日本帝国で生じたことであり、「韓国はいつまでもしつこい」と語る前に、自分たちの歴史として見るべき過去がある。

このような「今、ここに」ある東アジアの姿をその歴史的過程を無視して理解することは、「国民性」や「民族性」という非常にあいまいな概念が跋扈する要因でもあろう。様々な歴史的経緯や政治的、経済的状況のもと、「今、ここに」がある。したがって、それは一時的なもので、変わりうるものである。時間軸のない「国民性」や「民族性」では、説明できない。それにも拘わらず、このような類の説明が受け入れられているのは、自分たちが理解できないあり方を「国民性」や「民族性」に帰してしまい、それ以上考えることを放棄し、過去をひも解く面倒な作業を回避できるからだろう。

本書と姉妹編は、ともに帝国日本と現在を結ぶ研究の成果である。本書と姉妹編は、ともに帝国日本と現在を結ぶ研究の成果である。『人の移動』では、中国、韓国、台湾で揺れ動く韓国華僑の思い、宮古島に住んだ台湾人の足跡、植民地と研究者の関係などが、そして『モノの移動』では、中華料理が朝鮮半島や日本で根付く過程、複数の帝国の関係のもと盛衰するパイナップル産業、台湾や朝鮮半島に残る日本由来の「表札」などが、帝国日本と現在を結ぶ結節点として論じられている。ゼミや授業で本書を読む学部生や院生、または書店で手にしてくれた方が、本書を通じて、文化の雑多性や、そこに込められている歴史を学び、安直な東アジア理解に疑問を抱いてくれたら、望外の喜びである。

最後になったが、この科研プロジェクトの現地調査においてご協力いただいた皆様に御礼を申し上げたい。文化人類学を勉強して四半世紀になるが、現地の人々の協力無しでは、研究成果をひとつもあげることはできない。そういう学問だと本当に痛感する。辛い記憶を話してくださる方もいた。本書は、日本語で書かれてはいるが、過去の出来事と現在の人々を結び、そして、東アジアの人々が互いを理解する一助となれば、幸いである。

なお、本書と姉妹編の成り立ちから、あえてまえがき・あとがきは共通のものとした。

●目次

姉妹編

『帝国日本における越境・断絶・残像――人の移動』目次

●帝国日本における越境・断絶・残像——モノの移動

序　帝国日本におけるモノの交錯

植野弘子・上水流久彦

はじめに

グローバル化した現代においても、日本とその近接する地域の人々との間には、他の地域とは異なる特別の思い、関係がある。見た目には似ているもの同士の近さ、気安さ、そして生活様式の類似性。しかし、歴史認識の差異は、いまも常に外交上の大きな課題となる。さらに、日本に対する「親日」と「反日」、あるいは最近の日本人がもつ「嫌中」「嫌韓」の感情などは、近接するがゆえに複雑に交錯している。こうした他者に対する感情、イメージは、近代において日本が帝国として東アジアの諸地域をその勢力下におき、支配してきたことを抜きに語ることはできない。帝国期には、宗主国日本のための政治・経済的支配がなされ、それに伴い多くの人が移動した。日本の敗戦によって帝国が崩壊したとき、三〇〇万人以上の日本人が、帝国の勢力下にあった植民地、旧満州などにいたということは、今の日本人には、想像しにくいことであろう。そして、逆の流れは、日本に多くの在日コリアンを生み出した。また、植民地の人々も動員され、時には戦争へとかり出され、他の土地への移動を余儀なくされた。

帝国における移動は、人に留まらず、モノも流通する。そこに他者との出会いが起こり、同様のモノを目にする人々が生まれる。こうした移動によって生み出された、今にいたる他者に対する認識を、人が想像しうる生活に密着した視点から、東アジア内の諸地域、特に、日本帝国期に植民地となった台湾と朝鮮、そして「准植民地」[1]といえる沖縄から問い直そうとするのが、本書の目的である。帝国期に人はいかに接触し、あるいはモノがいかに動き、それに伴い日常生活が相互にいかに影響を受け、他者に対するいかなるイメージを持つことになったのか。さらにそれは、今といかに繋がっているのか。生活者の視線に映る他者の姿を描き、他者とのつながりを考えてゆく。

一　帝国日本と人類学研究——帝国期から現在へ

生活者の視点から、帝国における他者との出会いを問おうとする本書の研究は、人類学的アプローチが主たるものである。そこで、まず、人類学と植民地主義の関わりを、移動に着目しながら考えてゆきたい。人類学は、「植民地主義の申し子」として、植民地をその主たるフィールドにして学問的確立を遂げるが、当初、植民地支配がもたらすものについて無関心あるいは無批判的であり、また人類学者自身の立ち位置についても無自覚的であった。帝国日本における人類学者はいかなるものであったのか。今、その過去を問う人類学徒として、帝国において移動し植民地を研究する人類学者の研究について、日本の人類学史研究［山路　二〇〇二、二〇一一、中生　二〇一六参照］をもとに省みるべきであろう。特に、植民地に置かれた研究拠点への日本人研究者の移動、現地の人々あるいは研究者との出会いとそれに対する植民地支配終了後の評価、さらに研究者の他者に対する視線、そして研究倫理に対する認識について、述べておきたい。

1　移動する研究者と植民地の出会い

近代日本の最初の植民地である台湾においては、植民地統治開始後、臨時台湾旧慣調査会が一九〇一年に組織され、植民地統治のために、とくに立法に必要な慣習の調査が、日本人の指揮の下で行われていく。一九二八年に台北帝国大学[2]が創設され、文政学部に「土俗学、人種学」講座が設けられ、ハーバード大学で文化人類学を学んだ移川《うつしかわ》子《ね》之《の》藏《ぞう》が教授として招聘された。これが日本における最初の文化人類学の研究室の誕生であった。その後、当該研究室は、台湾の原住民族[3]の民族史に関する詳細な調査に基づく研究書『台湾高砂族系統所属の研究』（台北帝国大学土俗・人種学研究室編　一九三五年）を発刊する。その調査を実質的に行った馬淵東一は、台北帝大に移川が赴任することを知って、東京帝国大学を退学して台北へと移動して、入学したのであった[4]。台北帝大の教員は、ほとんどすべてが日本人であったが、この研究室も、例外ではなかった。しかしながら、馬淵は、現在の台湾の学界においても、原住民族研究の第一人者としての評価は揺るぎなく、戦前の研究は、現在の日台両地域の台湾原住民族研究に受け継がれている［宮岡　二〇一二］。

台湾の漢民族の民俗文化の研究については、雑誌『民俗台湾』が、植民地期の研究をめぐる状況を物語るものである。『民俗台湾』は、一九四一年七月に発刊され、一九四五年一月まで、検閲を受けつつも発行されていた。この雑誌の実質的編集者である池田敏雄（当時、台湾総督府情報部嘱託）によれば〔池田　一九八二〕、皇民化で変化を余儀なくされている在来の習俗を記録するための雑誌を刊行しようとし、台北帝大医学部教授・金関丈夫に協力を求めた。金関は考古学・人類学・民俗学等のやや一般向け総合雑誌『ドルメン』式の肩のこらない雑誌にと提案し、読者の投稿を歓迎するものとなった。まもなく太平洋戦争が始まる一九四一年七月に、台湾の旧慣を記録しようとする『民俗台湾』が発刊されたのは、急進的な皇民化運動の見直しがなされる政策の転換の隙間をぬってタイミングよく現れてきたもの〔呉　二〇〇二〕といえよう。掲載された内容からみるならば、『民俗台湾』は、本格的な学術雑誌とはいえず、また執筆者たちも、民俗学の専門家といえる者は殆どない。台湾在住の日本人と台湾人が日本語で執筆し、変わりゆく民俗を書き残そうとし、また、その方法を日本の民俗学に倣おうとしていた。池田敏雄は、幼い頃に内地から台湾へと移住した人物である。『民俗台湾』の発起人には、台湾人も含まれるが、植民地に移動した日本人が中心になっていた。『民俗台湾』に対しては、戦後長く日本でも台湾でも、台湾の民俗に対して心血を注いで研究した人々の編集した雑誌として、肯定的評価が与えられてきた。しかし、一九九〇年代以降、『民俗台湾』の編集者の姿勢、雑誌の目指すものに対する批判とその反論がなされ、『民俗台湾』は植民地主義と研究者の視点を考察する格好の題材となってきた（後述 2項参照）。

植民地朝鮮では、一九三四年に京城帝国大学が開校され、その後、法文学部において、赤松智城《ちじょう》と秋葉隆によって、人類学的研究が行われていく。(5) 秋葉の研究に関しては姉妹編の論文を執筆した崔吉城の諸研究［崔 二〇〇〇、二〇一一、Ch'oe 2003 など］で検討されているが、その調査には、朝鮮人の助手、通訳が研究を補助する役割を果たしており、戦後においても、その研究の系譜は継続していた。また、同時期に朝鮮人研究者によって、被植民地者の立場から、朝鮮民俗学の樹立が図られていた。総督府による調査事業は、戦後の韓国においては、政治目的のために行われたもので現場から乖離しているなどの批判を浴びている［崔 二〇〇〇：一八二］。その後、日本統治期の研究については、韓国においても関心が払われ、日本の研究者との共同研究が進められる現状にある［朝倉 二〇一一］。植民地統治終了後において、宗主国主導の研究、あるいは宗主国出身者の研究に対する評価は、台湾と韓国においても一様ではなく、植民地期をいかに捉えるかという課題と連動しているのは明らかである。

沖縄における民俗文化に関する研究は、琉球国から沖縄県にいたる、所謂「琉球処分」時期に行われた旧慣調査から始まるといえよう[6]。植民地や旧満州、中国における日本の占領地でも、同様の調査は行われており、沖縄の旧慣調査はその先鞭をなすものである。その後、自らの文化、歴史を探究しようとする沖縄出身者の研究者が現れる。その中心人物は、「沖縄学の父」といわれる伊波普猷《いはふゆう》である。伊波は、第三高等学校、東京帝大で学んだのち、明治末期に沖縄に戻り、研究を進めていく。その研究は、沖縄人のアイデンティティに関わるものであり、また当時は、日琉同祖論に繋がるものであった。彼の研究は、柳田國男や折口信夫の関心を引くものであったが、戦前においては本土からの研究者による沖縄研究の拠点は、沖縄に築かれることはなかった。台湾・朝鮮では、その地に設置された帝国大学が研究の拠点となったが、沖縄では、大学のみならず、旧制の高等学校や高等専門学校といった高等教育機関も設置されなかった。そして、戦後のアメリカによる統治の下、沖縄出身者による沖縄アイデンティティの模索のなかで、戦前の沖縄研究は戦後へと引きつがれ、また本土から訪れる人類学者の研究も、こうした先行研究をもとに行われていくことになった。沖縄には本土からの研究者が移動して研究の拠点を築くことはなかったが、沖縄はやはり植民地主義的な研究の対象となったのであった（後述 2項参照）。

帝国日本内で移動していた研究者は、特に戦時下には、その移動がより広範になり、また、戦争に協力することを余儀なくされた。[7] 移動して行く先は、帝国の植民地のみならず、占領地へと移っていく。こうした研究者の一人が姉妹編で論じられる鹿野《かの》忠雄である。鹿野は、台湾の紅頭嶼（蘭嶼）をはじめとする原住民族社会の研究を精力的に行ったが、戦時には、日本が占領したフィリピン、ボルネオにおいて、軍の嘱託として調査研究を行うことになる。戦時期の移動は、帝国の移動の本質が、非常に先鋭化してあらわれるといえよう。

2 研究者の視角と倫理

植民地に移動する宗主国の研究者は、いかなる視点と姿勢で植民地の社会と文化に対したかが、のちに問われることになる。その一つの問題点は、宗主国の学知によって、植民地を理解しようとすることである。台湾の漢民族研究、そして朝鮮の民俗文化の研究は、日本人研究者が主導的立場に立ちながら、現地の人々を研究の補助者とし、あるいはまた自身の文化の表現者となる場を提供してきた。そうした中で、日本人研究者は、いかなる研究活動を展開したであろうか。この問題について、台湾における『民俗台湾』を例にみていこう〔植野　二〇〇四、二〇一二〕。

先述したように、『民俗台湾』に対しては、戦後も長く、台湾と日本の双方において、肯定的評価が与えられてきた。しかし、川村湊の批判を嚆矢として、こうした状況は大きく変わる。川村は、人類学者金関丈夫の研究をレイシズム的であり、「大東亜民俗学」をめざしたとし、『民俗台湾』が「台湾趣味」というエキゾチズム（あるいはコロニアリズム）に惑溺したものであるとして批判した(8)［川村一九九六］。また、小熊英二も、金関に関して、民族優生政策構想によって地域横断的調査活動の手足となる協力者と組織の必要性を感じていた金関にとって、『民俗台湾』の計画は渡りに船となり、彼はその優生政策論を隠して『民俗台湾』に参加していたと論じている［小熊　二〇〇二］。さらに、池田敏雄に対しても、池田は「生活の改善」をすることが「文明化」であるとし、これを肯定的に見ていると坂野徹によって論じられている［坂野　二〇〇三］。

こうした『民俗台湾』の参加者や依って立つ学問が植民地主義性や優生思想をもつとする諸批判に対して、三尾裕子は、当時の社会状況のなかで、参加メンバーたちは、皇民化政策に総論として賛成することが『民俗台湾』の存続の最低条件であることを受け入れながら、植民地政策への貢献のベクトルと「民俗」を武器にした抵抗のベクトルの双方をない交ぜにした「グレーゾーン」の中に、彼らの意図を滑り込ませたと分析している。こうした研究をとりまく状況を考慮せず、また明確な抵抗以外の言説を植民地主義的であると断罪し、自らを安全地帯の高みにおいたまま批判するのは、「見る者」の権力性に無意識であるという点において、植民地主義と同じ誤謬を犯していると指摘している(9)［三尾　二〇〇四、二〇〇六］。

また、川村らの批判は、『民俗台湾』の実態にそっていないという問題がある。「大東亜民俗学」は、柳田國男にとっても茫漠としたものでしかなく、金関も『民俗台湾』が大東亜民俗学の一翼を担うのは愉快なこととしながらも（三三号編集後記、一九四四年三月）、その後の『民俗台湾』の記事にそうした内容はみられない［植野 二〇一二］。しかし、植民地で発行される『民俗台湾』が、宗主国日本の民俗学をモデルとしていることは、確かである。ツウ・ユンフェイ［Tsu 2003］は、『民俗台湾』は、行きすぎた同化を牽制して台湾の文化を保存すると同時に、同化を進める側面を持っていたとする。さらに、この雑誌の参加者は、日本人と台湾人ではあるが、彼らはある部分では同等ではない、つまり、彼らはみな日本語で書き、しばしば日本を起源とする調査のモデルに言及しているとし、日本の学知をもとに『民俗台湾』が存在していることをツウは指摘している。また、『民俗台湾』は、その研究の方式を、日本本土の「民間伝承の会」の機関誌である『民間伝承』に倣おうとしていた［植野 二〇一二］。一九四三年一二月発行の三〇号に掲載された柳田を囲んだ座談会においても、金関は、以下のような趣旨の発言をしている。[10]「『民俗台湾』において、特集のテーマを作るために「民俗採集帳」などを基準にしたらいいのではないかとも考えたが、やはり、台湾の民俗採集帳を作らなくてはならない。そのためには、台湾の民俗の実状を相当に知ることが必要であり、これを行なった後にテーマが出てくる。このようなことは、初めからは簡単ではないので、『民間伝承』の毎月の特集の題を、その後に『民俗台湾』の毎月の題としてもよい」。台湾独自の調査項目を作らなければならないと考えることは当然ではあるが、やはり宗主国の学問から学ぶという姿勢は明確である。柳田國男という権威を借りることによって、『民俗台湾』の存続を図ろうとしているともいえる。[11] このように植民地の学問研究は、宗主国のそれに従属的な構造の中にある。こうした構造にあることに無自覚的なまま、他者である植民地の人々を、またその文化をみていたのでは、生活の実態や、変わりゆく社会を捉えていくことには、困難があったと言わざるを得ない。

宗主国の研究者がもつもう一つの問題は、植民地の他者を人格のあるものとして接することも出来なくなってしまい、人に対して、モノに対するように接することにある。この問題が、いま、端的な形で現れているのが、京都大学総合博物館に保管され、返還が要求されている琉球人の遺骨である［松島　二〇一八］。松島泰勝は、京大関係者による遺骨の収集について、以下のように述べている。

京都帝国大学教授であった清野謙次は、日本人の起源を探るため、石器時代から現代人骨にいたるまで、日本本土に留まらず、沖縄そして外国の人骨を収集した。その広がりは日本の帝国主義が拡大する過程と並行していた。「清野コレクション」は、清野が京大を去る一九四〇年には、一三八四例となっていた。のちに台北帝大医学部教授となる金関丈夫は、一九二八年一二月から翌年一月にかけて沖縄に滞在し、人骨収集を行っている。沖縄県庁警察部長の許可を得て、百按司墓から遺骨を収集しているが、金関の収集に際して、警察や村長などが許可しても、地域住民からの同意があったわけではない。［松島　二〇一八：二一―二二、五〇―五九］

金関は、その後、一九三二年に台北医学専門学校に赴任することになり、改組によって、一九三六年に、台北帝大医学部教授となる。一九三六年七月には、第二次霧社事件の死者の骨を収集し、また台湾各地域の廃棄される墓や無縁の墓の遺骨を収集している。(12)霧社事件の首謀者モーナ・ルダオの骨は、台北帝大土俗・人種学研究室の標本室に保管されていたが、一九七三年になって、遺族の要求によって、台湾大学考古人類学系標本室から霧社に戻され祀られることとなった[13]。骨は研究の対象としてのみ扱われ、死者となった人に対して、また骨が一族をつなぐものとされる民俗観念に対して、敬意が払われていなかったといえよう。

帝国における研究者の移動は、植民地統治のために利用される学問と知識のありようを示すことは、改めていうまでもない。さらに、人が研究の対象だけの存在として扱われたことは、返されない遺骨に象徴されるように、いまも意味をもって繋がっている。

3　植民地主義研究への批判を受けて

植民地主義に関わる人類学的研究への批判に対する対応の一つは、歴史的な脈絡のなかに対象を位置づける試み、「歴史化」を行う［栗本・井野瀬　一九九九：一八―二二］ことである。その一つの方向は、過去の人類学的研究を歴史化し、人類学と植民地主義との関連を再検討することであり、また人類学者の置かれた植民地状況とその経験が民族誌に与えた影響の批判的な読み取りである。この流れは、オリエンタリズム批判、『文化を書く』人類学者への批判に応じるものであった。もう一つの方向は、調査対象の植民地経験の歴史を民族誌の主題とすることであり、植民地化される人々の視点から植民地状況を描くことである。植民地支配においては、支配者も被支配者も多様である。支配者側には、植民地官僚もいれば、移住して来る貧しい農民もいる。被支配者とされる者にも、支配者のために働く者もある。こうした植民地状況を読み解くには、植民地の人々の日常の生活実践に織り込まれた抵抗から植民地支配の暴力性を明らかにする［松田　一九九七］という、日常生活からの視点［松田　一九九九］が求められる。

このような日常的生活実践からの考察を目指した本書の意図を明らかにするために、これまでの日本の植民地主義に関する人類学的研究と、本書のもとになる研究プロジェクトの経緯について、述べておきたい。

日本の植民地主義に関する日本人による人類学的研究は、長く行われることはなかった(14)［山路二〇〇二：三〇］。日本人による海外での継続的な人類学的研究が、最も早くなされたのは、植民地となった台湾であった。しかし、日本人によって、台湾の植民地主義に関する人類学的研究が行われるようになったのは、ここ二〇年のことである。台湾では、戦後は中国国民党による独裁政権が続き、一九八七年に三八年に亘る戒厳令がようやく解除され、その後は民主化運動に拍車がかかる。また「台湾」を問う動きが顕著となるが、これらは植民地主義研究とは無縁ではない。一九九〇年代以降、台湾史研究の興隆とともに、人類学においても、日本による植民地統治期の台湾の人々の生活とその変化、統治終了後に人々がいかにその時代を捉えるのかといった関心に基づく研究が行われるようになった。そして、日本と台湾を繋ぐものを探るいくつかの人類学的研究プロジェクトが組織され、シンポジウムなどが開催され、その成果が公刊されている［三尾編　二〇〇四、二〇〇六、五十嵐・三尾編二〇〇六、植野・三尾編　二〇一一］。さらに、旧南洋群島と台湾の植民地統治の比較研究においては、日本統治終了後に外来政権によって支配される中で、いかに脱植民地化がなされるかが、論じられた［三尾・遠藤・植野編　二〇一六］。こうした一連の研究を経て、日本による帝国支配が、西洋列強によるそれとは異なることが、現在の日本認識に繋がる問題として大きな意味をもつことを、随所で考えさせられることになった。また、戦後における日本への評価は、社会情勢によって操作されるものであることが明らかになるとともに、台湾をつねに「日本の旧植民地」とし、そこから発想して台湾像を描くという植民地主義研究の落とし穴に陥ることへの自戒を深くするものであった。

こうした台湾研究から浮かび上がった課題を考察していくには、韓国研究者との共同研究は不可欠である。韓国は、台湾と同じく日本の植民地支配を受けながら、その統治終了後には台湾とは異なる政治体制、民族の葛藤を経験し、また対日感情が大きく異なるとされる。韓国においても、日本人漁業移民による文化変容の研究［崔編 一九九四］、植民期の変化を社会の諸相から重層的に描いた歴史民族誌的研究［板垣 二〇〇八］など、当時の生活の実態、変化から考察しようとする研究は進められてきた。そこで、台湾と朝鮮を比較検討して考察をすることとした。さらに沖縄は、特に独自の存在として注目しなければならなかった。先に述べたように、沖縄は、かつては琉球国としてひとつの国家でありながら、琉球処分によって日本に組み入れられた「準植民地」といえる存在であった。その歴史的経緯を踏まえずに、沖縄を宗主国日本の中に入れ込んで考えたのでは、帝国期から戦後、そして現在も、その存在が東アジアの中でもつ意味を問うことはできない。こうして、帝国時期の人々が、いかに接触し、モノがいかに移動し、それによって互いをいかに認識していたのか、さらに今にいたる戦後の他者像を探っていくことにした。これが、本書のもとになる、科学研究費補助金による研究プロジェクト「帝国日本のモノと人の移動に関する人類学的研究―台湾・朝鮮・沖縄の他者像とその現在」にいたる経緯である。

帝国日本における他者との交わりを、日常レベルから考察するために、人がいかに移動し接触したか、またモノがいかにもたらされ生活に埋め込まれたかという具体的な動きを問うのが、この研究プロジェクトの目的の一つであった。本書は、そのなかで、モノの移動を論じた論文、さらに人の移動に関連するコラムを収録している。

人の移動においても、モノの移動においても、帝国日本における移動とそれによって生まれる他者像を考えるとき、大きな二つの課題がある。第一の課題は、その移動は、優位なる宗主国と劣位なる植民地との出会いであり、そこに近代化という価値が付随し、他者像が認識されたという、この様態を明らかにすることである。第二の課題は、帝国日本においては、宗主国と植民地が近接し、文化的に近似的であるという、西洋列強による植民地支配とは異なる特質があり、それが帝国崩壊後も両者の他者像、歴史の記憶に大きな意味をもつことを描くことにある。

まずは、この課題二点について整理し、さらに帝国日本におけるモノの移動の特徴について述べていくこととする。

二　帝国における移動と出会い——植民地の近代

植民地には、宗主国によって支配関係を内在した社会制度が導入され、経済的投資がなされるが、しかし、それが植民地の民を支配搾取するために行われるのだということは、支配者からは決して語られない。語られるのは、「文明化の使命」である。これは、西洋列強が、非西洋地域の植民地を後進・

野蛮な地として、そこに文明の恩恵を授けることが、文明国である自らの植民地支配の使命とした、自文化中心的論法である。結局、「文明化」は、宗主国のための「近代化」として現れ、「植民地近代(colonial modernity)」というべき状況を作りだした。

しかし、日本が中華文明圏において行った植民地支配については、単純な「文明化の使命」は、通らない論法である。日本が最初の植民地とした台湾は、当時、中華文明圏の中心であった清朝から割譲されたものであり、日本が単純に「文明化」を進めるべき対象ではない。支配されることになる台湾の知識人たちは、漢字に支えられた自らの文明を誇りこそすれ、日本を見習うべき手本とする過去はなかった。そのため、日本は、みずからが西洋から仕入れた近代化を、支配する者の権威としていった。ここで、植民地に宗主国がもたらす近代化とはなにか、そしてそれを被植民統治者はいかに受け止めたかが問われなければならない。

西洋起源の近代化が日本の植民地支配の論理と権威となることによって、植民地の人々がそれまで行ってきた慣習は「弊習」として扱われ、宗教活動に対する制限を受ける。対して、学校教育においては、西洋起源の近代、つまり衛生、国家への忠誠などが教えられ、また日本的史観の植え付けが図られる。しかし、日本が持ち込む「近代化」と見えるものは、西洋列強の近代化と同様とは言い難い。日本自身が近代化を達成しきれずに植民地支配を始めているのである。

植民地での近代化をいかにとらえるかは、これまでも多くの議論がなされてきた。韓国史研究においては、日本による植民地支配と近代化の関連に関する課題は、一九九〇年代の「近代化論争」として、日本の支配下の植民地での近代化を認めるのか否かが論じられた。この論議を経て、「植民地近代」

とは、近代化・近代性を肯定的に捉えるのではなく、植民地には近代が、暴力性や差別性をもった構図の中で持ち込まれるのであり、それぞれの植民地の脈絡の中で、矛盾と葛藤を含んだ特有の負の意味を生み出す「近代」として捉えるべきものとなっている[15]。台湾においては、そもそも日本統治期の歴史研究は、一九九〇年代に至る以前は、政治的制約を受けたものであった。その後、植民地統治に関する自由な論議がなされるようになっても、植民地期に近代化が行われたことは否定されず、近代化の主体としての台湾社会の政略的な能動性への評価が論じられるという様相を呈していた［高岡・三ツ井　二〇〇五：四］。しかし、その後は、「植民地近代」という植民地に持ち込まれる近代の負の部分に目を向けることの必要性が喚起されている[16]。また、沖縄の近代化については、本書で上水流論文が論じるところであるが、時代としての「近代」は琉球処分から始まる苦難の時代であり、ヤマトへの同化の強制と製糖業に重きをおいたバランスを欠いた経済構造によって、人々は疲弊し、他地域へと多くの人々が移動していった時代である。そして沖縄戦によって、たとえば那覇の繁栄を表象する近代化した建築物のおおかたは破壊され消えてしまっている。経済的な発展をした時代としての「近代」は、沖縄でも、単純には受け入れがたいものとなっているといえよう。

「植民地近代」を考察するには、経済や政治レベルでの近代化とその支配を語るのみならず、その時代を生きた人々の日常レベルにおいて、「植民地近代」に向かい合う戸惑いや葛藤の経験、あるいはそれとは無縁の生活に目を向けることが必要である。近代化が、実態として、植民地のどれほどの人々を取り込むことになっていたのか、さらに近代化から疎外された要素を含めた「構造」として「植民地近代」を捉えるという考え方が現れてきている[17]［松田　二〇一三：四］。いま、まさに、このような視点で植民地の実態を捉え直すことが求められている。
植民地の近代化を論じる際に、問題となるのは、その時代が「進歩」した時代と捉えられ、便利で豊かになったと見える側面と、そこに含まれる植民地の抑圧の問題をいかに切り分け得るかということである。これには、「植民地近代」に関する論議を踏まえた、ジョルダン・サンドの「帝国的近代」の概念が、一つの方向性を示すものといえよう。サンドは、「文明の利器」といえる鉄道や電信などの投資対象、また徴兵や都市計画の制度をグローバルな近代とし、対して「帝国的近代」を以下のように述べている。

植民地帝国主義の内部でその権力によって移動し、それを押し付けた植民地帝国が崩壊したとき概ね放棄された、近代の投資と制度の組み合わせもあった。これらを「帝国的近代」と呼ぶ。現実には、グローバルなものと帝国のものはつねに互いに組み込まれていた。しかし、グローバルな近代性と帝国の近代性を、建築や物質文化の異なるあり方、異なる行動様式によって見出すことができる。討伐と撫育（pacification）、凱旋門、帝国の祝祭とページェント、従属と忠誠を他国の君主に誓う押し付けられた儀式、他の形の帝国の統制と教化の手段などは、すべてになんらかの形で、人種ヒエラルキーを体現、あるいは象徴するものであった。……（中略）……脱植民地化の過程で、制度と物質的遺産がふるいにかけられ、あるものは保存されあるものが破壊されてきた……。［サンド　二〇一五：一四―一六］

「植民地近代」の「近代」が意味しているふたつのもの、つまり利便的な進歩である近代化と、それとは異なり宗主国のためになされる近代化を切り分け、後者に対して「帝国的近代」の概念を打ち出した点で、サンドの定義は意味あるものといえよう。帝国的近代は、民族的アイデンティティに対して、より暴力的であるとサンドが述べるように［サンド　二〇一五：一六］、決して平等的ではない帝国内の権力構造の中で、近代の名の下に、新たなモノがもたらされ、また異なる民族が移動し、そこに他者像が生まれていた。しかし、帝国的なものが帝国崩壊後においても残る、あるいは操作される、そうした事象を見なければ、ポスト植民地支配の複雑な状況を描くことは難しい。帝国崩壊後、こうした他者像は、いかに変化するのであろうか。帝国的近代とグローバルな近代が、互いに組み込まれていたものであれば、それは帝国支配が終わったのち、それほど明確に分けられたのであろうか。また、近接の民族による帝国化では、いかなる特徴が現れるのか。本書で論じられる「日式表札」、また姉妹編のコラムで扱う「あんぱん」は、日本による統治終了後も旧植民地に残ったが、それは、近代的な制度、あるいは西洋的な嗜好を内在するが故ともいえる。植民地期に発祥の起源をもち、いまも存在するモノは、そこに「日本」の残存を見出すことだけでは、そのモノを生み出した日本と植民地の出会いとその後に継続する関係の意味を問うことにはならない。

三　帝国日本における植民地支配の特異性――繋がる現在と記憶

日本の植民地支配には、西洋列強による植民地支配にはない、「近隣性」と「近似性」とが存在した。このため、「文明化」した西洋列強が絶対的に優位な他者となり、「未開」の地に福音をもたらすとして行う植民地支配による他者像とは、異なる他者像、そして相互認識が存在した。それは、単に近接する地域にあり、共通の文化圏に位置づけられるというだけのことではない。日本とその植民地となった台湾・朝鮮半島、そして准植民地ともいえる沖縄は、中華文明圏そして儒教文化圏の内に包摂され、漢字による知識、また倫理道徳の共通性を有する場所であった[18]。ここにおいては、日本は周縁に位置づけられる存在であったが、近代化を進める中で、華夷秩序の中にあった琉球国を一県として組み入れ、かつては学ぶべき中華文明の圏内に位置する台湾を最初の植民地として手に入れ、さらに朝鮮半島をも植民地とした。しかし、それによって、日本が中華文明の中心に位置づけられるわけではない。宗主国の優位は、借り物の西洋文明を取り込んだ日本が、自らを近代化をした存在とすることによって保とうとしたものであった。

こうした状況のもと、日本がいかに植民地支配統治上のヘゲモニーを獲得したかについて、三尾裕子は以下のような指摘を行っている［三尾　二〇一六：八一―一一］。三尾によれば、日本は相矛盾する二つの論法を取る。一つは、日本自身がまだ習得途上であった西洋文明を日本のもっている「文明」に読み替えて、同化を許ろうとした。また、もう一つは、彼我の近接性を統治の手段として利用することである。つまり、漢字という共通の知識によって、西洋「文明」を和製漢語で導入し「植民地漢文」を利用して普及をはかり［陳培豊　二〇一二］、また日本を被支配者の側に置くことで、被支配者を天皇の赤子として組み入れていく［橋谷　一九九二］。さらに、日本人が被支配者たちとの相違ではなく類似を強調することで、日本人が彼らを統合することを正当化していたとするティアニーの論

［Tierney 2010］を、三尾は取り上げている[19]。三尾が指摘するように、こうして同質性の虚構のなかで、同化が計られることになる。

また、日本が植民地支配において「同化」を計ろうとするとき、朝鮮半島や沖縄においては、日本人とは祖先が同じとする「同祖論」が唱えられ、そして帝国の崩壊とともに、他者を近いものとして統治の正当性を謳った歴史は、忘れ去られてしまっている[20]。

近似性を利用した統治は、政治や法の制度の導入、教育の普及、宗教の布教あるいは統制など、生活全般において現れるものであり、日本の統治の特徴を示したといえる。さらに、皇民化のような同化政策がとられるとき、この近似性は、日本によって同化を正当化するために利用される。しかし、異なるものである以上、近似性をもって覆い隠しきれない異質性が存在していることは、言うまでもない。同化を迫られる人々は、同化をされつつも、自らの独自性は維持しようとする［Ching 2001］。また、公的な場では「日本化」しても、家庭内での変化は容易には進まない［植野　二〇一一、二〇一六］。こうした異質であり続ける存在からの抵抗、またその葛藤を踏まえつつ、「帝国」の中で行われていた施策を把握し、人々が接触の中で生み出した他者像を見つめることが、求められている。

帝国内での接触、つまり「宗主国―植民地」、そして「植民地―植民地」のあいだでの人とモノの移動の経験が、いかに現在の他者イメージにつながるかは、「記憶」をめぐる問いといえる。「記憶」にいかに向き合うかは、歴史学のみならず、人文・社会諸科学においても、多面的に常に問われているることは、改めていうまでもない。板垣竜太らは、フランスの歴史家ピエール・ノラによる「記憶の場」の研究は、「国民感情」の起源と生成を研究することを目的とし、「国民」的に継承されてきた記憶に構築主義的に介入するものであるとする。そして、〈東アジアの記憶の場〉においては、国民主義的な限界を徹底的に克服すると述べている［板垣ほか　二〇一〇：九―一六］。板垣らの編著『東アジアの記憶の場』には、関羽、力道山、桜、運動会などが取り上げられており、東アジアにおいて、ある集団では記憶の場となるものは、他の集団では想起の対象からはずされ、また記憶のされ方が異なるとする［板垣ほか　二〇一〇］。つまり、「国民」的スケールでみたのでは捉えられないものに、他者認識の基を探ることこそが求められる。今、東アジアにおける人とモノの移動によってうまれる他者像の研究において我々が問うべきは、日本の、台湾の、あるいは韓国や沖縄の人々の記憶というではなく、地域間の関係性のなかで共有される、あるいは忘却され、ときには変形していく記憶の動態である。これこそが、互いへの理解を促すことに繋がるものといえる。

こうした視点から考えるべき課題は、台湾における日本の記憶に関する研究のなかに見出せる。上水流久彦は、植民地期の建築物から「日本」がいかに操作されるかを分析している［上水流　二〇一六］。まず、「外部化」として、植民地期の建物の破壊・放置がある。次に、日本出自のものを自らの歴史に不可欠ではあるが、近代化を疎外したものとして否定的に捉える「内外化」があり、対して「日本」を肯定的に理解し、他者との差異化をはかる「内部化」がある。さらに「溶解化」は、日本出自は問題とされなくなっているものである。こうした「日本」の現れ方は、台湾の政治的、経済的、文化的要因によるものであり、植民地支配があったがゆえに台湾で「日本」が可視化されているというのでは説明にならない［上水流　二〇一六：二八三］。「内部化」「溶解化」は、他者像が自画像に変わったともいえる。他からもたらされたモノがいかにその場に組み込まれたのか、あるいは疎外されたのかを、それをとりまく「場」のあり方から理解することが必要である。

戦後の台湾において構築される、日本に関わる記憶についての論集『台湾のなかの日本記憶——戦後の「再会」による新たなイメージの構築』〔所澤・林編　二〇一六〕においては、現在の台湾における歌謡、映画、日本家屋、同窓会などが取り上げられており、台湾の社会生活、文化活動において、植民地期の記憶の操作、再構築がいかになされているか、またその意味を問うている。こうした生活に密着した「日本」記憶が明らかになるのも、またそれを研究の対象としているのも、これは現在の台湾であるがゆえともいえる(21)。かつての戒厳令下の台湾ではできなかったことである。

また、韓国においても、植民地期の生活から探る「日本」とその記憶をめぐる研究が新たな展開を見せている。在朝日本人に関する研究(22)は、一九七〇年代から行われているが、二〇〇〇年代になって、韓国においても盛んになっており、それは帰還者の記憶や語りが日本に与える影響、あるいは語りそのものが、日本人の植民地観として関心をもたれているためである(23)〔鈴木　二〇一九：四三〕。特に、朝鮮における日本人と朝鮮人の日常的な接触あるいは非接触の状況、またその他者観に関する諸研究(24)は、現代に通じる他者観を紐解くものとなろう。さらに、日本時代の遺物を活用して観光化した群山に関する一連の研究〔문（ムン）二〇一一、金賢貞　二〇一二、金中奎　二〇一五〕は、韓国において日本の記憶をいかに扱うのかを問うものとなっている。これらの研究がいかに評価されていくのか、それ自体が記憶をめぐる論議となろう。

四 「帝国日本」のモノと現在

個々のモノの移動に関する先行研究の整理は収録された各論文でなされているため、ここではモノに関わる文化人類学的議論から帝国日本におけるモノの移動の研究課題や意義を明らかにしたい。モノに関する人類学的研究は多岐にわたるが［青木ほか編 一九九七、床呂・河合編 二〇一一、田中編 二〇一四］、そのなかでも二つの問題群に注目して論じたい。ひとつはモノの越境性であり、もうひとつはモノのエージェンシーである。

A・アパデュライが述べるようにモノに与えられた価値は、社会的・文化的脈絡によって変化する［Appadurai 1981］。さらに内堀基光は、「もの」の文化的文脈は二つの位相で探ることができると述べる。ひとつは、「ある特定の「もの」がある文化のなかで特異な意味を持つ」という「文化のなか」の文脈という位相であり、もうひとつは、ある「もの」が文化と文化のあいだで移動するときに意味のずれが生じるという「文化のあいだ」の文脈の位相である」［内堀 一九九七：五］。同じモノであっても場所が変われば、そのモノが持つ意味は異なる。台湾の桃園市の日本植民地期に建築された神社は、現在、神道としての宗教的意味を失い、中国の古い文化が日本に伝わった中華文化の建築物として鄭成功や抗日活動で殉死した烈士などを祀る忠烈祠となっている[25]。日本社会と中華民国社会では、同じモノでも違う意味付けがなされている。

また、異なる「文化」とは空間的な移動だけを意味しない。桃園市の忠烈祠が日本植民地期と中華民国期を跨いで存在するように、モノは「空間だけではなく、時間も越境する」［田中　二〇一四：四］。「モノの多くは一人の人間の人生を越えて存続し、ある時代から別の時代へと越境していく。したがって、それはしばしば「過去」からやってきて、ノスタルジアを喚起する。と同時にそれは未来へと継承されていく。モノはひとつひとつがタイムカプセルのような越境性を備えている」［田中二〇一四：四］。帝国日本にかかわるモノの検討において、この時間の越境性は、特に重要な研究対象であり、その過程は複雑である。

たとえば、田中雅一は、「ノスタルジアを喚起する」と書くが、必ずしもノスタルジアのみを喚起するわけではない。むしろ消し去るべき過去として立ち上がってくることもある。それは、韓国の朝鮮総督府庁舎が一九八五年に破壊されたことからもわかろう。モノは不快さを喚起する存在でもある。

モノの形状によっても異なる側面を見せる。考古学の立場からモノの時間の越境性を論じた加藤泰建は、モノには「壊れる物」と「永遠の物」の二つのタイプがあると指摘する［加藤　一九九七：二五六―二五七］。時間を越えても壊れにくい（壊れない）モノと、すぐに壊れるモノである。加藤は人間が作る石器が前者で、チンパンジーの木の枝を用いて蟻を釣る道具が後者であるという。前者はモノが残るゆえに改良につながり、次世代に技術が伝承される。物質の材料という点で言えば、植民地期の西洋建築物は「永遠の物」である。西洋建築物は、現在台湾では多く古跡や歴史建築に指定されている。壊れにくく、現存することも指定の重要な要因である。一方で日本式の建築物は木造であるために時間の経過とともに損傷が激しく、一部保存されているモノもあるが、その数は少ない。「壊れる物」ということができよう。

さらに加藤は、モノの変化について次のように述べる。「壊れる物は頻繁に作り直されるが、普通は同じ物が繰り返し作られるだけで、新しい変化はなかなか生じない。また「壊れる物」の場合には、次の物を作るときのモデルにはなりにくい。一方「永遠の物」は、それがモデルとなって新しい改良を生み出す可能性を持つが、長く持続するため変化は生じにくい。つまり、どちらにしても物はなかなか連続的に変化するということにはならない」[26]〔加藤 一九九七〕。

加藤の指摘は一定程度の妥当性を持つと考えるが、「作られ、失われ、さらに作られていく」というサイクルを繰り返すモノという視点でいえば、「壊れる物」は新しい改良や連続的変化をもたらす場合もある。サルの蟻釣りの竿と違うのは、「壊れる物」を記録し、次世代に伝承する能力を人間が持つからである。たとえば、中華料理である。レストランや家庭などで個別に作られる料理そのものは、「壊れる物」である。だが、個別の料理の総体である中華料理というモノの場合、それは場所を超え、時間を超え、変化していくモノである。人間は、本来「壊れる物」を記録し、同じ概念でとらえることで「永遠の物」としたともいえる。中国の中華料理、韓国の中華料理、日本の中華料理はその源が同じであっても、同様なものではない。さらに言えば、日本の現在の中華料理と戦前のそれとでは異なることは想像に難くない。「永遠の物」の場合、モノが大きく様変わりすることは確かにないが、その意義が時間とともに変わることは多い。実際、台湾や韓国では、日本植民地期の建築物で放置されていたモノのなかで、近年、整備され、古跡となり、観光地になったものも少なくない。

変遷の点でさらに興味深いことは、「ワープ」ともいえる現象である。過去に存在し、失われたものが突如復活するパターンである。戦前から日本人を神として祀る「日本神」はあるが、戦後台湾において日本人が神様として祀られる「日本神」[27]は、その好事例といえる。例えば、台南市の飛虎《ひこ》将軍廟である。その主神は杉浦茂峰という実在の人物である。彼は軍機でアメリカ軍と戦うが、台南市郊外に墜落する。実は台南市中心部に墜落しそうであったが、被害が甚大になるということで郊外まで行った。そのため脱出が遅れ、死んだという。彼が現地の人々の夢枕にたつことから、一九七一年に廟が建てられた。本書に掲載されている三尾のコラムによれば、日本由来の霊魂が祀られている廟が台湾に数十か所あるという。これらの「日本神」は、一九八〇年代以降に増えたが、その要因のひとつとして台湾の政治的状況の変化を三尾は指摘する。

また、モノの越境性で忘れていけない点が、モノの来歴の忘却である。忘却は、「永遠の物」にも「壊れる物」にもある。中華料理はそのネーミングゆえに中国発祥という根源が忘れられることはない。ただ、実際は、その来歴が名称やモノそのものに刻み込まれる場合は少なく、忘れ去られることも多い。そのひとつに、台湾から日本植民地期に石垣島に持ち込まれたパイナップルがある。現在、パイナップルは石垣の特産とされ、土産物になっている。だが、台湾から持ち込まれたこと知る観光客は少なく、地元の人間でもそのことが忘却されていることが多々ある[28]。

「永遠の物」でも同様である。厦門から二キロほど離れたところに金門島がある。その島は、中華民国政府が統治している。戦前、成功した華僑によって西洋建築物が建築されたが、そのときに使われた建築材料に日本で作られたタイルがある。タイルは、日本から厦門経由で金門に持ち込まれ、現在、西洋建築物の価値を高める重要な要素になっている。ただ、それらのタイルが日本由来であることはほとんど知られていない。

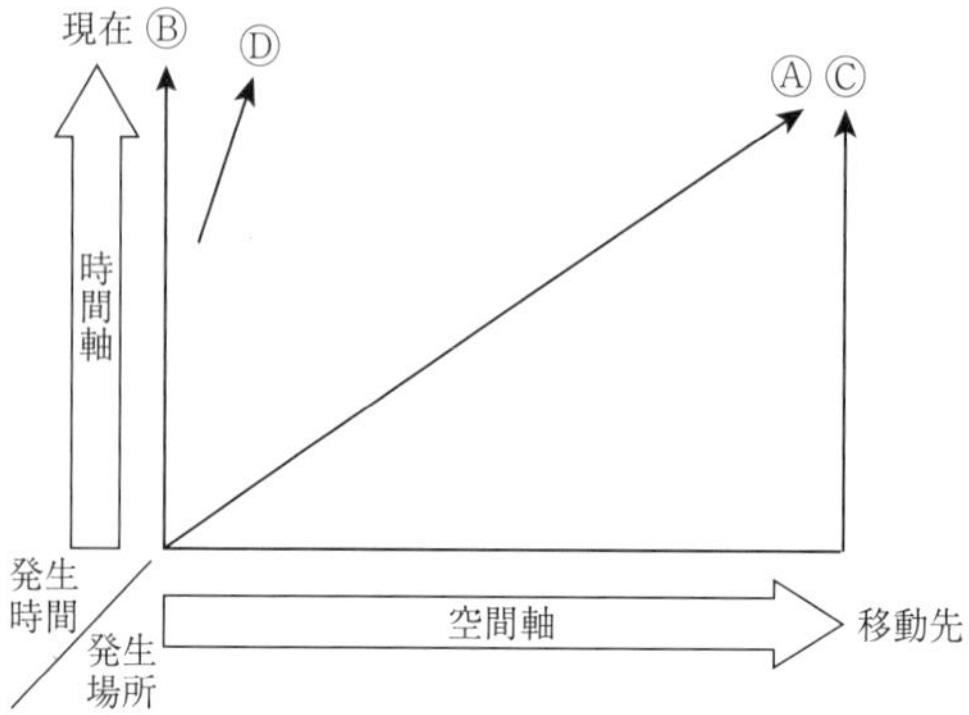

図1　モノの越境の模式図

このように見てくると、モノの時間と空間の越境性の複雑さは、図1のように整理できる。時間軸を縦に、空間軸を横にとった場合、時間も空間も越境できないその場限りで消滅するモノから時間も空間も越境して存在するモノまである。ただ、その時間は永遠から数年というものもあろう。具体的には、中華料理のように失われては作られることを繰り返して場所を移動し、存在しつづけるものがある（図1Ⓐ）。次に、空間的越境はせずにその場に残り、時間だけを超えるものとしては、日本統治期に建築され現在も使用されている西洋建築物がその典型であろう（Ⓑ）。金門に持ち込まれた日本のタイルや石垣のパイナップルは、まず移動し、そのままそこに居続けるパターンである（Ⓒ）。「日本神」は、その存在が忘れられていたものの、状況の変化によって思い起こすため、空間的移動はないが、発生時間や場所からは離れたところで線が開始される（Ⓓ）。来歴が記憶されるか否かは、いずれも状況依存的である。この複雑な様相と過程を分析することが、帝国日本のモノの移動研究では望まれる。[29]この理由は後述する。

次にモノのエージェンシーである。モノは単なる記号ではなく、人々に働きかける存在である［Gell 1998、床呂・河合 二〇一一、田中 二〇一四］。人間によって操作される対象だけのものではなく、モノが持つ力によって人間が何かを行い、何らかの感情が喚起され、さらには人間が行えることもモノに左右される。また岩谷彩子は、アルフレッド・ゲル［Gell 1998］や前述の内堀［一九九七］の研究を手がかりに、「もの」は人間に使用されたり交換されることで、異なる社会や人間同士の結節点となったりネットワークを構築しうると指摘する［岩谷 二〇一一：二三六］。あるモノがあるからこそ生まれる関係である。

したがって、人とモノは一方的に働きかけ／働きかけられる関係ではない。床呂郁哉と河合香吏は、そのような人とモノの関係について、「（ものの）アクターやエージェンシーというのは、このひとと「もの」が織りなす複雑なハイブリッド状のネットワークの効果の産物」であるとし、彼らは「もの」(30)研究のあるべき姿として、「「ひと／もの」関係を「エージェンシーを独占する主体としての人間」と「人間によって操作される客体としての物体」という二項対立に還元するのではなく、ひとと「もの」の複雑な絡み合いの相互作用を、民族誌的な現場で起きている諸事象を通じて、人間中心主義的な枠組みを前提とすることなく、具体的に検討する」ものと述べる［床呂・河合 二〇一一：一六］。様々な要因や状況によって生み出される人とモノの相互の働きかけ、そしてそれが生み出す作用に注目するということである。

このようなモノのエージェンシーという観点は、帝国日本のモノの研究に如何なる課題を見出すのであろうか。そのひとつの回答が、記憶と忘却、対日感情の形成、旧植民地や旧宗主国の自己認識の形成、国家アイデンティティへの影響への、このような視点の導入である。たとえば、モノの存在は、ある記憶や感情を喚起する。モノの不存在はその可能性さえを失わせる。沖縄の近代建築物の不存在は、過去のひとつの記憶を失わせている（本書の上水流論文参照）。近年、台湾では日本植民地期の建築物がその外見のモダンさゆえに植民地期の歴史の記憶媒体としてではなく、モダンさが消費され、その歴史が意識されないこともある。韓国では、総督府の存在が植民地の歴史を喚起するモノとして取り壊しへとつながった。

モノのもつ意味について、内堀は、「「もの」の意味はけっして一義的なものではないということであり、……その意味は個々の人ごとに多少とも異なり、さらには同じ個人にとってさえ、状況に応じて、また時とともに変化しうる」と述べる〔内堀　一九九七：五〕。つまり、モノが持つ意味は多元的である。立場の異なる人によって違う解釈がなされ、その個人のなかで時を経て違う意味を持つことも当然である。

その点で言えば、モノは複数のまなざしや解釈がぶつかり合う場ということができる。モノに関する支配的な解釈・意義をめぐって争われ〔Smith 2006〕、人々を分断することさえある。その点でポリアとアッシュワースのHeritagization（遺産化）の議論は参考になる。彼らによれば、Heritagizationは遺産を利用して何らかの社会的目的を達成するプロセスであり、その主要な目的はあるグループのメンバー間の結束力を高めることで、「私たち」と「彼ら」という区別を生む。そして遺産ツーリズムは、ある遺産を観光する価値があると認める者と、そうでない者との分断を生み出し、その分断を顕在化し、確認する場になるという〔Poria and Ashworth 2009〕。

したがって、そこは過去の解釈をめぐる立場の違う者が争う場となる。多元的な意味づけが可能になることは、単純に多元的意味が平和裏に共存することのみを意味しない、意味づけの支配性をめぐる争いが存在しうる。

上水流久彦も台湾における植民地期の建築物が現在、複数のまなざしのもと解釈され、活用され、破壊され、批判されている現状を取り上げている［上水流　二〇一六］。たとえば、台湾に残る日本植民地期の建築物という同一のモノを見て、そこに「昔の日本」を見出し、「親日台湾」を実感する日本人観光客もいる。また、故郷としての台湾を実感する過去に居住していた日本人もいる。他方、植民地時代の負の遺産としてみなす台湾人もいれば、中国とは異なる台湾の独自性を示す自らの歴史証拠だと語る台湾人もいる。さらに、それらの歴史に関わる問題を超越して単に「モダンな」建物として消費する台湾人もいる。多元的な記憶を形作り、自己認識、日台関係を感じるモノがそこにある。

それだけに、日本植民地期のモノは、論争を巻き起こすことになる。実際、台湾では、日本植民地期の建築物の指定に反対する声も一定程度存在するし、裁判にもなっている。壊される建築物に対して、自らの歴史の重要な一部だと、その保存を呼びかける運動も存在する。保存と建て替え、破壊をめぐる同様な現象は、韓国でも見ることができる。その姿は、まさしく「「ひと」と「もの」の複雑な絡み合いの相互作用」である。

その複雑な状況は、如何に生み出されるのだろうか。それに関わる重要な問いが、私たちは何を如何に記憶し、忘却するか、である。そして、この問いは、私たちは何を記憶させられ、何を忘却させられたのか、という問いと同義である。そして、「記憶させられ、忘却させられる」ときに重要な装置のひとつが「モノ」であることは間違いない。B・アンダーソンの国民の想像における地図の役割を持ち出すまでもなく[Anderson 2006]、人の認識形成で果たすモノの力は重要である。さらにいえば、亡くなった人の慰霊碑など、記憶と忘却をめぐる議論ではモノのエージェンシーの力は、その用語は使われていないが、すでに多く指摘されている[石田 二〇〇〇、岡 二〇〇〇、香月 二〇〇二など]。

しかし、石田や岡、香月らの研究は、慰霊碑がどのような状況で働きかけるのか、またはその存在がどう忘却されるのかの分析という点では、十分なものとはなっていない[31]。植民地支配に関わるモノについていえば、どのような状況で、経緯で、背景で、それらのモノが働きかけ、意味を持つようになるかを分析することが肝要である。たとえば、「日本神」は終戦直後から現在まで続く現象ではない。「同じひとつの「もの」であっても、その「もの」は時間的、空間的な推移にともなってさまざまな側面をもつものであるし、それゆえ、ひととの関わりかたもさまざまな様相をみせる」[床呂・河合 二〇一一]のである。

岩谷が指摘する、人と人とをつなげる側面に目を向ければ、本書の姉妹編に収録されている松田良孝の論稿では、米を通じて沖縄県の宮古島と台湾とが結びつく状況が紹介されている。米を販売しようとしたのは人であるが、米という存在がなければその結びつきは生まれることはなかった。

問題はそれだけではない。現在、米が結び付けた宮古島と台湾の関係は、失われている。一方で、パイナップルが結び付けた石垣島と台湾の関係は存続している。その関係は近年注目され、人々に認識され、台湾と沖縄の特殊な関係を語る道具となっている。そして、パイナップルは、日本で石垣島の「南」のイメージを形作っている。

米とパイナップルが違う役割を果たした要因は、モノそのもの特性、経済的、政治的要因など様々なものが考えられる。モノは時間と空間を越境するが、その様相は複雑である。その様相や要因をひも解く土台となるものが、モノのエージェンシーであり、脱人間中心義的な「ひとと「もの」が織りなす複雑なハイブリッド状のネットワーク」という理解である。

モノは時空を超える。そして、そこには長期にわたる人とモノとの複雑な絡み合いが存在する。それらは、現在、帝国日本の「その後」を我々に見せる存在である。したがって、植民地期を含めそれ以降の長期にわたる複雑な絡み合いを、対日感情、自他認識や歴史認識など、モノの在り方を通じて明らかにすることは、崩壊した「帝国日本」の現在を考察するうえで不可欠な作業である。植民地期のモノがいかに越境し（または越境せず）、今の私たちに何を見せているのだろうか、それはいかなるモノの有りようによって可能になっているのだろうか。

そして、その複雑性を通時的に明らかにする作業は、親日や反日という旧植民地の旧宗主国への感情の理解が間違いで、かつ反日的韓国と親日的台湾という対比そのものが意味を持たないことを浮かび上がらせる。ここに帝国日本のモノをその越境性とエージェンシーから研究する理由がある。かつ、モノの越境性とエージェンシーの視点は、植民地主義の問いを現代の課題へと変える。「日本神」は日本統治期に良いことをしたから、現在、神になっているわけではない。台湾の政治状況、日本との関係など、戦後の要素があって、神として扱われている。「日本神」の問題は、過去の話ではなく、現在の話であり、政治の問題でもある。単純なことだが、植民地時代のモノが全て残っているわけではない。何が残り、何が失われ、どのような意味持つのか、それらの理由を植民地支配当時の出来事や施策のみに還元はできない。個々のモノの特性、植民地支配の終焉から現在までの政治や経済、文化政策などが関与する。

このように丹念にモノと人との複雑な絡み合いを分析することは、結果、植民地支配の問題を他の領域に広げることになる。植民地支配の暴力の深刻さと現代の影響を指摘することは重要な作業である。だが、同時にその影響を一義的に植民地支配という過去だけに求めるのは、研究者の怠慢であろう。一般的に「台湾は親日的で、韓国は反日的」だとされる。そして、台湾では日本は良いことをしたから親日的なのだ、逆に韓国では恨みを忘れない民族性なのだと語られることが往々にある。だが、そもそも台湾と韓国の対日感情をそのようにシンプルにとらえること自体、現実に即していないし、仮にその単純な対日感情を前提としたとしても、そこには植民地支配の終了から現在までの複雑な過程が看過されている。

五　本書の内容

本書には、モノを中心に扱った六本の論稿が掲載されている。その概要と意義を紹介したい。

まず、日本発祥のモノが、類似する制度のある植民地に導入され、その後定着した例を論じたのが、角南聡一郎「日式表札の成立と越境――旧日本植民地における諸相とその後」である。帝国日本に展開した日本式表札が、植民地でいかに取り込まれたか、そしてその後も存続した要因を考察している。現在、我々になじみの深い「表札」は、近代日本の産物であり、近代戸籍制度や郵便制度によって、普及していった。これが、植民地である朝鮮や台湾に導入される際、それまで現地にあった名前を門などに掲げる制度と融合していったことが明らかにされていく。戦後においても、両地域に「日式表札」が残ったのは、郵便制度における利便性が大きい。「日式表札」の越境は、近似する制度があるがゆえでもあり、また近代の産物であるゆえともいえよう。変容、現地の文化との融合、そしてその来歴の忘却というモノの越境性の特色を知ることができる論考である。

「近代化」を、近代化を象徴する建築物の多くが失われた沖縄で考察したのが、上水流久彦「近代建築物にみる沖縄の近代化認識に関する一試論――琉球・沖縄史の副読本にみる歴史認識を踏まえて」である。上水流は、これまでの研究において、日本の植民地に残された近代建築物から、当該地の人々の日本統治に対する意識を探ってきた。上水流は、沖縄の学校で使用される副読本の検討から、近代が苦難の時代とされ、沖縄戦へと繋がるものとして描かれていることを指摘する。賑やかな戦前の那覇は戦争で失われ、そうした時代があったことも語られない。そこに建築物というモノがないことが大きな意味を持っているという。こうした「忘却させられた近代」に対する沖縄の人々の認識も一様ではない。また、他の植民地では、日本統治期の建築物は、日本という他者が作ったモノとして認識されるが、沖縄においては日本が明確な他者として意識されるとは限らず、同化を近代化として当然視する見方も存在する。帝国のもたらす近代への多様な認識が、単に沖縄の問題として存在するのではないことを示し得た、かつ、モノがないというエージェンシーについて考察する論考となっている。

林玉茹「日本統治期台湾における税関制度の変遷」は、台湾に日本が持ち込んだ「近代」である税関制度の変遷を、その導入時から日本統治終了以後までを視野に入れて追ったものである。日本の税関制度が植民地などに移植された「外地税関」の資料は、非常に少なく、その点においても、本論文には意味がある。清朝は、西洋の税関制度をそのまま導入したが、日本は独自のシステムを作り、植民政府はこれを用いて、地域に根ざした港までも次第に管理下においてゆく。本論文は、植民地での異なるシステムの対立と、植民政府の統治、つまり日本による近代化の浸透を、主にモノの流通の管理制度の導入という観点から物語るものである。モノの空間的越境性を考察する場合、人類学的研究では、そもそもモノが如何に境界を超えるか、その基本的な制度が等閑視されることがある。その課題を埋める考察となっている。

日本と近接する地域にあり、日本と同様になると考えられた植民地が、人々の観念、慣習が容易には変わらず、他者であり続けることを、谷ヶ城秀吉「植民地台湾における綿布消費の嗜好と商社の活動」は描く。モノが空間的に越境できなかった事例である。三井物産台湾支店は、台湾の綿布市場において競争力を発揮できず、撤退する。日本統治による台湾人の衣服の変化を予想して、付加価値の高い機械製綿布を販売しようとしたが、台湾人の嗜好は、変わらぬ生活に必要な手織の白綿布であり、洋装化が進むまでには時間が必要であった。三井物産にとっては、同じ漢字「同文」を有する台湾人は、いずれ日本人に「感化」できる「他者」として捉えたが、綿布市場における自らの失敗によって、台湾の人々を生活程度の低いものと断じることになる。近似とみえるものが、いかに遠い存在であるかが、本論文において示されている。

帝国日本と中国や旧満州との関係を考察したのは、林史樹「戦前・戦後期の日韓にみられた粉食中華の普及過程――「食の段階的定着」の差に着目して」である。中国起源の粉食「粉食中華」が、朝鮮半島と日本でいかに根付いていったかを、「食の段階的定着」と食の担い手に注目して分析したものである。新たにもたらされた食は、段階的に現地化していく。これは担い手とも関係しており、日本では華僑がもたらした粉食中華に、旧満州からの引き揚げ者がアレンジを加え、現地化してきた。対して、朝鮮半島では、華僑が長らく料理の担い手であり続け、一九七〇年代になって華僑の移住ブームによって韓国華僑が出国し、韓国人が料理の担い手となり、料理は韓国人好みのものとなってくる。帝国日本がその境界を接する中国とかつての「満州」との関わりのなかで、日韓の手軽な食としての粉食中華が、それぞれ独自の発展を遂げていること明示されている。角南の論稿と似た視角を持つ論稿であるが、この論考では作り手という人々により目配りしたものであり、時空間の越境にみるモノと人との複雑な関係を丹念に明らかにする力作である。

八尾祥平「パイン産業にみる旧日本帝国圏を越える移動――ハワイ・台湾・沖縄を中心に」は、帝国の周縁で発展するパイン産業から、帝国内のモノ、人、技術の移動をとらえるとともに、帝国の外部との関係を踏まえた考察の必要性を喚起している。ハワイにおいて最初に産業化されたパイン産業は、台湾へと、そして沖縄へと移動し、台湾人が沖縄にパイン産業をもたらし、そこに他者像が生まれていく。そして、戦後においても、技術と人の需要は、二つの地域に移動を生み出し、台湾人が再び沖縄のパイン産業のために移動するが、それは、この両地域をとりまく政治の動きと連動するものであった。現在、パイン産業の衰退はあるものの、パインによる地域おこしが模索されていることも取り上げられ、パイナップルというモノに着目することは、世界システムから地域の活動までを考察しうる可能性があることを示した論文といえる。そして、複雑な移動の過程、背景に注目するこの論考は、モノが単純に人間に操作される対象ではないことがわかる。かつ、モノが人や地域を結びつけるエージェンシーであることがくみ取れる。

これらの論稿の他、帝国日本に関わるコラム五本を所収した。冨田哲「ある朝鮮総督府警察官の移動」では、朝鮮で警察署長になった祖父の思い出を中心に現地の暮らしぶりや朝鮮の人々との交流、現地の有力日本人とのつながりが自省的に紹介されている。三尾裕子「神社を持つ「日本神」廟」では、一九八〇年代後半以降、日本由来の霊魂が台湾で神となるが、「反日」や「親日」という枠組みに組み込まれることなく、台湾文化のなかに「日本」を巧みに取り入れられている姿が描かれている。西村一之「「ヘッチする」とは?——移動する漁民の世界と言葉」では、台湾東海岸の漁民で使われる言葉が台湾に渡った日本人漁民から現地の漁民へ、そして台湾に海を越えてくる漁業労働者へ伝わる様相が台湾東部の漁業の展開の記述とともに紹介されている。鈴木文子「在朝日本人の植民地経験」では、朝鮮半島に住む日本人と現地の文化とは意外に接触があったが、朝鮮文化は単なる風景であったと当時の接触の在り方の問題点を指摘する。角南総一郎「「帝国日本」で共有された職人の技と道具」では、帝国日本では多くの職人が台湾や朝鮮半島に行き、時に渡り歩いており、「日本」とは意識されない形で継承された技術や道具があることが述べられている。これらのコラムは、いずれも現在の日本では一般的に忘却されている帝国日本を舞台とした人やモノの移動の記録である。だが、同時に現在の日本の在り方とつながる話でもある。現在の韓国や台湾と日本との関係に関する日本側の認識を改めて再考させるものとなっている。

むすび

植民主義研究の重要な目的は、「植民地支配下の下で苦しんだ人々の視点からその歴史を問い直し、現在にまで及ぶその社会的・文化的影響にも批判のまなざしを注ぐ」［本橋　二〇〇五］点にあることは間違いない。その一方で、欧米の植民地統治と異なり、敗戦によって多くの旧植民地を一挙に失い、敗戦から七〇年以上たつ日本の植民地統治研究では、脱植民地化が重要なテーマとなり、「日本体験世代から日本が歴史化する世代への交代といった時間の流れ」のなかで今後の歴史認識や日本認識にいかなる影響を与えるのかが、新たな研究課題となっている［三尾　二〇一六］。ある意味、日本社会は、植民地統治を行った事実に関する大きな転換期に現在あると言える。そして、歴史認識や日本認識に関する転換期の研究課題の重要な焦点のひとつが記憶の継承であることは間違いない。本書ではその断面を特にモノについて検討を行った。

モノは、命の有限性を抱える人と異なって、時間を超える力を持つ。植民地統治を経験した人々が僅かとなる現在、当時を語ることができるモノの存在は今後ますます重要になろう。モノの存在（時に不存在）は、本書が示すように過去の帝国日本の痕跡である。だが、現在、モノを見ても過去を想起できない場合もある。台湾の総統府を見て、日本の植民地期の総督府だったことは知らなかったと述べた台湾人に出会ったときは、正直、驚いた。明らかにその痕跡とわかるはず、と筆者が考えていたモノであっても、痕跡としての役割を失う現実もある。日本社会も同様、またはそれ以上かもしれない。世界遺産となった長崎県の端島、いわゆる軍艦島で朝鮮半島出身者や中国人が働いたことは事実である。だが、その事実を語ることに政治的圧力がかかる現在、軍艦島は日本の近代化のみを象徴する遺産にさえなりうる。

他方、モノの過去の掘り起こしは、日本の影響を強調する危険性もある。例えば、角南論文を読んだ人間のなかには、台湾や韓国の表札の起源を日本に見出し、「そもそも日本のものだった」と「そもそも論」を語る誘惑にかられる者もいるかもしれない。日本の優越性を見出す者もいるかもしれない。本書はそのような読み方を断固と否定する。読者に理解してほしいことは、モノの混淆性であり、純正さのまやかしである。モノの混淆性が忘却されがちな現在、純粋な日本、純粋な韓国、純粋な台湾が想像され、ナショナリズムの対立を生む土壌が東アジアで浸透している。再度、モノの混淆性を歴史的に人類学的に知ることは無益ではあるまい。

もちろん、帝国日本におけるモノとモノの出会い、モノと人との出会い（人と人との出会いも当然そうである）には、植民地統治という暴力的な統治制度のなかで行われた。したがって、本書が取り上げるモノの混淆性とは、痛みを伴った混淆性である。記憶の問題は、同じ過去を共有する、同じ過去に関わる者どうしの関係を形作るため、過去を思い出すこと以上に、「どう」思い出すかが重要である。そこで本書では、植民地統治を経験した人々が非常に少なくなるなか、モノを通じて互いに如何なる過去を見出し、相互認識を持つことが可能なのかを問うた。

モノの移動には、人が関わっていた。台湾人が旧満州に行き、朝鮮人が台湾で働き、沖縄県の八重山の人々は台湾と行き来していた。帝国日本の時代においては、今よりも多くの日本人が他者の近くにもいた。三〇〇万人以上に及ぶ日本人が、植民地、旧南洋群島、旧満州など日本の勢力範囲へと移動していた。さらに終戦時には、ほぼ同数の日本軍が海外に派兵されていた。

人の移動に関わる論考は、姉妹編の『帝国日本における越境・断絶・残像——人の移動』に掲載されているが、モノと人が帝国内、そして時に帝国間を移動する歴史を前にして、「日本人はそもそも外とは関わりが少ない、内向きである」といった日本人イメージは思い込みに過ぎないことがわかる。その思い込みは、「外」の他者がもつ日本に対するイメージへ目を向けることさえ遮り、むしろ、純粋な日本社会イメージ、日本人イメージ形成に加担さえする。

本書において、東アジアの移動、それによって形成された他者像とその変化を語り尽くしたとは、もちろん、いえない。しかし、他者像が作られた帝国日本の場を考え、それが今とはいかに異なるものかを知ることの大切さを、本書が少しでも伝えることができるならば、それは東アジアで相互に他者に近づく一歩に繋がるものになると願いたい。

注

（1）沖縄に対して、「植民地」という語を敢えて用いるのは、以下の理由による。植民地とは、ある国（宗主国）の政治的・経済的支配下におかれ、継続的に従属させられる地域といえる。沖縄は、かつては琉球国という一つの政治体を有していたが、日本政府によって、清朝との冊封関係を断絶させられ、琉球処分を経て、日本の一県となった。一県となる経緯は、日本からの政治的・軍事的脅威をもって服従を余儀なくされた、まさに植民地化のプロセスである。しかし、その後は、沖縄は制度上は「沖縄県」となり、「外地」とは位置づけられなかったことから、「準植民地」として沖縄を捉えていくこととする。

(2) 台北帝国大学については、呉［二〇〇五］、全［二〇〇六］、酒井・松田編［二〇一四］参照。

(3) 台湾においては、漢民族移住以前に居住していた先住民に対しては、「原住民族」が正式の名称であり、憲法の条文にこの語が用いられている。本稿では、台湾の先住民に対して、「原住民族」と記述する。

(4) 馬淵の台北帝大への入学の経緯は、馬淵自身が『馬淵東一著作集第三巻』（社会思想社、一九七四年）のあとがきに書いているが、笠原政治は、馬淵の渡台理由に関する古野清人の異なる推測について触れている［笠原 二〇一〇：一七］。

(5) 朝鮮における人類学的研究については、全［二〇〇四、二〇〇六］を参照。

(6) 沖縄の旧慣調査に関しては、平良［二〇一二］を参照。

(7) 戦争時の日本の人類学者に関しては、**Bremen**［2003］を参照。

(8) これに対する反論そして再反論［国分 一九九七、川村 一九九七］が行われている。

(9) 駒込武は、日本台湾学会シンポジウムのパネルディスカッションにおいて、三尾の指摘について、『民俗台湾』の歴史的位置づけ、植民者と被植民者の間の亀裂に対する考察が不十分であるとの批判を行っている［駒込 二〇〇九：八三―八四］。対して三尾は、日常の生活世界における植民者と被植民者との関係を、搾取・被搾取あるいは抗日・協力といった枠組みのみで捉えることへの疑問を論じたのであると反論している（「日本台湾学会設立一〇周年記念シンポジウム パネルディスカッション質疑応答録」『日本台湾学会報』第一一号所収 二〇〇九年）。

(10) 座談会「柳田國男氏を囲みて――大東亜民俗学の建設と『民俗台湾』の使命」は、一九四三年一〇月一七日に東京の柳田國男邸で、柳田・橋浦泰雄・岡田謙・中村哲・金関によって行われ、その内容が『民俗台湾』第三〇号に掲載された。

(11) 中生勝美による国分直一に対するインタビューにおいて、国分は、『民俗台湾』が検閲で削除をうけ、発刊自体も危ぶまれるなか、柳田との座談会によって、台湾の民俗研究が、いかに「大東亜民俗学」という国策に有益であるかを発言してもらったと語っている［中生 二〇一六：八七］。

(12) 金関の霧社での遺骨収集、廃棄される墓からの骨の収集については、台大原住民族研究中心の童元昭・黃維晨・巫淑蘭［二〇一七］を参照した。

(13) モーナ・ルダオの骨が、いかにして台北帝大土俗・人種学研究室に運ばれ、その後、国立台湾大学考古人類学系標本室に置かれていたかをめぐるいくつかの言説は矛盾している。松島は、台北帝大に遺体を運んだのは、金関とする［松島　二〇一八：四一］が、呉俊瑩［二〇一一］によれば、彼の遺骨は、一九三四年に総督府警務局の斡旋で土俗・人種学研究室に運ばれた後、医学部に移され、一九七二年に標本室に戻されたとする。一九七二年に台湾大学考古人類学系に戻されたとする考古人類学系の文書がこの記事に掲載されている。この間、山路勝彦が指摘するように［山路　一九九九：七五］、野上弥生子は一九三五年に「土俗学の研究室」で彼の遺骨を見ており［野上　一九八〇：一四四］、一九三七年発行の井出季和太著『台湾治績志』にも、「土俗人種学陳列室に保存」として、写真が掲載されている［井出　一九三七：七九四］。しかし、河原功は一九六九年に、標本室にあった遺骨を見ている［河原　二〇一四］。

(14) 戦後の日本の人類学における植民地主義に関する研究については、山路［二〇〇二］において、論じられている。

(15) 韓国の植民地近代に関する議論については、板垣［二〇〇四］を参照。「植民地近代」の概念、東アジアにおける課題については、Barlow［1997］を参照。

(16) 台湾の植民地近代の論争については、駒込［二〇〇三］、川島［二〇〇四］、張［二〇〇四］を参照。

(17) 松田利彦は、植民地権力に回収しきれない人々の心性や底辺社会の諸相を重視すべきとする趙景達［二〇〇八］の研究をとりあげ、また近代から疎外をされた要素も含めた「構造」として「植民地近代」を捉えるという板垣［二〇〇八］などの研究を挙げている。

(18) 台湾においては、当時、「生番」とされた清朝の支配の及ばない先住民「原住民族」については、中華文化圏内に位置したとは、言い難い存在であった。植民地の支配者日本も彼らを「未開」なものとして扱うことになった。

(19) 三尾も指摘しているように、こうした「同質性」の虚構は、台湾の先住民、旧南洋群島の住民に対しては、強引な論法となっていく［三尾　二〇一六：一一］。

(20)「同祖論」と植民地支配、さらにその後に関しては、小熊［一九九五、一九九八］など。

(21)台湾においては、日本統治期に持ち込まれた新たなモノに関して、コラムニストの陳柔縉が当時の広告、写真などから分析を行っている［陳柔縉　二〇〇五、二〇〇九、二〇一二］。この一連の研究は、新たなモノが日常に埋め込まれる例としての資料的価値があるに留まらず、今現在の台湾の人々がもつ過去のモノに対する視線、記憶の有り様を示すものとなっている。

(22)朝鮮における日本人に関する先駆的な研究として、梶村［一九九二a、一九九二b］（初出一九七四、一九七八）、木村［一九八九］、総論的研究としては、高崎［二〇〇二］がある

(23)鈴木文子は、在朝日本人研究、日本人と朝鮮人の交流に関する日本と韓国における研究について、整理紹介をしている［鈴木　二〇一九：六三―六四］。

(24)木村［二〇〇一］、鈴木［二〇一〇、二〇一九］など。日本人移住による変化を中心とした研究として、崔編［一九九四］、坂本・木村［二〇〇七］、布野ほか［二〇一〇］などがある

(25)場所もいわゆる国家や民族の帰属する「文化」に基づくだけではない。同じ国家内においても、宗教施設と博物館とで同一のモノが展示されても、持つ意味は異なる。

(26)加藤は、アンデス形成期には「永遠の物」である神殿を「壊れる物」にして物質的制限を取り除き、変化を可能にしたと指摘する。そして、その後、「壊れる物」とした神殿を今度は、永遠に残すという「永遠の物」にしたという。人間のモノへの営みによって同じモノでも「永遠の物」にも「壊れる物」にもなる。

(27)「日本神」の詳細な分析は、［三尾　二〇一七］に詳しい。

(28)近年、八重山と台湾のつながりが注目され、パイナップルの歴史を知る人が八重山では増えている。なお、現在八重山の重要な観光資源である水牛も、台湾から持ち込まれた。

(29)図示できないが、同じモノを違う場で共有することは、時間を経て、親密感を喚起する場合がある。日本本土で、台湾で、沖縄で、同じ雑誌を読んでいた人々が出会う場合などである。モノそのものは失われるが、その記憶は時間を超え、出会った彼らに特別な感情を生み出す。

(30)床呂・河合編『ものの人類学』においては、「もの」という語を、狭義の可視的で有形の実体（固体）ない

し物質や物体というニュアンスを越えて、大和言葉の文脈における「もの」の広いコノテーションや多義性を敢えて含みこんだ用語として定義し、使用することとしたい」と述べる［床呂・河合　二〇一一：一六］。なお、大和言葉の文脈について、彼らは『岩波古語辞典』の「形があって手に触れることのできる物体をはじめとして、広く出来事一般まで、人間が対象として感知・認識しうるものすべて」に準拠し、さらには「「もののけ」、「つきもの」などの用法のように不可視で霊的な存在さえも含む」と述べる。

（31）　石田や岡、香月らの研究は、何を記憶し、忘却しているかという点で国家や記憶をめぐる暴力が主眼となっているためで、その点では十分意義ある論考となっている。

参考文献

Anderson, Benedict
2006　*Imagined Communities: Reflections on the Origin and Spread of Nationalism* (Revised edition). London & New York: Verso.

青木保ほか編
一九九七　『岩波講座文化人類学　「もの」の人間世界』東京：岩波書店。

Appadurai, Arjun
1981　The Past as a Scare Resource, *Man* (New Series) 16(2): 201-219.

蘭信三編
二〇〇八　『日本帝国をめぐる人口移動の国際社会学』東京：不二出版。

朝倉敏夫
二〇一一　「植民地期朝鮮の日本人研究者の評価――今村鞆・赤松智城・秋葉隆・村山智順・善生永助」山路勝彦編『日本の人類学――植民地主義、異文化理解、学術調査の歴史』一二一―一五〇頁、兵庫：関西学院大学出版会。

Barlow, Tani T.

1997　Introduction: On "Colonial Modernity", In Barlow, Tani T. (ed.) *Formation of Colonial Modernity in East Asia,* pp.1-20, Durham & London: Duke University Press.

Bremen, Jan van
2003　Wartime Anthropology: A Global Perspective, In Shimizu, Akitoshi and Jan van Bremen (eds.), *Wartime Japanese Anthropology in Asia and the Pacific,* Senri Ethnological Studies no.65, pp.13-48, Osaka: The National Museum of Ethnology.

陳培豊
二〇一二　『日本統治と植民地漢文――台湾における漢文の境界と想像』東京：三元社。

陳柔縉
二〇〇五　『台湾西方文明初体験』台北：麦田出版。
二〇〇九　『人人身上都是一個時代』台北：時報文化出版（『日本統治時代の台湾――写真とエピソードで綴る一八九五～一九四五』天野健太郎訳、東京：ＰＨＰ研究所　二〇一四年）。
二〇一二　『旧日時光』台北：大塊文化出版。

陳姃媛
二〇一〇　「在殖民地臺灣社會夾縫中的朝鮮人娼妓業」『臺灣史研究』一七（三）：一〇七―一四九。
二〇一三　「植民地で帝国を生きぬく――台湾人医師の朝鮮留学」松田利彦・陳姃媛編『地域社会から見る帝国日本と植民地――朝鮮・台湾・満州』四九一―五二八頁、京都：思文閣出版。

Ching, Leo T. S.
2001　*Becoming Japanese: Colonial Taiwan and the Politics of Identity Formation,* Berkley: University of California Press（『ビカミング〈ジャパニーズ〉――植民地台湾におけるアイデンティティ形成のポリティクス』菅野敦志訳、東京：勁草書房、二〇一七年）.

趙景達
二〇〇八　『植民地期朝鮮の知識人と民衆――植民地近代性批判』東京：有志舎。

張隆志
二〇〇四　「殖民現代性分析與台湾近代史研究――本土史学史與方法論芻議」若林正丈・呉密察主編『跨界的

台湾史研究——與東亜史的交錯』一三三―一五〇頁、台北：播種者文化。

Ch'oe, Kilsūng
2003　War and Ethnology/Folklore in Colonial Korea: The Case of Akiba Takashi, In Shimizu, Akitoshi and Jan van Bremen (eds.), *Wartime Japanese Anthropology in Asia and the Pacific*, Senri Ethnological Studies no.65, pp.169-187, Osaka: The National Museum of Ethnology.

童元昭・黄維晨・巫淑蘭
二〇一七　「骨骸——關於死亡、挖掘與爭議」国立台湾大学原住民族研究中心、http://www.cis.ntu.edu.tw/blog/2017/06/28/humanremains　二〇一九年三月一〇日閲覧。

布野修司・韓三建・朴重信・趙聖民
二〇一〇　『韓国近代都市景観の形成——日本人移住漁村と鉄道町』京都：京都大学学術出版会。

Gell, Alfred
1998　*Art and Agency: An Anthropological Theory.* Oxford: Oxford University Press.

呉密察
二〇〇二　「『民俗台湾』発刊の時代背景とその性質」（倉野充宏訳）藤井省三・黄英哲・垂水知恵編『台湾の「大東亜戦争」』二三一―二六五頁、東京：東京大学出版会。
二〇〇五　「植民地大学とその戦後」（倉野充宏訳）呉密察・黄英哲・垂水千恵編『記憶する台湾——帝国との相克』二九三―三三九頁、東京：東京大学出版会。

呉俊瑩
二〇一一　「莫那魯達遺骸帰葬霧社始末」台湾與海洋亜州サイト https://tmantu.wordpress.com/　二〇一九年三月一〇日閲覧。

橋谷弘
一九九一　「近代日本は植民地で何をし、何を残したのか」『争点日本の歴史　6　近・現代編』二六二―二七三頁、東京：新人物往来社。

井出季和太
一九三七　『台湾治績志』台北：台湾日日新報社。

五十嵐真子・三尾裕子編
二〇〇六『戦後台湾における〈日本〉――植民地経験の連続・変貌・利用』東京：風響社。
池田敏雄
一九八二「植民地下台湾の民俗雑誌」『台湾近現代史研究』四：一二一―一五一。
石田雄
二〇〇〇『記憶と忘却の政治学――同化政策・戦争責任・集合的記憶』東京：明石書店。
板垣竜太
二〇〇四「〈植民地近代〉をめぐって――朝鮮史研究における現状と課題」『歴史評論』六五四：三五―四五。
二〇〇八『朝鮮近代の歴史民族誌――慶北尚州の植民地経験』東京：明石書店。
板垣竜太・鄭智泳・岩崎実
二〇一〇「序文 〈東アジアの記憶の場〉を探求して」板垣竜太・鄭智泳・岩崎実編『東アジアの記憶の場』七―三五頁、東京：河出書房新社。
岩谷彩子
二〇一一「ものが見せる・ものに魅せられる」床呂郁哉・河合香吏編『ものの人類学』二三五―二五四頁、京都：京都大学学術出版会。
梶村秀樹
一九九二a「植民地と日本人」（初出一九七四）、『朝鮮史と日本人』（梶村秀樹著作集第一巻）一九三―二一六頁、東京：明石書店。
一九九二b「植民地朝鮮での日本人」（初出一九七八）、『朝鮮史と日本人』（梶村秀樹著作集第一巻）二一七―二四三頁、東京：明石書店。
上水流久彦
二〇一六「台湾の植民地経験の多相化に関する脱植民地主義的研究――台湾の植民地期建築物を事例に」三尾裕子・遠藤央・植野弘子編『帝国日本の記憶――台湾・旧南洋群島における外来政権の重層化と脱植民地化』二六一―二八八頁、東京：慶應義塾大学出版会。
笠原政治

香月洋一郎
　二〇一〇「序——生誕一〇〇年を機に」笠原政治編『馬淵東一と台湾原住民族研究』一—一九頁、東京：風響社。
　二〇〇二『記憶すること・記録すること　聞き書き論ノート』東京：吉川弘文館。
加藤泰建
　一九九七「永遠の物と壊れる物」青木保ほか編『岩波講座文化人類学　「もの」の人間世界』二三七—二五九頁、東京：岩波書店。
河原功
　二〇一四「一九七三年の「霧社事件」騒動」『日本台湾学会ニュースレター』二六：三—四。
川村湊
　一九九六『「大東亜民俗学」の虚実』東京：講談社。
　一九九七「植民地主義と民俗学／民族学」『AREA Mook 民俗学がわかる。』一三六—一四〇頁、東京：朝日新聞社。
川島真
　二〇〇四「「殖民地近代性」特集解説」若林正丈・呉密察主編『跨界的台湾史研究——與東亜史的交錯』六五—七〇頁、台北：播種者文化。
木村健二
　一九八九『在朝日本人の社会史』東京：未来社。
　二〇〇一「植民地下新義州在住日本人の異文化接触」戸上宗賢編『交錯する国家・民族・宗教——移民の社会適応』七三—九八頁、東京：不二出版。
金賢貞
　二〇一二「「近代文化都市」韓国群山《グンサン》市の負の遺産とまちづくり」『日本民俗学』二六九：三五—六六。
金中奎
　二〇一五「群山の近代文化都市開発事業」『アジ研　ワールド・トレンド』二三六：一四—一七。
国分直一
　一九九七「『民俗台湾』の運動はなんであったか——川村湊氏の所見をめぐって」『しにか』八（一二）：

一二二―一二七。
駒込武
二〇〇三「台湾における「植民地近代」を考える」『アジア遊学』四八：四―一三。
二〇〇九「台湾研究の動向と課題――学際的な台湾研究のために」『日本台湾学会報』一一：七五―八九。
栗本英世・井野瀬久美恵
一九九九「序論――植民地経験の諸相」栗本英世・井野瀬久美恵編『植民地経験――人類学と歴史学からのアプローチ』一一―四六頁、京都：人文書院。
松田素二
一九九七「植民地文化における主体性と暴力――西ケニア・マラゴリ社会の経験から」山下晋司・山本真鳥編『植民地主義と文化――人類学のパースペクティヴ』二七六―三〇六頁、東京：新曜社。
一九九九「西ケニア山村から見た大英帝国――個人史が世界史と交錯するとき」栗本英世・井野瀬久美恵編『植民地経験――人類学と歴史学からのアプローチ』一九七―二二〇頁、京都：人文書院。
松田利彦
二〇一三「序」松田利彦・陳妊媛編『地域社会から見る帝国日本と植民地――朝鮮・台湾・満洲』三―八頁、京都：思文閣出版。
松島泰勝
二〇一八『琉球　奪われた骨――遺骨に刻まれた植民地主義』東京：岩波書店。
三尾裕子
二〇〇四「以殖民統治下的「灰色地帯」做為異質化之談論的可能性――以《民俗台湾》為例」『台湾文献』五五（三）：二五―六一。
二〇〇六「植民地下の「グレーゾーン」における「異質化の語り」の可能性――『民俗台湾』を例に」『アジア・アフリカ言語文化研究』七一：一八一―二〇三。
二〇一六「台湾と旧南洋群島におけるポストコロニアルな歴史人類学の可能性――重複する外来政権のもとでの脱植民地化と歴史認識」三尾裕子・遠藤央・植野弘子編『帝国日本の記憶――台湾・旧南洋群島における外来政権の重層化と脱植民地化』一―三〇頁、東京：慶應義塾大学出版会。

二〇一七「植民地経験、戦争経験を「飼いならす」——日本人を神に祀る信仰を事例に」『日本台湾学会報』一九：四—二八。

三尾裕子編
二〇〇四「「在台湾発現日本」特集」『台湾文献』五五（三）：一—一六四。
二〇〇六「特集——台湾における日本認識」『アジア・アフリカ言語文化研究』七一：三九—二〇三。

三尾裕子・遠藤央・植野弘子編
二〇一六『帝国日本の記憶——台湾・旧南洋群島における外来政権の重層化と脱植民地化』東京：慶應義塾大学出版会。

宮岡真央子
二〇一一「台湾原住民族研究の継承と展開」山路勝彦編『日本の人類学——植民地主義、異文化理解、学術調査の歴史』七七—一一九頁、兵庫：関西学院大学出版会。

本橋哲也
二〇〇五『ポストコロニアリズム』東京：岩波書店。

문예은（ムン・エイン）
二〇一一「근대문화유산을 둘러싼 담론의 경쟁 양상 분석——군산시를 중심으로（近代文化遺産をめぐる論争の相克状況の分析——群山史を中心に）」『지방사와 지방문화（地方史と地方文化）』一四（二）：二六五—三〇四。

中生勝美
二〇一六『近代日本の人類学史——帝国と植民地の記憶』東京：風響社。

野上弥生子
一九八〇『野上弥生子全集　第一五巻』東京：岩波書店。

小熊英二
一九九五『単一民族神話の起源——〈日本人〉の自画像の系譜』東京：新曜社。
一九九八『〈日本人〉の境界——沖縄・アイヌ・台湾・朝鮮　植民地支配から復帰運動まで』東京：新曜社。
二〇〇一「金関丈夫と『民俗台湾』——民俗調査と優生政策」篠原徹編『近代日本の他者像と自画像』二四

―五三頁、東京：柏書房。
岡真理
　二〇〇〇　『記憶／物語』東京：岩波書店。
Poria, Yaniv and Gregory Ashworth
　2009　Heritage Tourism: Current Resource for Conflict, *Annuals of Tourism Research* 36(3): 522-25.
崔吉城
　二〇〇〇　「日帝植民地時代と朝鮮民俗学」中生勝美編『植民地人類学の展望』一七一―二一〇頁、東京：風響社。
　二〇〇七　『樺太朝鮮人の悲劇――サハリン朝鮮人の現在』東京：第一書房。
　二〇一一　「朝鮮総督府調査資料と民族学――村山智順と秋葉隆を中心に」山路勝彦編『日本の人類学――植民地主義、異文化研究、学術調査の歴史』一五一―一七三頁、兵庫：関西学院大学出版会。
崔吉城編
　一九九四　『日本植民地と文化変容――韓国・巨文島』東京：お茶の水書房。
酒井哲哉・松田利彦
　二〇一四　『帝国日本と植民地大学』東京：ゆまに書房。
坂本悠一・木村健二
　二〇〇七　『近代植民地都市　釜山』東京：桜井書店。
坂野徹
　二〇〇三　「漢化・日本化・文明化――植民地統治下台湾における人類学的研究」『思想』九四九：四一―六九。
サンド、ジョルダン
　二〇一五　『帝国日本の生活空間』（天内大樹訳）東京：岩波書店。
Smith, Laurajane
　2006　*Uses of Heritage*, London: Routledge.
鈴木文子
　二〇一〇　「記録と記憶の比較から――朝鮮安眠島における植民という日常」『佛教大学文学部論集』九四：

三七―五六。
二〇一九　「交錯する人と記憶――朝鮮混住地における植民地経験」『佛教大学歴史学論集』九：四三―六七。

所澤潤・林初梅編
二〇一六　『台湾のなかの日本記憶――戦後の「再会」による新たなイメージの構築』東京：三元社。

平良勝保
二〇一一　『近代日本最初の「植民地」沖縄と旧慣調査　1872-1908』東京：藤原書店。

高岡裕之・三ツ井崇
二〇〇五　「東アジア植民地の「近代」を問うことの意義」『歴史学研究』八〇二：一―五、六一。

高崎宗司
二〇〇二　『植民地朝鮮の日本人』東京：岩波書店。

田中雅一
二〇一四　「越境するモノたちを追って」田中雅一編『フェティシズム研究――越境するモノ』三―四〇頁、京都：京都大学学術出版会。

田中雅一編
二〇一四　『フェティシズム研究――越境するモノ』京都：京都大学学術出版会。

Tierney, Robert Thomas
2010　*Tropics of Savagery: The Culture of Japanese Empire in Comparative Frame,* Berkeley and Los Angeles: University of California Press.

床呂郁哉・河合香吏
二〇一一　「なぜ「もの」の人類学なのか？」床呂郁哉・河合香吏編『ものの人類学』一―二一頁、京都：京都大学学術出版会。

床呂郁哉・河合香吏編
二〇一一　『ものの人類学』京都：京都大学学術出版会。

Tsu, Yun Hui
2003　For Science, Co-Prosperity, and Love: The Re-imagination of Taiwanese Folklore and Japan’s East Asian

War. In Shimizu, Akitoshi and Jan van Bremen (eds.) *Wartime Japanese Anthropology in Asia and the Pacific.* Senri Ethnological Studies no.65. pp.189-207, Osaka: National Museum of Ethnology.

内堀基光

一九九七　「ものと人から成る世界」青木保ほか編『岩波講座文化人類学「もの」の人間世界』一―二二頁、東京：岩波書店。

植野弘子

二〇〇四　「植民地台湾における民俗文化の記述」『茨城大学人文学部紀要 人文学科論集』四一：三九―五七。

二〇一一　「台湾の日常と日本教育――高等女学校生の家庭から」植野弘子・三尾裕子編『台湾における〈植民地〉経験――日本認識の生成・変容・断絶』一四一―一八四頁、東京：風響社。

二〇一二　「『民俗台湾』にみる日本と台湾の民俗研究――調査方法の検討を通じて」『東洋大学社会学部紀要』五〇（二）：九九―一一二。

二〇一六　「植民地台湾の生活世界の「日本化」とその後――旧南洋群島を視野にいれて」三尾裕子・遠藤央・植野弘子編『帝国の記憶――台湾・旧南洋群島における外来政権の重層化と脱植民地化』一四五―一八一頁、東京：慶應義塾大学出版会。

植野弘子・三尾裕子編

二〇一一　『台湾における〈植民地〉経験――日本認識の生成・変容・断絶』東京：風響社。

山路勝彦

一九九九　「「梁山泊」の人類学、それとも?――台北帝国大学土俗人種学研究室」『関西学院大学社会学部紀要』八五：七三―八九。

二〇〇二　「人類学と植民地主義――研究史を俯瞰する」山路勝彦・田中雅一編『植民地主義と人類学』三―四二頁、兵庫：関西学院大学出版会。

二〇一一　「日本人類学の歴史的展開」山路勝彦編『日本の人類学――植民地主義、異文化理解、学術調査の歴史』九―七三頁、兵庫：関西学院大学出版会。

全京秀

二〇〇四　『韓国人類学の百年』（岡田浩樹・陳大哲訳）東京：風響社。

二〇〇六「植民地の帝国大学における人類学的研究――京城帝国大学と台北帝国大学の比較」（本田洋訳）岸本美緒編『「帝国」日本の学知　第三巻　東洋学の磁場』九九―一三四頁、東京：岩波書店。

日式表札の成立と越境

——旧日本植民地における諸相とその後

角南聡一郎

はじめに

旧日本植民地には、多くの日本人が移住し、生活を営んだ。生活するためには制度が定められ、それに伴ってモノも製作されたが、基本的には日本の生活用具がそのまま植民地に持ち込まれた。旧日本植民地の生活史を理解しようするならば、現地の歴史、文化もそうであるが、日本における歴史的背景を正確に捉えておく必要がある。しかし、このあたりまえのことがなかなか難しい。近代以降に起源をもつモノはいつの間にか生活財の一部となった感があり、いつからそれがあるのかということに対する興味関心はおしなべて薄い。日常的なモノであればあるほどその傾向は強い。本稿で取り上げる表札もそういったモノである。そもそもいつからあるのかという疑問に即答できることは稀であろう。

表札（標札、ネームプレート、門牌〔中国〕）とは、戸口や門に掲げる、居住者の名などを書いた札のことを指す。法的には表札も看板や広告塔などと同じ屋外広告物に含まれる。類似する狭義の語として門札がある。この場合、表札は家の玄関の横に直接取り付けるもので、門札は門に取り付けるものである。日本において表札とは、住居の門や戸口に掲げる姓名を記入した札ということになろう。

本稿では近代に現れる、長さ二〇センチ、幅八センチ、厚さ二センチ程度の木製、石製、陶製、金属製の札に戸主の氏名が記され、戸口や門に掲る類を、日本式の表札、略して日式表札と呼ぶ。なお、戦前は多くが「標札」と表記されたが、戦後は「表札」の表記が一般的であるので、ここでも表札と記すことにする。

本稿では、この日式表札という一つの物質文化に着目し、これが日本独自のものであることを確認し、それが近代以降、どのように成立したかを検討する。次に旧日本植民地（台湾・朝鮮半島）にも日式表札が存在することから、植民地時代に表札が越境をして広がっていった過程を復原する。そして戦後の継続について検討を試み、その背後にあるものを考える。ここで特に注目したいのは、表札の融合、混合という現象である。

一　日本における表札

1　表札前史

まず近代に日式表札が出現した背景について、過去に遡り、いくつかの事例をあげながら考えてみたい。少なくとも奈良時代には、既に木製の板に文字を書いて立てるという制度が存在していた。八世紀初頭に制定された大宝律令の中で「関市令」が規定され、東西市に標を立てるよう規定されている。また、奈良時代には寺院や神社に扁額が掲げられるようになるが、これらはまさに建造物の屋外広告物である。これ以降、文字を記した木札を掲げるという文化が始まった。しかしながら扁額は、勅使によって定められた寺を示すものであることから、現在のように作者、筆者などの個人名を示すことは恐れ多いと考えられていた。つまり、これらは日式表札の直接の源流とはいえない。

屋外広告物としての看板は江戸時代に隆盛を極めた。これと関係して、日式表札の祖型のようなものが現れた。表札をもっとも早く使用したのは、元禄時代の芸人で、それは広告の役割も担っていた〔岩井　二〇〇六〕。滑稽本『浮世床』初編巻之上（一八一三―一八二三）に「本道外科と割て書いたるデモ医者の表札は和様に髭頭も想いれ」とあることからも〔式亭　一八八六〕、医者が用いていたことが窺えるが、それは限定されたものであった。こうしたものの影響から、扁額の正面に筆者の名を明示するようになっていった。これは扁額の看板化である。

そのほかにも一般庶民が表札を掲げなかった背景を知る手掛かりとなる資料がある。それは迷子札である。迷子札とは、江戸時代末～近代にかけて使用された、迷子防止のために幼児に付帯していた札で、木製、布製、金属製があった。そもそも子供の背守りから発展した布製の迷子札は護符の役割を果たした。表面は吉祥文様で裏面に住所と親子の名前を記したものであった。従来、金属製の迷子札は住所・名前が刻されている面が表面、幼児の生まれ年の干支を刻んだものが裏面と紹介されることが多かった。しかし、布製の迷子札の理論で考えるならばこれは逆で、干支を刻んだ方が表面である。これは近代以降、江戸時代には見られなかった、衣服に名札を付ける、つまり個人名を外部に示すという感覚から判断した誤謬である［角南　二〇一八］。このように、身体に付ける名札も常に外に示すものではなく、あくまで必要に応じて確認するという、扁額とは別の思考パターンではないかと考えられる。このように日本には個人の名前を人前に出すことを慎むいくつかの事例がある。

一方で前述のように、江戸時代以降、商業目的の看板の文化が浸透し、人前に積極的に名前を提示するような機会が増加した。このような名前を示すことの積極性は制度として強いられたことがはじまりであったが、近代の表札の成立へと繋がっていったものと考えられる。

2　近代化と表札の成立

明治初年に来日したアメリカ人・モースは日式表札について次のように述べている。

造営物の名前の多くは、長い木片に書かれる。日本人は縦に書くので、絵画以外の記碑は、縦の方向に僅かの場所をとる丈である。医学校（これは屋根の上に鐘塔のある大きな建物で、外国風の巨大な鉄門を持っている）の門標は、幅約一フィート、長さ六フィートの板に書いてあるが、これは単に学校の名を書いた丈なのである。標札、即ちある家の住人の名前は、木に書き、入口の横手にかける。

［モース　一九七〇：一二四］

これはモースがアメリカでは見慣れない日式表札に興味を持ったからであろう（図1）。イギリスでは表札をあげる伝統はなく、一軒ごとに一つの番号を持っている。日本のような名前主義ではなく番号主義である。これはイギリス人がむやみに他人の家を訪問しないという習慣に起因するものとされる［岡本　一九三五］。これはつまり名前によって建造物を同定するのではなく、番地表示によってなされていることを示したものである。日式表札は日本では住に関わる一般的な物質文化である。しかしながら実は日式表札は普遍的に存在するものではなく、日本に限定的に見られるものである（以下、本稿では特にことわりのない場合、日式表札を表札として表記する）。

　現在のような表札が誕生したのは、近代戸籍制度の整備が契機であると考えられる。以下、記録に残るこの点で重要なのは番地制度である。番地制度の起源については次のような説明がある。横浜居留地の商館には番号があったが、これに倣って付番しはじめた［石井　一九四四］。それは明治二年（一八六九）一二月が最初であった。明治四年（一八七一）四月に太政官戸籍法が定められ、区内の順序を明らかにするには番号を用いること、とあり、これより全国ことごとく宅地に番号を付すようになった。

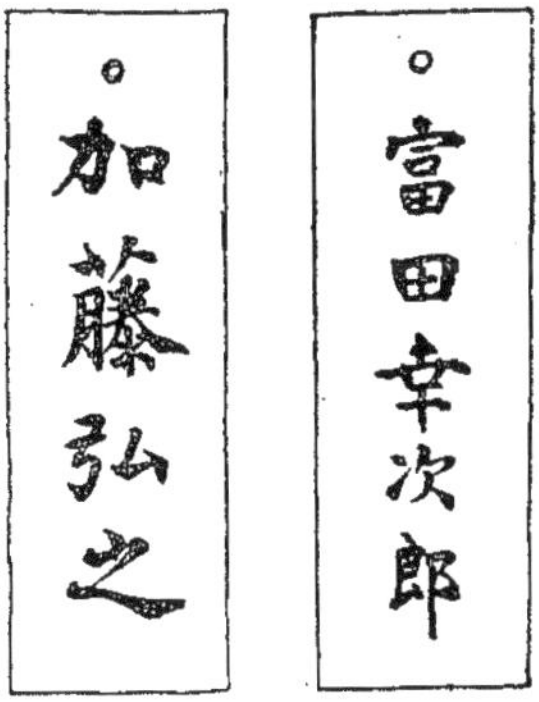

図1　モースのえがいた表札
（出典：モース［1970］）

明治四年四月二四日布告、戸籍編製法第七則
区内ノ順序ヲ明ニスルハ番号ヲ用フベシ、故ニ毎区ニ官私ノ差別ナク、区民一般番号ヲ定メ、其住所ヲ記スルニ都テ何番屋敷ト記シ、編制ノ順序モ其号数ヲ以テ定ムルヲ要ス

『福岡県警察法規類典』一には、表札について細かな指導

がなされていたことを窺わせる記述が見える〔帝国地方行政学会編　一九三五〕。

一般人民門戸標札　明治二十二年一月訓令保第八號
一般人民ニ於テ宅地番號氏名標札ノ門戸ニ釘付可致義ハ明治十二年四月甲第六十二號
長官御達モ有之候處間ニハ名刺ヲ貼付シ或ハ規定ノ寸法ニ違ヒタル標札ヲ掲ケ
又ハ門戸ヲ有スルモノニシテ戸口ニ釘付スル等全ク標札ノ効用ヲナサシメサル者
往往有ノ哉ニ相聞ヘ甚タ不都合ニ付能ク規定ニ従ヒ標札ノ効用ヲ失ハシメサル様
執行注意セラルヘシ

また、『山口県警察規程』には次のような法令が示されている〔山口県警察部編　一八九六〕。

○甲第二十號（明治十二年一月二十日本縣布達）
今般郡區改正ニ付テハ毎戸番號札左ノ雛形ノ通リ各町村限リ番號順ヲ立テ各戸主ニ於テ従前ノ札ヲ
白フケ書換當二月中打調別ニ戸主或ハ寄留人ノ身分姓名ヲ記シタル紙札ヲ其下ヘ可致尤順ノ義ハ戸
長役場ヲ可承合此旨布達候事

『類聚大阪府布達全書』には表札が木製であることが明示されている〔古屋編　一八八五〕。

苗字表札
明治五年九月甲第三百六号達
先般戸籍法廉書ヲ以相達置候内戸毎ニ張出シ表札左之雛形通改正條書改早々張替可致候但木札ヲ可用事　右之趣管内無洩相達ルモノ也

『警察宝典――写真石版』によれば、表札の雛形は次のようなものであった〔丹羽編　一八九三〕。

第七章　戸籍標札
東京府布達　明治九年十二月九日甲第百四十四號戸籍札更ニ一定候様別紙標札心得書相示シ候條來明治十年一月三十一日限リ標出可致此旨布達候事
標札心得
第一條　宅地番號札ハ家主ニ於テ戸數點檢札ハ地主ニ於テ戸主名札ハ居住人ニ於テ各自標出スヘシ
第二條　宅地番號札ハ左ノ書式ヲ用フ可キ事但シ用材ハ松杉ノ内適宜書体ハ楷書ヲ用フベシ
（中略）
第四條　戸主ノ名札ハ左ノ書式ヲ用フ可キ事但シ爵位階勳等族籍等ヲ記入スルハ隨意タルヘシ
戸主名札本籍ノ者　他管ヨリ寄留シテ一戸ヲナス者　他ノ郡ヨリ寓居シテ一戸ヲナス者　他ノ町村ヨリ寓居シテ一戸ヲナス者　他ノ番地ヨリ寓居シテ一戸ヲナス者
他ノ小區他ノ町村他ノ番地ヨリ寄寓シテ一戸ヲナス者右書式ニ倣ヒ其本籍ノ小區域ハ町村或ハ番地

ヲ肩書スヘシ但シ用材寸共法適宜タリト雖トモ縦五寸横二寸厚サ二分ヨリ小ナルヘカラス書體楷書ヲ用フヘシ

（中略）

第七條　標札ハ戸々門柱門梁ノ内適宜ノ場所ニ貼付スヘキ事但シ戸數點檢札ハ宅地番號札ノ下ニ貼付スヘシ

このように、戸主名札、宅地番号札、戸数点検札が一連のものであったことがわかる。そしてこれを門柱に貼り付けるというのが基本的な設置場所であったようだ。フォーマットのサンプルも図示されていた（図2）［青木編　一八七七］。更に明治八年（一八七五）の平民苗字必称義務令により国民全員が名字を名乗ることとなった。

明治二二年（一八八九）一月の訓令保第八号には、「一般人民門戸標札」について、「一般人民ニ於テ宅地番号氏名標札門戸ニ釘付可致」と規定している［帝国地方行政学会編　一九三五］。

以上のような事例は都市部でのことであり、全国すべてが同様の動きをしていたわけではなかった。表札が更に庶民に普及し始めたのは郵便制度の整備が進んだ大正時代とするのが一般的見解である。つまり、郵便物を確実に配達できるように、表札が掛けられるようになったと理解できる。

石井研堂の『増補改訂明治事物起源』には郵便受けの起源について、次のような説明がなされている［石井　一九四四］。

郵便受箱の始め

学塾等にて、郵書をいちいち受信人に手渡しせんことは、一般配達の時間にも影響するため、門戸便宜のところへ、書状受取箱を設けるやうにと、駅逓寮の達しあり。明治六年十月三十一日までに、いづれもこれを出すやうになりしなり。

明治三三年（一九〇〇）三月一二日に制定された郵便法第一二条には、「郵便物ハ命令ヲ以テ定ムル場合ヲ除クノ外其ノ宛所ニ配達ス」とある［内閣官報局　一九〇〇］。これは一般公衆の協力なくしては遂行することは難しい。例えば門口における番地及び氏名の表示や郵便函の設備がそれである［小池　一九三七］。一九三四年以降に逓信報国運動の中で以下のような「標札無料配付並に掲出」がなされた。

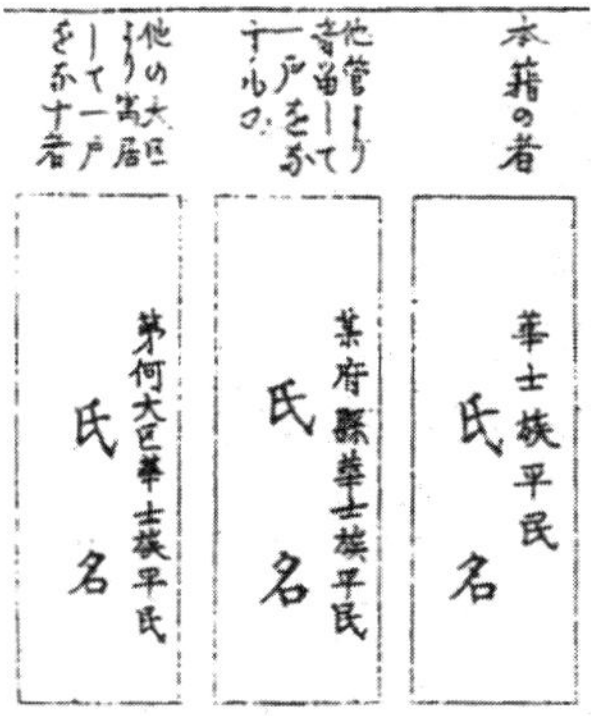

図2　明治時代表札のフォーマット（出典：青木［1877］）

これまで配達上種種の不便を感じながらも、区内無標札者に対しては、ただ掲出を勧奨するだけに過ぎなかったのが、この際標札を配付して、配達の円滑を期することとし、一週間に亘って調査した二百軒の無掲出者に、この日一斉に府令に拠る檜材標準型標札を無料配付すると共に、本運動の趣旨を説明した宣伝ビラ一千枚を撒布したのがそもそもこの運動の烽火であつた。［逓信協会編　一九三六］

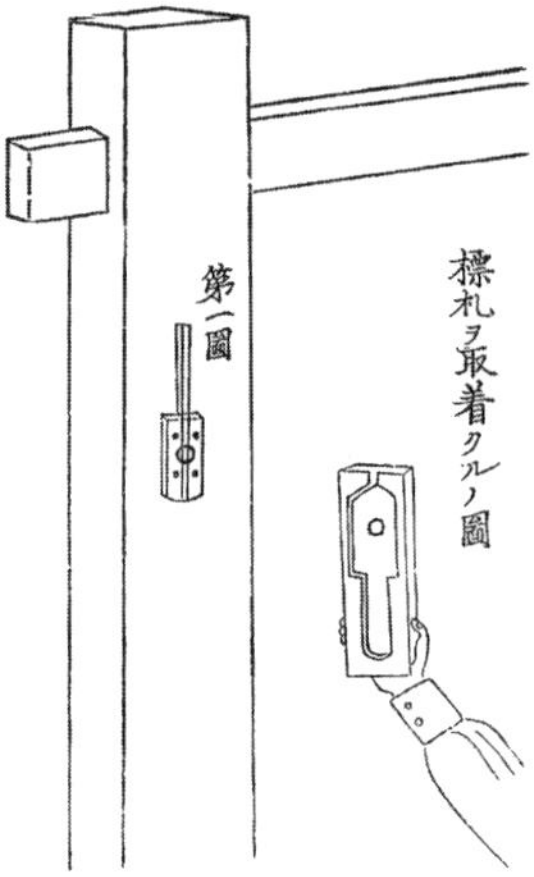

図3　陶製標札の取り付け方
（出典：山田［1894］）

しかしながら、郵便法によって表札の設置が義務付けられているのではなかった。表札は基本的には縦長で縦書きであったが、住宅の西洋化に伴い横長で横書きのものも増加した。石製、木製、あるいは陶製（図3）［山田　一八九四］や金属製のもので、板状で長方形を呈するものが主流である。陶製表札については、以下のように、開発した時期やメーカーが明らかである。

門戸に掲ぐる陶製標札は、明治廿五年八月、浅草の玄堂といへるもの専売特許を受けて発売せるに始まり、翌年八月ころより稍々府下に行はる。大中小種々ありて、小は二十銭よりの値なり。［石井　一九〇八］

姓に仮住まいを意味する「寓」を表記した表札は[1]、一九三一年発表された永井荷風の『つゆのあとさき』にも以下のように登場する。

清岡寓と門の柱に表札が打付けてあるが、それも雨に汚れて明には読み得ない。小説家清岡進の老父熈の隠宅である。〔永井　一九八七〕

しかしながらこのタイプの表札は戦後に少なくなっていった〔中川　二〇〇二〕。表札の法量については、「檜又は樅の長さ二〇cm、幅八cm、厚さ二cm位の板材」が標準であったようだ〔新興作業協会編　一九三七〕。

以上のように、日本では近代戸籍制度の整備に端を発して、戸主名札、宅地番号札、戸数点検札がセットで誕生した。その後、戸主名札のみが特化して、現在の表札へと変化していった。これは戸主の姓名が強調されることによるものであったと考えられる。

明治政府は家を統治機構の末端として、全国の人口の現況を明らかにし、その他万般の政治に奉仕させようとした。このように重要な使命をになって登場したものが、戸籍法であった〔福島　一九五六〕。そしてそこから派生して誕生したのが表札であったと言える。そして更に郵便制度により、表札を掲げることがまるで当たり前のように定着した。

二　日式表札の越境

1　旧植民地における日式表札の現在

表札は中国語では門牌、韓国では문패（ムンペ、門牌）と呼ばれている。台湾では門牌とは「門牌號

写真1　屏東県来義郷南和村の表札。
(2012年8月 筆者撮影)

写真2　南投県埔里鎮林家表札。
(提供：林承緯)

写真3　韓国井邑市の表札。(2014年8月 筆者撮影)

写真4　台南市官田区八田與一紀念園区林宅の表札。
(2015年12月 筆者撮影)

写真5　ソウル市東大門区の表札。
(2015年6月 筆者撮影)

碼」のことを指す。これは街区表示板の機能を有し、台湾の建造物には必ずどこかに掲示してあり、これが目的地へ向かうための重要な情報となる［維基文庫 二〇一二］。つまり台湾の表札と日本の表札は全く異なったものである。

日本で使用される姓名が記された日式表札に類似するものが、台湾や韓国で現在も使用されている。台湾では「日式門牌」と呼ばれている(3)［雲林縣元長鄉鹿北社區發展協會 二〇一四、陳 二〇一四a］。漢族だけでなく、原住民族も表札を掲げている（写真1）。

台湾では木製品が主流である。しかしそれ以外にも、石製、陶製のものもある。氏名を表記するものが一般的だが「〜寓」と表記されたものも存在する。台湾では戦後継続して開業医が日式表札を使用したという事例がある（写真2）。これは日本で江戸時代に限定的ではあるが、医者が看板として表札を使用したということを想起されるものである。一方、韓国では石製が中心であるが木製も以前には一定数あったようだ。韓国で日式表札が掲げられるのは、門が一般的であり、門を持つ様な金銭的に豊かな家である傾向にあるという（写真3）。一般的な縦型の他に横型も認められた。韓国の場合、日式表札に親族関係やその他の関係性が現れることがある。例えば以下のようなものである。夫婦、親子、同一住所に複数の家族。

また、郵便制度と関連での日式表札の普及については、台湾の郵便制度の研究の中では言及なされていないようだが［陳 二〇〇八、陳 二〇〇九、藤井 一九一八］、今後の研究が待たれる。ただ、表札と郵便物の配達が密接に関係して発展したことは間違いなく、韓国では郵便函の上に表札が掲げられる、郵便函にマジックで氏名が記入されるなどといった事例が散見される。

写真6　台北市看板屋の表札サンプル。（2015年12月筆者撮影）

写真7　ソウル市鍾路区の表札サンプル。（2014年12月 筆者撮影）

本来ならば番地が記入されるべき部分に「蘇寓」とある門牌號碼がある［屏東縣政府文化處　二〇一四］。これも台湾の門牌と日式表札の融合といえるだろう。

原住民族のパイワン族は人と家屋の命名に対して伝統的で固有の方法を持っている。家屋名はこの家屋命名制度により、表札に類似した「家屋名牌」が掲げられる［鍾　二〇一〇：二八］。家屋名はそれぞれの家屋を識別する記号であり、その家屋に住む人はその名前の後に家屋名を付けることによって、その家に属する子孫であることを示すため、家屋名は漢民族の名字と似た要素も持っている［鍾　二〇一〇］。

台湾で近年復原された戦前の日式住居には、しっかりと日式表札が掲げられている（写真4）。

韓国では現在も住所を併記した日式表札が散見される（写真5）。韓国では日式表札のカタログがあるが、台湾では特にカタログはなく、客は見本を見て検討する（写真6）。また韓国ではサンプルが店頭に並べられていることが多い（写真7）。

実際に、両国の製造業者や職人の間では、これが日本植民地時代にもたらされたものであると認識されている。このところ台湾・韓国の日式表札は日本よりも更に利用されなくなり、消滅してしまう可能性が高くなっている。

以下、朝鮮半島、台湾について日式表札の導入とその後の展開について述べてみたい。

2　朝鮮半島における日式表札の導入とその後

朝鮮では、日本植民地時代以前に既に、近代戸籍制度に類するものはあった。「隆熙戸籍」がそれである。一八九六年に公布された「戸口調査細則」第一六条で「毎戸は該地名と第幾統、第幾戸、及び戸主の姓名、職業を詳細に記載した戸牌を門戸に掲附」するように規定された（図4）［崔一九九六］。しかしながら、戸口調査とは住民の把握のためのものであった。前近代的な戸籍制度に対し、一八九六年に新制度として戸口調査規則で示された戸牌は、今日の表札とは異なり、地名・戸番号・戸主の姓名及び職業を記し、移居の時は戸主の姓名と職業のみを書き換えていた［李二〇〇四：二五］。旧制度では身分別に個人を把握しようとしたが、新制度では家戸を中心として人口を把握する手段となった。その後、日本の植民地時代に至り、一九〇九年に警務局民籍課により民籍法が制定されたが、ここでは家と家

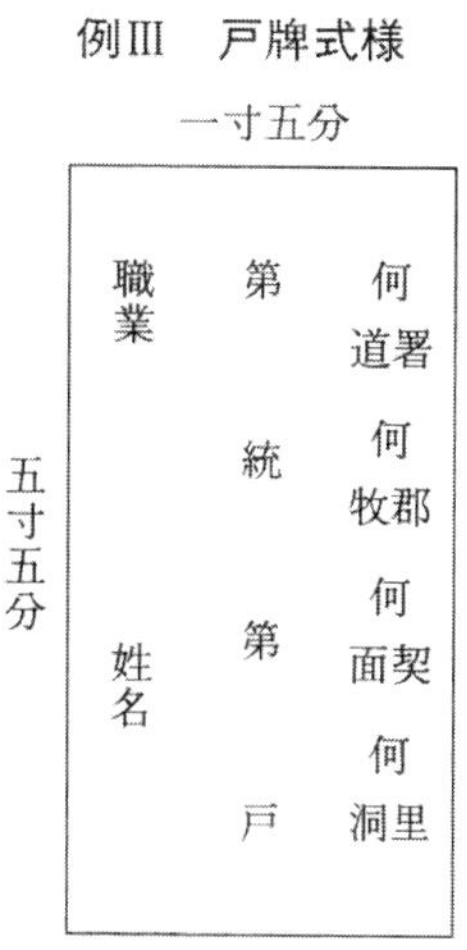

図4　朝鮮の戸牌式様
（出典：崔［1996］）

における個人の身分関係を公示、証明する公証文書となり、法の領域に属するようになった。つまり、日本の戸籍法上の「イエ、本籍、戸主」の概念が朝鮮にも導入されたのである。このようにして、それまでの戸牌制度と決別、分化されて登記制度として体系を整えるようになった〔崔 一九九六〕。このように見てみると、韓国の戸碑は中国の門牌とほぼ同様のものであったことがわかる。戸碑は植民地時代にいったん消滅し、新たに日本で表札となったものが朝鮮へ導入されたのではないかと考えられる。

朝鮮警察部令のうち、本来の警察事務以外にその補助事務について規定することがあるとする中で、「例ハ門標及標札ニ関シテ警察部令ヲ発スルガ如シ」と具体例をあげている〔藤沼 一九一七〕。表札を掲げることそのものの法令を確認することはできなかったが、朝鮮では警察がそれを担当し推進めていたことを確認し得た。表札は私的なものではなく公ものであり、上から強制されたものとの考えが示されている。このように表札を掲げることは人口掌握や戸籍管理の問題ではなく、治安維持のためのものとなったことがわかる。

韓国の作家・朴婉緒（一九三一―二〇一一）の自伝的小説である『新女性を生きよ』〔朴 一九九九：一五二〕の中に、生まれ故郷の京畿道開豊郡朴積谷の家で迎えた日本敗戦の頃についてのエピソードがある。当時、一部の青年たちは暴徒化し破壊行為を行った。「わたし」の家は親日派と目されていたために、この標的となった。

頑丈な表門までもドサドサとたたき壊した青年のうちの一人が、表札をはがして踏みつぶした。

幼い頃から慣れ親しんできた祖父の筆跡だった。祖父が亡くなってからもこの表札はそのままにしてあり、叔父も兄もその横とか下とかに他の表札を加えようとはしなかった。

わたしは何か声を限りに叫んで、その青年に向かって突進した。祖父の書籍で器をつくるのは面白そうだと思ったのに、表札を踏みつけられるのがどうしてあれほど我慢できなかったか、わからない。

このエピソードは門柱に掲げられた表札がある家が親日的であったことを思わせるものである。朝鮮では創氏改名が強制されていたが、一九四五年八月一五日の解放直後、朝鮮名の表札が掲げられたという〔宣 二〇〇二〕。

植民地時代末期には、皇民化政策の一環として国語常用を強要する中で、朝鮮総督府によって「国語常用家庭」と認定された家に対しては、その旨を記した一定の木製標識（門札、門標、標札などと呼ばれた）が与えられ、戸口や門前などのよく目立つ場所に掲げさせることにしていた〔熊谷 二〇〇六〕。これは名前が示されたものではないが、日式表札と同様に戸口や門前にこれを掲げたことは、植民地における統治のための場として門柱が利用されたと言えよう。

一九二九年に開催された朝鮮大博覧会には、在鮮日本人建築技術者たちを中心にして設立された団体である朝鮮建築協会が、改良実物住宅を出品した。この中には門柱を供えたものが含まれている。韓国住宅の近代化における思想的な背景として、植民時代の生活改善運動がある。この運動には同時代の日本の生活改善や住宅改良運動からの影響があったとされている〔金・内田 二〇一二〕。そのよう

写真８　ソウル市麻浦区の日式居酒屋の表札。
(2015 年 6 月 筆者撮影)

な一連の流れの中で門柱が登場したとも言えよう。

植民地時代の和式住宅は、当然、当時の韓国人に最も親しまれる外来の住居文化であったに違いない。もちろんこの時期に建てられた和式住宅の多くは、日本の伝統の住宅ではなく、一八六八年の明治維新以後、西欧住宅の影響をうけた近代的な和・洋折衷式住宅であった。これらの近代的な和式住宅は、当時に経済的に余裕のある上流層の韓国人や日本での生活経験をもつ韓国人によって真似されたり、韓国の伝統住宅に和式住居の長所を取り入れた韓日折衷式の住宅が試みられたりしたようである。韓国人が集団的に長期間外来住宅に接することがなかったことから、和式住宅のことを除いては韓国の近代住居史を語ることができない［李　二〇〇三：一八七］。

朝鮮住宅営団は韓半島における最初の公営住宅供給機関として、日本住宅営団に遅れること二ヶ月一九四一年七月に設立され、一九四五年まで主要都市に住宅を建設供給・運営した。ソウル市上道洞旧朝鮮住宅営団住宅地は道林洞・大方洞と並んで営団の三大事業と称され、パイロットモデル住宅地として営団設立直後に住宅建設が始められた。上道洞の旧営団住宅の門は現在、門柱だけのものと屋根をもつものがあり、通常、門戸が開放していることはない。伝統韓屋にはなかった一ヶ所で出入りする玄関の空間が日本時代に入ってきて、現在まで韓国人により存続しているのは、履物を脱ぐ習慣が両民族間に共通にあったからである〔冨井　一九八八〕。それまで伝統家屋には門が存在したが、玄関とセットとなるのが門柱である。日本の改良住宅として設置された住宅には戦後、韓国人が住んだ。このことも含めて、韓国の近代住居への影響は大きかったのであり、門柱も植民地時代から戦後へと継続して影響を及ぼしたことになろう。聞き取りによれば韓国で近年日式表札が減少したのは、一戸建て居住者が減り、マンション居住者が増加したためであるという。

明治時代を通して、椅子は、西洋式としてはっきり区別された空間、ほとんどの日本人にとって身体を安楽にするよりも規律に従わせていた学校や役所、事務所のような空間に属していた〔サンド　二〇一五：二〇七―二〇八〕。門柱という場はこれと同様に帝国日本の規律により、規定されたものであり、そこに掲げられる表札もその延長線上にあるものではなかっただろうか。

また、韓国では近年増加した日式居酒屋に、日式表札が看板として使用されている（写真8）。親子三代、日本時代から続いていることをアピールしたものである。このような歴史的変遷が台湾、韓国でも看取される。

3　台湾における日式表札の導入とその後

そもそも台湾でこのような表札が掲げられるようになったのは、朝鮮同様に日本植民地時代に近代戸籍制度が整備されたことに起因する。台湾では動静を把握する「戸口規則」に基づいて作成された「戸口調査簿」は存在したが、一九三三年三月一日に「戸籍法」が施行されるまでは、民法による戸籍は存在しなかった。

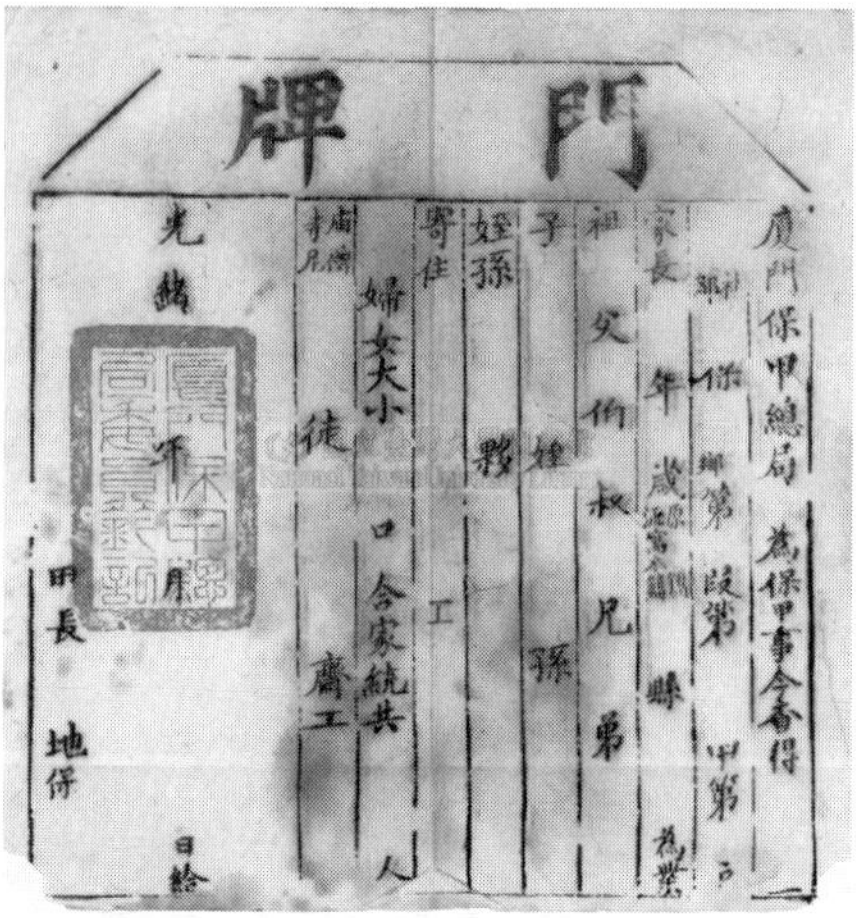

写真9　台湾門牌（出典：數位典藏與數位學習聯合目錄［2012］）

明治三八年一二月二六日の台湾総督府令第九三号台湾戸口規則には「第四条　本居寄留ヲ問ワス戸主ハ其ノ住家ノ門戸ニ街、庄、郷、土名、地番號及姓名ヲ記シタル標札ヲ掲出スヘシ本島人ニ在テハ保甲ノ規定ニ依ルコトヲ得」〔清水書店編輯所編　一九〇九〕、とあり、日本と同様のフォーマット、つまりが日式表札を掲げることが定められたことがわかる。

台湾の警察制度の特徴は、清朝統治時代からあった保甲制度に警察制度を組み込ませて発展させた点である。具体的には、村落の一〇戸を一甲、一〇甲を一保として、それぞれに長を置き、連座責任盛とするものである〔坂根　二〇〇九〕。

中国において当初の門牌は、梨の木を用いた版木に堅い白紙を用いて刷られた。形状は台形を呈するもので「懸掛門首」とあり、これを板に貼り門前に掲げた〔閆　二〇一三〕。伊能嘉矩によって領台当初に採集されたもので、現在は遠野市立博物館所蔵資料である。法量は長さ二三・三センチ、幅二三・九センチで版木により紙に刷られたものである。「廈門保甲總局委員鈐記」とあり、門牌の形は台形を呈する。これを板に張り付けて門戸に掲げたものである。つまり、台湾でも中国と同様の門牌が使用されていたことがわかる〔數位典藏與數位學習聯合目錄　二〇一二〕（写真9）。

以下、日式表札と関係する具体例を見ながら日式表札の定着過程を考えてみよう。「門鑑」は木製で、高さ二一・一センチ、幅三〇・五センチ、奥行一・二センチの台形を呈する。これは戸口名簿に類似したもので、住所、戸主、妻、子、息子の妻の生年月日が記されている。住所は「台北市入船町三丁目十一番地」で、現在の長沙街二段、貴陽街二段、西昌街、華西街、西園路等に相当する。大正九〜一一年にかけて、地名が日本式に改められ「〇〇町」と表記されるようになった。このことから、本資料は一九二〇〜一九四五年のものと考えられる［李 二〇一一b］。

上部に金具が二つ取り付けられ、釣り下げられるようになっていること、形状が台形であることより、門牌の最終形態ではないかと考えられる。「保正門牌」は木製で、高さ二一センチ、幅一一・五センチ、奥行五・七センチである。正面に「台南州嘉義郡中埔庄／四保 保正／陳正友」と墨書される。日本の習慣として、表札に住所と戸主の姓名を記し、大門の右側に懸けた。台湾人の中・上層の家庭ではこれを真似た。この表札には住所と戸主名の他、「保正」の二字があることから、保正の自宅大門右側に懸けた表札であると考えられる。戸主「陳茂友」は即ち、当時の台南州嘉義郡中埔石竹第四保の保正であった［李 二〇一一a］。

「保正」とは雍正四（一七二六）年に「十戸に一牌頭を立て、十牌に一甲長を立て、十甲に一保正を立つ」と規定された中に示され、前述のように日本植民地における警察制度として継承された保甲制度の役職である。

一九二〇年の台湾地方改制により「中埔庄」が設置された。後は台南県中埔郷となる。故に本資料は一九二〇年から一九四五年まで製作されたものであることがわかる。

「白瓷門牌」は磁器製で、高さ二一・七センチ、幅八・八センチ、奥行二・三センチである。正面に「台北市栄町一丁目三十一番地」、側面に「卜製」とある。このことから、戦前、現在の衡陽路一帯で使用された表札であると考えられる［李　二〇一一c］。戸主名のものとは別に番地を示したものがあり、これらがセットとして機能していたことは、日本国内のものがそのまま台湾へも持ち込まれたと言える。

一九四五年国民党政府が台湾を接収し、各地の地名が改められて、門牌も当然ながら刷新されることとなった。一九四九年に国民党は台湾各地区で「戸長名牌」を門前に掲げることとした。続く一九五三年に「臺灣省各縣市（局）路牌門戸長名牌編釘辦法」により、正式に門牌が整備され、統一規格が定められ門牌には白地に青字を用いるとされた［中央研究院數位典藏資源網　一九九八、陳二〇一四b］。

「戸長名牌」は次のように規定された。

1　戸長名牌上の姓名と戸籍登記簿所載戸長姓名が同じであること。
2　戸長名牌は原則として木製で高さ二一センチ、幅八センチ、厚さ一センチ、黒字で戸長の姓名を書くこと。
3　戸長名牌は門の左上方に懸けること。

先述したように門牌の起源は清代中期にまで遡るが、中国での変遷は次のようである。清代末に番号のある木製門牌が現れた。民国時代の初めには陶器にメッキを施した、表面民国時代末の門牌は鉄製で青地に白文字であった。文革時代にはこれが赤地に白文字となったが、現在は青地に白文字へと改められている(9)。

三　日式表札に見る近代化と融合性

現代の中国人から見ると、日式表札は日本の表札とは理解しがたいものである。それは中国では日本の様な表札を掲げないからである。以下はある中国人ジャーナリストによる日本の表札に対する理解である。日本ではどの家の前にも名前が書かれた表札が掛かっており、家族全員の名前が書かれたものさえある。日本人は姓名を公開しても危険だとは考えない。その普及には歴史的な背景がいくつかある。①近代郵便制度が成立した明治時代以降、特に関東大震災が起きた大正末期以降は、郵便物を正確に届ける必要性から普及し始めたこと。②日本の庶民は明治に入ってはじめて姓を名乗ることが許されたため、家の前に表札を掲げることを名誉なことと認識していた。③日本は地震や津波などの自然災害が多発する国であり、木造の建物は強い揺れなどで倒壊しやすいため、表札があれば身元の確認や救助を行ううえで大きな助けになる。④表札がその家のステータスシンボルとしての役割も持っている場合もある(10)。

この分析に従えば、日式表札はあたかも独自に日本で誕生したかのように考えられている。本当にそうなのだろうか。宗主国によって持ち込まれたルールが、無意味にそのまま台湾や韓国で戦後も継続するとは考え難い。それが継続する意味を探る必要があるだろう。そこで注目すべきは、表札の中国語に相当する門牌である。門牌は門牓、門札、門表とも称し、門の掛札のことで、日本でも意味は共有されてきた。しかしながら門牌＝日式表札ではない。

東洋史学者・内藤湖南は以下のように中国の保甲制度の中で、門牌（その家の戸籍内容を示す板）なるものが使用されたことを示した。

蓋シ明清ノ制度ニ在リテ、盗賊姦宄ヲ防グ手段トシテ保甲制度ヲ立テ、各戸ニ門牌ヲ掲ゲシメ、其戸ノ人数、郷貫、生業、婢僕、傭工ニ到ルマデ許認セシメ、甲長ニハ其ノ一戸門牌ノ外ニ、其ノ管束スル十家ノ総牌ヲ懸ケシムノ法アリ［内藤　一九一六］。

保甲制度とは中国の宋代にまでさかのぼることができる末端行政組織のことである。先に述べたように、清代後半の保甲制度では、門牌が配付され板に糊付けされた後に門首に懸けられた［目黒一九八〇］。清代の保甲制度は各省で採用された。台湾でも同様に門牌が製作され、門の端に懸けられた［中華綜合發展研究院應用史學研究所編　二〇〇二］。

このように、中国には戸籍制度に伴う表札のようなものがあり、台湾でも同様のものが採用され、使用されていた。前述した朝鮮の場合も中国からの影響で戸籍内容を示す板としての門牌が製作、門前に掲げられていたことがわかる。

では何故、戦後も日式表札は植民地に残ったのであろうか。それは日本同様に郵便制度との関連があろう。それは郵便箱と表札が一体となったものが多くあることからも裏付けられよう。

このことと関係する興味深い資料がある。郵便物に押印された標語印(2)で、以下にいくつかを示してみる。ハガキの消印には「ぜひ／標札を／掲げませう」、「函館／7・11・2」とある。これは昭和七年（一九三二）のものであり、標語印「ぜひ／標札を／掲げませう」は全国五三の郵便局で使用され、昭和七年一月から昭和二五年（一九五〇）一月まで押印された［山崎編　二〇〇七、山本　二〇〇八］。また、別のハガキには「龍山／門標は配達の／目標なり／5・6・9」の消印があり昭和五年（一九三〇）に京城府龍山（現在のソウル特別市龍山区）で押印されたものである。更に「宛名は／くわしく／門には名札」、「台北／9／1・1／前0―8」とあるハガキがあるが、これは昭和九年（一九三四）に台北市で押印されたものである。

加えて「ぜひ標札を／掲げませう」「新京中央／8／1・30／后4―8」と押印されたハガキは、南満州鉄道附属地の新京中央郵便局で康徳八年（一九四一）のものである。標語の下には門柱に掲げられた表札がイラストで示されている（写真10）。

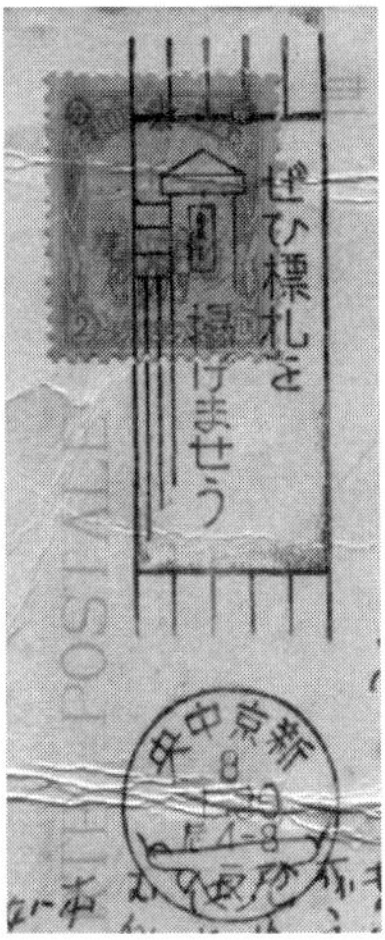

写真10　新京中央（筆者撮影）

同時期に満州では「配達に困るは／標札のない家」という標語消印も使用されていた。

以上のことから、日本国内では郵便制度の整備に伴って、郵便物を配達する際に各戸に表札が掲示されていた方が便利であるということになり、逓信省、郵政省も表札を掲げるようキャンペーンを実施したのであろう。

日本の植民地時代に整備された戸籍制度における戸主という概念は、日式表札の持続と不可分な関係にある。中国の場合、戸籍とは家族関係登録を趣旨とする日本の戸籍制度とは異なり、居住登録を趣旨とする制度である。日本が明治時代に定めた、戸籍とは家であるという血縁思想の概念は［遠藤二〇一三］、韓国でも戦後、増強されていったため、旧日本植民地では戦後も生き続け、表札が必要とされたと考えられる。一方で戦後の中国にとって戸主を顕示することは特に必要とはされない。

以上のように、戸籍、警察、郵便といった日本植民地時代の近代化の中で日式表札は必要とされたと考えられる。ただそれは単に日本のシステムを受容したのではなく、それぞれにおいての伝統、慣習といったものと、日本からもたらされたものが融合、混合することにより定着し、戦後も持続していったのである。

ちなみに旧植民地以外で日式表札は広がったのだろうか。ブラジルへと移民した日系人の住居は当初、日式であったが、その後世代が交代するに従ってブラジル化していった。表札については、当初から存在しておらず、その後は現地の番号表記のみのものとなっている。このことにより、日式表札とは、日本と旧日本植民地にのみ存在するものであることを確認することができよう。

おわりに

日本では一般的な表札は世界的にも極めて稀な、個人情報を屋外に表示するためのものである。これまで見てきたように、日式表札は近代になって中国の門牌に影響されながら、近代戸籍制度の一アイテムとして成立した。その後、家制度の成立とともに戸主を標示する目的で掲げられたものである。また、日本の近代戸籍制度は植民地に拡大・整備されていったが、その際に日式表札は日本同様に家の戸主を示すものとしての役割を果たした。そもそも朝鮮半島、台湾では中国の保甲制度による門牌あるいは戸牌が存在し、名前を門戸に掲げるという制度が存在していた。このことが日式表札の浸透した理由の一つであろう。しかしながらこれは版木によって刷られた紙を木板に張り付けた台形のものであり、戸主の姓名だけでなくその家に居住するすべてのものの姓名を示すなど、日式表札とは異なる点が多いものであった。だが台湾の具体的な表札資料で示したように、在地の伝統と外来の制度の融合を確認することはできる。

表札が掲げられる場所として門柱があり、その門柱は生活改善に伴う近代住宅の拡大に伴って一般層へ浸透していった。住環境の近代化の一つに表札も含まれていたと理解できる。

こうした日式住居、日式生活文化に対しては、台湾の部分でも触れたように、上流階級の台湾人により模倣された。一連の模倣の中に日式表札も内在していた。

他方で戸主名を門戸に掲げるということは、警察制度による治安維持のために利用されたという異なる側面も有していたことを忘れてはならない。

戦後の韓国で創氏改名の問題もあり、表札は親日的だと見なされることもあったようであるが、血縁思想が増強されたことにより、消滅することはなく数量は減少したものの、現在まで持続している。台湾よりも韓国の方が現在まで多く表札が使用されているのも理解できる。

戦後の日式表札の持続は郵便制度との関係が注目される。日式表札の存在は郵便物の配達の際には便利なものである。便利なものをわざわざ撤去するというようなことはなされなかったようだ。現代韓国の事例で示したように、日式表札の代わりに郵便函に戸主の姓名が表示されることは、日式表札の名残であるようにも見える。いずれにせよ、旧日本植民地に残る日式表札は、日本により持ち込まれた制度がそれぞれの文化と融合、混合し在地化した産物であることは疑いようのない事実である。

〔付記〕

なお本研究には、二〇〇九年～二〇一二年度科学研究費助成・基盤研究（B）「日本植民地における在来住宅・住様式の「日本化」に関する研究：台湾漢人住宅を事例に」（二一四〇四〇一四）、二〇一三年～二〇一六年度科学研究費助成・基盤研究（A）「帝国日本のモノと人の移動に関する人類学的研究――台湾・朝鮮・沖縄の他者像とその現在」（二五二四四〇四四）及び二〇一六年度科学研究費助成・基盤研究（B）「ブラジル日本人入植地の歴史民俗学的研究」（一五H〇五一七二）による成果を含んでいる。

注

（1） 寓とは寓居、仮の住まいのことで、「この世は仮の宿り」という日本人の住まい観に起因するもの。「家居のつきづきしく、あらまほしきこそ、仮の宿りとは思へど、興あるものなれ」『徒然草』（すまいが、〔住む人に〕似つかわしく、好ましいのは、〔無常なこの世の〕一時的な住居とは思うが、興味をひかれるものである）、という一節に由来するものである。

（2） 大正八年（一九一九）に国威発揚、郵便事業周知のために、警句、図入りの短冊形の手押しゴム印を約五〇の郵便局に備えたのが標語入り日付印の始まりである。その後、手押し標語印から機械標語印となり、昭和四三年（一九六八）に郵便番号制度導入に伴い三種の標語が使用されたのが最後となった［山崎編　二〇〇七］。

参照文献

足立四郎吉編
　一九二一　『大日本風教叢書』九・一〇、東京：大日本風教叢書刊行会。
青木輔清編
　一八七七　『懐中日用便』東京：正栄堂。
中華綜合發展研究院應用史學研究所編
　二〇〇二　『羅東鎮志』羅東：羅東鎮公所。
陳郁欣
　二〇〇九　『日治前期臺灣郵政的建立（一八九五―一九二四）――以郵務運作為中心』台北：國立臺灣師範大學臺灣史研究所。
陳怡芹
　二〇〇八　『日治時期臺灣郵政事業之研究（一八九五―一九四五）』中壢：國立中央大學歷史研究所。
閻鳴
　二〇一三　「門牌保甲与清代基層社会控制――以清代門牌原件為中心的考察」『南京大学学報』五〇―二：一〇二―一〇九頁。
遠藤正敬
　二〇一三　『戸籍と国籍の近代史――民族・血統・日本人』東京：明石書店。
藤井恭敬
　一九一八　『臺灣郵政史』台北：臺灣總督府民政部通信局。
藤沼武男
　一九一七　『朝鮮行政警察法概論』京城：藤沼武男。
福島正夫

一九五六「明治前半期における「家」制度の形成」『法社会学』七—八：一二三—二〇六頁。

古屋宗作編
一八八五『類聚大阪府布達全書』一—五、大阪：竜雲舎。

屏東縣政府文化處
二〇一四『屏東市崇仁眷村成功區歷史建築整建、營運及移轉案 第二次政策公告』屏東：屏東縣政府。

石井研堂
一九〇八『明治事物起原』東京：橋南堂。
一九二六『増訂明治事物起源』東京：春陽堂。
一九四四『増補改訂明治事物起源』下、東京：春陽堂。

岩井宏實
二〇〇六『「君の名は」の民俗学』東京：河出書房新社。

金容範・内田青蔵
二〇一一「植民地朝鮮における朝鮮建築会の住宅改良に関する活動について」『神奈川大学工学研究所所報』三四：三四—四二頁。

熊谷昭泰
二〇〇六「賞罰表象を用いた朝鮮総督府の「国語常用」運動」『関西大学視聴覚教育』二九：五五—七七頁。

小池善次郎
一九三七『逓信行政』東京：常盤書房。

目黒克彦
一九八〇「清朝中期の保甲制について」『愛知教育大学研究報告社会科学』二九：六〇—四六頁。

モース、E・S
一九七〇『日本その日その日二』石川欣一訳、東京：平凡社。

永井荷風
一九八七『つゆのあとさき』東京：岩波書店。

内閣官報局

一九〇〇『法令全書』東京：内閣官報局。
内藤虎次郎
一九一六「支那近代ノ戸口ニ就テ（二）」『經濟論叢』三―二：六七―七七頁。
中川武
二〇〇二『日本の家――空間・記憶・言葉』東京：TOTO出版。
中田勇次郎編
一九八一『扁額』東京：世界聖典刊行協会。
丹羽五郎編
一八九三『警察宝典――写真石版』東京：いろは辞典発行部。
岡本鶴松
一九三五『世界は動く』京都：人文書院。
朴婉緒（朴福美訳）
一九九九『新女性を生きよ』東京：梨の木舎。
李英美
二〇〇四「韓国近代戸籍関連法規の制定及び改正過程」『東洋文化研究』六：一―三〇頁。
李哲永
二〇〇三「韓国の住居近代化に与えた日式住居建築の影響」『大手前大学社会文化学部論集』四：一八七―一九八頁。
崔弘基
一九九六『韓国戸籍制度史の研究』東京：第一書房。
坂根慶子
二〇〇九「台湾法制史から見た「法治」についての一考察」『中央学院大学法学論叢』二二―二：四五―六九頁。
サンド、ジョルダン（天内大樹訳）
二〇一五『帝国日本の生活空間』東京：岩波書店。
宣憲洋

二〇〇一「在日韓国・朝鮮人の本名使用を促す一方策」『言語センター広報』九：六三―六六頁。
式亭三馬
一八八六『浮世床――柳髪新話』東京：栄文舎。
清水書店編輯所編
一九〇九『市町村事務提要戸籍篇』東京：清水書店。
新興作業協会編
一九三七『工作テキスト一』東京：育英書院。
角南聡一郎
二〇一八「迷子札考――護符から認識票へ」『近畿民具』四〇：二六―三九頁。
逓信協会編
一九三六『逓信美談集一』東京：逓信協会。
露の五郎兵衛
一九一三『元禄笑話』東京：辰文館。
帝国地方行政学会編
一九三五『福岡県警察法規類典一』東京：帝国地方行政学会。
鍾興華
二〇一〇「ngadang nua umaq na paiwan（排灣族的家屋名制）」『二〇一〇年第三回台日原住民族研究論壇』一一三―一三〇頁、台北：國立政治大學原住民族研究中心。
冨井正憲
一九八八「朝鮮住宅営団の住宅に関する研究（一）」『住宅総合研究財団研究年報』一五：一―一〇頁。
都市住居研究会
一九九六『異文化の葛藤と同化』東京：建築資料研究社。
山田栄造
一八九四『古今名誉鑑　徳育智育一』東京：玄堂。
山口県警察部編

一八九六　『山口県警察規程』上、山口：山口県警察部。
山本義和
二〇〇八　「「標語入機械印」M型　ぜひ表札を掲げませう」『げんかい』四五五：四頁。
山崎好是編
二〇〇七　『郵便消印百科事典』東京：鳴美スタンプ商会。

〈インターネット資料〉

陳秀琍
二〇一四a　「舊時紀事——日治地番號門牌與戶主名札的故事」『貓編　編輯打雜＋一些有的沒的五四三』No. 175（http://himikochen.blog.fc2.com/blog-entry-175.html　二〇一七年九月一〇日閲覧）。
二〇一四b　「舊事紀事—一九四五後之木製戶長牌」『貓編　編輯打雜＋一些有的沒的五四三』No. 176（http://himikochen.blog.fc2.com/blog-entry-176.html　二〇一七年九月一〇日閲覧）。
中央研究院數位典藏資源網
一九九八　「民政類：臺灣省各縣市局路牌門牌戶長名牌編釘辦法」（http://digiarch.sinica.edu.tw/content/repository/resource_content.jsp?oid=1536530　二〇一七年九月一〇日閲覧）。
維基文庫
二〇一二　「臺北市道路名牌暨門牌編釘辦法」（https://zh.wikisource.org/wiki/%E8%87%BA%E5%8C%97%E5%B8%82%E9%81%93%E8%B7%AF%E5%90%8D%E7%89%8C%E6%9A%A8%E9%96%80%E7%89%8C%E7%B7%A8%E9%87%98%E8%BE%A6%E6%B3%95_(%E6%B0%91%E5%9C%8B87%E5%B9%B4　二〇一七年九月一〇日閲覧）。
上游新聞综合
二〇一七　「為什麼日本人要在家門口挂上自己的名字?」（http://www.cqcb.com/reading/2017-04-23/299859_pc.html　二〇一七年九月一〇日閲覧）。
南京金陵制造
二〇一六　「見証南京人文歴史之変遷、留住老宅斜陽温暖之回億」（http://www.sohu.com/a/110400153_464813

二〇一七年九月一〇日閲覧）。

雲林縣元長鄉鹿北社區發展協會
二〇一四「日式門牌」（http://sixstar.moc.gov.tw/blog/25400539/communityAction.do?method=doSpecialView&PK=7307 二〇一七年九月一〇日閲覧）。

李吉崑
二〇一一a「保正門牌」（http://www.epochtimes.com/b5/11/5/1/n3244425.htm 二〇一七年九月一〇日閲覧）。
二〇一一b「罕見的門鑑」（http://www.epochtimes.com/b5/11/5/1/n3244434.htm 二〇一七年九月一〇日閲覧）。
二〇一一c「稀希、罕見的白瓷門牌」（http://www.epochtimes.com/b5/11/5/25/n3266345.htm 二〇一七年九月一〇日閲覧）。

數位典藏與數位學習聯合目錄
二〇一二「門牌」（https://catalog.digitalarchives.tw/item/00/20/e7/c0.html 二〇一九年一〇月二日閲覧）。

●コラム

ある朝鮮総督府警察官の移動

冨田　哲

幼いころ、父が外国生まれだと聞かされて驚いたことがある。ただ、それに続いたであろう「外国」なる場所の説明については覚えがない。「外国」だということに対する衝撃が大きかったからなのか、あるいはそこが約四〇年前の私にとって想像不可能な空間だったからなのか。その「外国」とは日本統治下朝鮮。父は一九三七年に全羅北道《チョルラプクト》で生まれた。

祖父の郷里にある神社の鳥居。真ん中に「朝鮮　冨田信次郎」とある。（豊川市、2018年5月 筆者撮影）

父の父親、つまり私の祖父は一八九三年に今日の愛知県豊川市で生まれた。「外地」だと出世の機会が多いからということで朝鮮にわたったらしい。朝鮮総督府の警察官になり、おもに全羅北道内で異動をくりかえしていた。職員録や親族の話からわかる範囲では、一九二八年四月現在で裡里《イリ》警察署勤務、以後、警察部保安課→茁《チュル》浦《ポ》警察署（署長）→警察部警務課→井邑《チョンウプ》警察署（署長）→警察部保安課（課長）と、道庁所在地全州《チョンジュ》の警察部と道西部の警察署を行き来している。そして一九四一年ごろ、一年ほど全羅北道を離れて黄海道《ファンヘド》警察部経済警察課で課長をつとめた後、全羅北道にもどり群山《クンサン》警察署の署長になった。階級を見ると、保安課のときに警部補から警部に、そして黄海道では警視に昇進している。

保安課長だったのは一九四〇年ごろだが、この時期の保安課は「高等警察ニ関スル事項」を分掌事項の一つとしていた。「特高の方に行くのがいやで経済警察を志願したらしい」とは叔父の言で、前記経歴とそれなりに符合するようにも見えるが実際はどうだったのだろうか。また父は、ハングルでいくつかの単語を書いた紙が便所にはってあったと言っていた。祖父の朝鮮語の勉強のためだったという。『植民地朝鮮における朝鮮語奨励政策——朝鮮語を学んだ日本人』の著者山田寛人氏が詳細にあきらかにした日本人警察官の朝鮮語学習と結びつけたくもなるが、父が物心つくころと言えば早くても警視昇進の直前だろうから、祖父がこの時期まで朝鮮語を熱心に勉強していたとは考えにくい。

ちなみに、群山高等女学校を出て全州の金融組合ではたらいていたという伯母には、朝鮮語を使用した記憶がほとんどない。朝鮮人が日本語を話すから日本人が朝鮮語を使うなんて考えもしなかった、というのが伯母のことばである。

さて、社会的上昇を欲して「内地」から朝鮮にやってきた祖父だが、何年かで朝鮮から去っていくような高位の官僚ではない。「巡礼」は全羅北道内でほぼ完結し、おそらく「あがり」のポストとして群山の署長が用意されていたのだろう。退官後は全州に移り、伯母の記憶では「全羅北道旅客自動車」という会社の重役におさまった。

父は少なくとも敗戦までは不自由もなく幼少期を送った。回顧されるのは、群山署長の大きな官舎での生活、群山に入港する船から祖父がもらってくるめずらしい果物、朝鮮人のお手伝いさんにかわいがってもらったことなど、楽しい思い出ばかりだった。祖母、祖母に抱かれた二歳の父、祖父、伯母、十代なかばぐらいとおぼしきチマチョゴリの少女がいっしょにおさまっている、井邑署長のときの写真がある。裏には「昭和十四年十月二十七日　内蔵山に行かうとして居るところ」との文字。女中もともなっての紅葉狩りか。

敗戦をむかえ、祖父母は子ども四人とともに日本へ引き揚げる。「天下り」をふくめ祖父の朝鮮総督府警察官吏としての「巡礼」はここで終止符を打った。もう若くない祖父は豊川へ戻りたかったのだろう。しかし壱岐出身の祖母が、夫の里という以外にゆかりのない遠方の地に住むのをいやがったという。当然のことであるが、その代わりに祖父が妻の里というだけの島で慣れない商売に従事することになった。もし郷里で警察官をしていれば、九州の離島出身の祖母と会うことなどなかったはずである。しかし、二人が同時期に植民地朝鮮に居住していたことによってもたらされた縁のため、祖父は全羅北道から壱岐へ移動し、そしてそのまま没した。

ところで群山、壱岐という地名にピンと来た方もいるだろう。群山周辺で大規模農場を経営し財を成した熊本利平は壱岐出身である。折口信夫が一九二一年に民間伝承の調査のために来島したときのことを記した「雪の島　熊本利平氏に寄す」では、「此島を出た分限者で、島の教育の為に、片肌も両肌も袒いでかゝつてゐる人」と紹介されている。祖母が壱州人であることが祖父と熊本の関係にどうかかわっていたのかはわからないが、伯母によると、よく熊本農場の作物が官舎に届けられていたという。戦後、熊本が壱岐へ引き揚げた後も、熊本と祖父のあいだには往来があったらしいが、植民地の元農場主と元警察署長は、朝鮮半島からそれほど離れてはいない島で何を語り合っていたのだろうか。

祖父の郷里の神社に、祖父が寄進者の一人としてきざまれている鳥居が立っている。もう片方の柱に「昭和二年四月建之」とあるので、警部補で裡里に勤務しているときに建てられたものだろう。祖父の名の左には、奉天在住の寄進者の名前も見える。ついでに言えば、境内には、やはり全羅北道にいた祖父の姉夫婦が寄進した石橋もある。「外地」での「成功」の誇示、そしてそれをながめる村の人々のまなざしのなかで、朝鮮や奉天の「現地」の人々はせいぜい立身出世の物語をつづるための引き立て役にすぎなかったのかもしれない。日々くりかえされた祖父のような人々と「現地」の接触の場に向けての想像力、いま「外地」を語る私がけっして欠いてはならないものである。

近代建築物にみる沖縄の近代化認識に関する一試論
——琉球・沖縄史の副読本にみる歴史認識を踏まえて

上水流久彦

問題の所在

筆者は、これまで台湾、韓国、中国、パラオなどの日本支配時期[1]に建築された建築物の在り方から、各国の国際関係を含む政治、経済、文化的状況によって近代建築物、ひいては植民地支配の歴史の扱われ方が異なっていることを明らかにしてきた〔上水流 二〇一一、二〇一六、二〇一七〕。近代的政治・経済システム、教育制度、交通・衛生などの社会システムの導入という植民地支配下の近代化の中で建築された建築物（以下、近代建築物）は、台湾のように近代化の象徴とされ、中国とは異なる歴史の断面とされることもあれば、韓国のように収奪の歴史の象徴とされる場合もあった。また、近年これらの地域で見られる歴史遺産への認定にみる遺産化（Heritagation）は、建築物の価値の構築に関わる文化的・社会的プロセス〔Smith 2006〕であり、その価値観を共有できる「我々」とできない「我々以外」を生み出す装置であった〔Poria and Ashworth 2009〕。したがって、日本の支配のもと建築された建築物は、日本の支配をどう考えるか、どうみなすかを示す重要な指標となる。

そこで本稿では日本の支配に組み入れられた沖縄に目を向けてみたい。二〇一七年二月二三日に大宜味村にある役場旧庁舎は国の重要文化財に指定された。一九二五年に建築された鉄筋コンクリートの建物で、後述するように近代化の象徴とされる。筆者が訪ねた同年三月には役場に重要文化財指定を祝う垂れ幕がかかっていた。沖縄で重要文化財とされる近代的な建築物はこの建物のみで、観光スポットにもなっている。また、与那原町では第二次世界大戦以前（以下、戦前）に那覇と与那原を結んでいた軽便鉄道の駅が復元され、鉄道を中心とした近代交通資料館となっていた。館内には、女学生が与那原から那覇に軽便鉄道で通ったモダンで楽しい記憶などの展示がなされ、新たな観光資源として売り出されていた。このように戦前の建築物の一部は、沖縄でも地域の歴史を語る、または地域を振興する道具となっている。

だが、「沖縄の近代建築物（琉球処分後から第二次世界大戦終了までの日本の支配下で沖縄に建設された建築物）」の現在のあり方として、近代化やモダンな象徴として活用する大宜味村や与那原町の状況は極めてまれである。周知のように琉球には本土とは異なる政治制度が導入され、沖縄の人々は、日本本土と台湾や朝鮮などの外地の間に位置する日本国民として言葉などの文化を強制されるなど、日本の近代化に対し厳しい意見もある。そこで本稿では、近代化とは別に「近代化」という概念を設定したい。この括弧付きで述べる「近代化」は、近代化とは異なり、様々な近代システムの導入に加え、皇民化・独自文化の消失・いびつな経済構造などの否定的側面も含んだ様相を指し示すものである。つまり、「植民地近代」［Shin and Robinson 1999、板垣　二〇〇四］ともいえる「近代化」である。

以下では、沖縄の「近代化」について沖縄が近年如何にとらえているかを琉球・沖縄史の記述を手がかりに明らかにし、歴史認識を表象する場であった近代建築物との関係を明らかにする。そこからは、複雑な歴史認識を表象する場さえ沖縄戦で奪われた姿がわかる。これらの作業を通じて、日本支配を背景とする沖縄の「近代化」についての歴史認識とその表象の一端を明らかにする。[2]ただし、本稿は、近代建築物（の非存在）や沖縄の近現代の教育で使われる副読本などの出版物を考察の手がかりとしており、インタビューも学芸員や研究者を対象に行ったもので、沖縄に住む人々の一般の歴史認識を明らかにするものにはなっていない。その点を最初にお断りしておく。

本論に入る前に用語の整理をしておきたい。本稿では琉球王国が日本政府に組み込まれた時期以降を沖縄（または沖縄県）と称し、それ以前を琉球（または琉球王国）と称する。[3]次に日本という用語だが、琉球処分以後、琉球も沖縄県として近代国家日本に組み込まれ、沖縄は日本の一部となった。したがって、沖縄を日本と別の存在として扱うことは現状と矛盾する。だが、本稿では外来の支配者として琉球に来た日本政府、その統治によってもたらされた制度などについて対象化するため、ここでは沖縄とは対比的に日本という単語を用いる。沖縄の近代は後述する副読本によれば、琉球処分（一八七二年）から第二次世界大戦までを意味しており、本稿もそれに従っている。なお、沖縄は台湾や韓国と違って植民地ではないという考えがある。だが、ここでは、外来政権によって支配されたという事実に基づいて、外来政権によって支配された琉球・沖縄という観点から考察する。[4]

以下、第一節では、沖縄の近代建築物の状況について沖縄県のデータに主に基づきながら明らかにする。第二節では近代建築物が建設された沖縄の近代が現在いかに歴史的に認識されているかを、沖縄の歴史に関する副読本などから論じる。第三節では近代建築物の公的な展示を主な手がかりにして歴史認識を探る。第四節では、「忘却させられた近代」という沖縄の「近代化」認識の一端を明らかにする。最後に沖縄の「近代化」認識を踏まえたうえで、その歴史を語る沖縄独自の問題について言及する。

一　沖縄の近代建築物

筆者は二〇一三年に沖縄の近代建築物に焦点をあてた調査を本格的に始めた。この時期は、普天間飛行場の辺野古移設が沖縄と日本の関係において大きな問題となっており、米軍基地の多くを沖縄に「押し付ける」姿勢が沖縄で問われていた。それは改めて沖縄と日本の関係を厳しく問い直すもので、近代建築物は大きな焦点になると考えていた。

だが、その調査は容易なものではなかった。多くが沖縄戦で焼失していたからである。その状況は幾つかの文献からもわかる。社団法人沖縄建設弘済会創立二〇周年記念に出版された『沖縄の土木遺産――先人の知恵と技術に学ぶ』の年表には、一九四五年に「沖縄戦。多くの人命とともに文化・建築遺産が破壊される」［『沖縄の土木遺産』編集委員会編　二〇〇五：二〇五］とある。また、那覇市歴史博物館による『市制施行九〇周年　パレットくもじ開業二〇周年記念展　那覇の誕生祭――浮島から那覇へ』（以下、『那覇の誕生祭』）には、一九四四年の一〇・一〇空襲で全市域の九〇％近くが焼失したとある［那覇市歴史博物館　二〇一一：一五］。さらに那覇市が出した『琉球処分百年威年出版写真集　激

動の記録　那覇百年のあゆみ――琉球処分から交通方法変更まで』（以下、『那覇百年のあゆみ』）には一〇・一〇空襲についての記述があり、「この空襲によって那覇市は一挙に炎上し壊滅してしまった」〔那覇市企画部市史編集室　一九八〇：一二〇〕とある。このように那覇市の近代建築物は焼失し、現在、当時の状況をほぼ保ったままの近代建築物を見ることはできない。

実際、那覇やその近郊から調査を開始したが、台湾や韓国などでの調査と比べて大きな違和感を覚えた。日本全国や東アジア諸国の近代建築物の資料を収集する人のホームページを見ても、最も近代建築物があったと思われる那覇市に近代建築物はわずか三件しか掲載されていなかった〔産業考古学研究室　二〇一七〕。それらは、沖縄師範学校門柱、泊小学校旧校舎（一九三〇年）、第三十二軍司令部壕トーチカ（昭和戦中期）である。それも建物の一部が残っているだけで、文化財ではない。

では沖縄県全体ではどの程度近代建築が残されているのだろうか。調査当初の沖縄県の二〇一四年度の統計データを参考にしてみていきたい〔沖縄県教育委員会　二〇一五〕。それによれば沖縄県の国・県・市町村の指定文化財は、一三七二件である。そのうち建築物が七五件で、国指定が二一件、県指定が二〇件、市町村指定が三四件である。だが、そのなかで近代化や産業化に関連するものはかなり少なく、一九件を数えるのみである[5]。国指定の重要文化財は、名護市にある津嘉山酒造所施設で一九二八年に建設された。泡盛の酒造施設が残されていることがその理由となっている[6]。国の登録文化財としては、一二件が存在する。南大東島西港旧ボイラー小屋（建設年は一九二四年。以下同様）、旧東洋製糖北大東出張所（一九一九～一九二八年）、竹富町の西桟橋（一九三八年）、伊古桟橋（一九三五年）、名護市の旧国頭農学校玄関（一九〇二年）、北大東村の旧東洋製糖燐鉱石貯蔵庫（一九一九年）、旧東洋製糖燐鉱石積荷桟橋（一九一九年）、宮古島市の開墾に関わる大野越排水溝（一九三四年）、旧東洋製糖下阪浴場風呂場、水取場（一九一二〜一五年）、旧東洋製糖社員浴場風呂場・貯水タンク（一九一九〜一九二六年）、燐鉱石に関わる北大東村の弐六荘（一九四〇年）、宮古島市の旧西中共同製糖場煙突（一九四二年）である。[7]

県指定のものに、既述した旧大宜味村村役場庁舎がある（二〇一四年当時）。そして市町村指定の場合、史跡として第二次世界大戦に関わるものが戦争遺跡（六件）として指定されているが、それらを除くと大正天皇の即位を記念して小学校の通路のために造られたうるま市のガーラ矼（一九二八年）、石川部落事務所（一九三二年）、座間味村の鰹漁業創始功労記念碑（不明）、宮古島市の平良第一小学校の正門と石垣（一九三二年）、史跡として石垣市の元海底電線陸揚室（電信屋）（一八九七年）の五つである。

最も近代建築物が多かったと思われる那覇市には近代建築物は現存せず、多くが石垣や宮古島、竹富、座間味、東大東、北大東などの離島にあり、沖縄島では名護市とうるま市、大宜味村のみである。台湾などの他の地域にみられるような役所や病院、銀行等近代化に大きく関係するものは少なく、当時沖縄の開発を担っていた会社に関わるものが多い。

しかしながら、実際には多くの近代建築物が那覇にはあった。筆者が手に入れた資料に基づけば、例えば『那覇の誕生祭』［那覇市歴史博物館　二〇一二］の「近代教育の始まり」では、那覇尋常小学校（一八八一年）、那覇尋常高等小学校（一八八一年）、泊尋常小学校（一八八一年）、天妃尋常高等小学校（一八九九年）、松山尋常小学校（一九〇二年）、甲辰尋常小学校（一九〇四年）、垣花尋常小学校（一九一一年）、久茂地尋常小学校（一九一一年）が紹介されている。また、「商業の展開」では、近代的建築物として鹿児島第百四十七銀行沖縄支店、日本勧業銀行那覇支店、沖縄銀行の写真がある。

二〇一四年度から二〇一六年度に那覇市歴史博物館では「昭和のなは」復元模型の展示がなされ、昭和七～一二年頃の昭和初期の那覇のメインストリート大門前通りの一部が縮尺一〇〇分の一で再現された。そのパンフレットには、那覇市公会堂、那覇郵便局、デパートの山形屋沖縄支店、電話交換局、鹿児島出身の山下昇男経営の沖縄物産陳列館、沖縄書籍株式会社などの近代建築物の写真がある。

また『那覇百年の歩み』〔那覇市企画部市史編集室　一九八〇〕には沖縄県農工銀行、男子師範学校、県立水産学校、沖縄県議会議事堂、沖縄県庁、那覇市久米にあったバプテスト教会、沖縄最初の映画館帝国館（一九一四年）、大正劇場（一九三五年）、娯楽施設の平和館（一九一九年）、那覇劇場（一九二二年）、軽便鉄道の那覇駅（木造）、百貨店の圓山号、沖縄県師範学校、沖縄県立第一高等女学校、沖縄県女子師範学校、沖縄県立第一中学校、沖縄県立第二中学校、沖縄県立工業学校、那覇市立那覇商業学校、沖縄県立第二高等女学校、私立昭和女学校、私立家政高等女学校などの写真がある。

このように沖縄県の県庁所在地には、当時、日本の他の県と同様に多くの教育機関、金融機関、行政機関、娯楽や百貨店の商業施設がもうけられ、多くの近代建築物が建てられた。その姿は規模の大小はあれ、日本や台湾、朝鮮半島等の主要都市と変わるものではなかったと言えよう。

だが、これらの近代建築物は現存せず、他都市のように歴史遺産に指定されることもない。したがって、歴史遺産の指定をめぐる論争や遺産としての説明から歴史認識を探ることはできない。では、これらの近代建築物が建てられた沖縄の近代は如何に描かれているのだろうか。次に沖縄の近代の描かれ方を見ていきたい。

二　沖縄の近代の描かれ方

沖縄の近代に対する現代における沖縄視点での描き方を知るために、三つの領域の出版物に注目する。ひとつは、沖縄県の高等学校や中等学校の教育で使用されることを目的に二〇〇〇年以降作成された副読本である。これによって近年の沖縄の公的な歴史認識を知ることができる。いずれも沖縄県の出版社や教育委員会によって出されている。次に全国規模の出版社によって書かれた沖縄県の歴史の概説書で、書き手は大学教員である。最後はこれら二つと異なって、二〇〇〇年以前に出版された二冊である。ひとつは那覇市によるもの、もうひとつは歴史研究に関わる沖縄の人が出したもので、時代に加え教科書や歴史概説書とは性格も異なる。

1　副読本にみる近代

最初に副読本である。筆者が手に入れたものは、沖縄県教育委員会発行の『概説　沖縄の歴史と文化』[8]（以下、『概説』）〔（財）沖縄県文化振興会公文書管理部史料編集室編　二〇〇〇〕と、沖縄歴史教育研究会編『書き込み教科書　改訂版　高等学校　琉球・沖縄の歴史と文化』（以下、『書き込み教科書』）〔沖縄歴史教育研究会　二〇一〇〕、『高等学校　琉球・沖縄史（新訂・増補版）』（以下、『高等学校』）〔沖縄歴史教育研究会　新城俊昭　二〇〇一〕、『ジュニア版　琉球・沖縄史　沖縄をよく知るための歴史教科書』（以下、『ジュニア版』）〔二〇〇八〕、『教養講座　琉球・沖縄史』（以下、『教養講座』）〔二〇一四〕である。

沖縄県教育委員会以外の副読本は、新城俊昭という人物が中心になって執筆している。新城は沖縄歴史教育研究会の代表や顧問を長らく務め、沖縄県の高等学校の歴史教育に教員として長年携わった人物で、高等学校の沖縄・琉球史の教科書や副読本を多く書いてきた。

先に新城を中心とする副読本について見てみよう。近代に関する琉球・沖縄と日本との関わりについて『書き込み教科書』は、第四章「琉球王国から沖縄県へ」、第五章「十五年戦争と沖縄戦」、そして第六章で「米軍支配下の沖縄」と展開する。『高等学校』や『教養講座』、『ジュニア版』などでも、(薩摩の侵略)→琉球処分→十五年戦争・沖縄戦→アメリカの支配という基本的流れは同じである。

詳細にみると、第四章では、沖縄の民権運動や近代文学などの紹介もある一方で、琉球王国がどのように沖縄県になったのか、沖縄はどのようにして日本になったのか、軍国主義にどのように組み込まれたのか、ソテツ地獄とはどのような状況かなどが取り上げられる。第五章では、軍国主義教育の方法、沖縄戦がおこった理由や詳細な状況、それに関連して教科書検定に関わる問題(集団自決をめぐる)についても紹介がなされている。

新城が書いた書籍では、近代化や日本の統治は日本への同化とされる。例えば、『教養講座』では「沖縄人はどのようにして日本人になったのか」[編集工房東洋企画 二〇一四:二四五]と副題があり、『書き込み版』でも「沖縄はどのようにして日本になったのか」(八八頁)とある。また『ジュニア版』では、「学校教育の普及によって日本への同化がすすみ、沖縄文化の独自性が失われていくいっぽうで、沖縄県民は近代化のおくれと本土からの差別の克服へとたちあがることになりました」(一八七頁)とする。また、沖縄で最初に発刊された『琉球新報』についても、「沖縄県民の日本への同化をその方針に掲げていた」（一九九頁）と記す。

これらの出版物における沖縄の近代において重要なものは、ソテツ地獄と沖縄戦である。ソテツ地獄とは、大正末期から昭和初期におこった深刻な食糧不足で『教養講座』によれば、「極度に疲弊した農村では、米はおろか芋さえも口にすることができず、調理をあやまれば命を奪うソテツの実や幹を食べて飢えを凌がなければならなかったという」（二五九頁）。これらの出版物すべてでソテツ地獄は紹介され、その要因として廃藩置県後、自給食糧であったサツマイモの栽培面積と水田面積が縮小させられる中、換金作物であるサトウキビを栽培する農家が増えたこと、第一次世界大戦後の戦後恐慌の中で砂糖の価格が急落したこと、沖縄の輸出品の八割が砂糖であったことが指摘され、ソテツ地獄は海外移民や本土への出稼ぎを招いたとする。

沖縄戦については、『教養講座』では二九頁（他の項目では六頁から一〇頁程度）、『書き込み教科書』では一八頁（他の項目は二頁から四頁程度）、『ジュニア版』では二一頁（他の項目では六頁から八頁ほど）、『高等学校』では二一頁が（他の項目では六頁から八頁ほど）割かれている。そして沖縄戦で亡くなった人数は、『教養講座』（三一八頁）では一三万人から一四万人としている。八重山でのマラリアで亡くなった事件や強制集団自決にも頁を割いている。沖縄戦が大きな比重を持って描かれ、いかに沖縄にとって重要な出来事であったかがうかがえる。

一方、産業振興については、『高等学校』では「産業の推進は、ほとんど砂糖産業の奨励と振興といってよかった」（一六四頁）と述べる。『ジュニア版』では「近代化にかかせないのが、交通網と通信施設の整備です」（一九八頁）とし、道路網の整備、軽便鉄道の敷設、航路の開設、郵便業務の開始、電話の開通などが記されている。このような記述は『教養講座』でも変わらない。ただ、『書き込み教科書』では、産業振興や交通網などの整備に関する記述は見られなかった。

これらの副読本について簡単にまとめると、「琉球王国から沖縄県へ」というテーマでは、いかに日本化、日本人化していくかがテーマであり、日本の近代文化の影響を受ける中で琉球処分前の文化を引き継ぎ独自の文化がどのように生まれたかとなる。さらにそこではソテツ地獄のように日本に組み込まれたことで生じた悲劇が、砂糖産業に偏った産業振興によって生じたとされる。

また「十五年戦争と沖縄」では、日本の軍事態勢に組み込まれていくことであり、軍国主義、皇民化へとつながる道である。そして、一三万人を超える被害を出した沖縄戦へとつながり、那覇を中心に街は焼失し、大きな被害を沖縄の各地に残したものとなる。

沖縄県教育委員会の『概説』だが、「琉球王国」から「近代の沖縄」、そして「沖縄戦」、「米国統治」と展開する。「近代の沖縄」では冒頭に「日本になった沖縄」という見出しがあり、「日本国の一県、沖縄県が生まれる」（四四頁）と記される。沖縄社会内部からの日本化志向や「近代の交通と糖業」では、陸上交通の整備や基幹産業としての糖業や、農業の現状が紹介される（五〇―五一頁）。そして、「近代化・同化との差別のはざまで」と題し、同化政策や伊波普猷の紹介、女性教育の普及が述べられる（五二―五三頁）。ソテツ地獄も紹介されているが、その字数は多くない。そして「近代の沖縄」は、「国家総動員下の沖縄」で節を閉じる。「沖縄戦」（五九―六八頁）の記述部分は九頁で、既述した副読本に比べると比率が極端に多いわけではない。住民の犠牲に二頁が割かれているが、歴史的経過を記すものとなっている。先の副読本に比べると、日本支配の被害の要素が薄く、近代化の側面に配慮した書き方になっている。[9]

2 概説書にみる近代

次に大手出版社が出した二冊である。それらは山川出版社の県史のシリーズのひとつ『沖縄県の歴史』〔安里ほか 二〇〇四〕と、県民百年史のシリーズのひとつ『沖縄県の百年』〔金城ほか 二〇〇五〕である。これらに共通することは大学教員で沖縄出身者が書いている点である。前者は、安里進、高良倉吉、田名真之、豊見山和行、西里喜行、真栄平房昭、後者は金城正篤、上原兼善、秋山勝、仲地哲夫、大城将保による。

『沖縄県の歴史』では、薩摩との関係が出てくる以降について記せば、「海外交易と琉球」、「東アジアの変動と琉球」、「琉球における身分制社会の成立」、「王国末期の社会と異国船の来航」、「琉球王国から沖縄県へ――世替わりの諸相」、「近代化・文明化・ヤマト化の諸相」、そして「繰り返される世替わり――「日本復帰」の前と後」となる。近世までは琉球を広い世界においてどのように見るかという点から描かれている。近代については、琉球処分と琉球救国運動、旧慣温存の県政と新旧諸階層等制度的変化について述べられ、その後、諸相として沖縄の主体性回復運動、上からの改革と近代化、ソテツ地獄とその波紋、沖縄学の展開と方言論争、太平洋戦争のなかの沖縄戦が取り上げられる。

この本では、ソテツ地獄や沖縄戦が取り上げられると同時に勧業や教育政策にも触れている。廃藩置県で無禄となった士族の救済、地方の生産力の維持向上、そして沖縄県を日本市場へ統合することが目的とされたとする。そして、「言語風俗をして本州と同一ならしむる」ために教育施策がすすめられたとする（二四八―二四九頁）。この他、製糖業の展開や陸上交通や海上交通網の整備にも言及している（二六九―二七〇頁）。教育については同化教育とし、沖縄出身の教員たちも同化教育・皇民化教育の推進に差別的状況を克服できるとして積極的に呼応したとする（二七一―二七二頁）。『琉球新報』も同化政策を強く推進したことも述べる（二七三頁）。副読本に比べると、沖縄戦に多くの頁を割くということもなく、各章の分量に大きな差はない。

続いて『沖縄県の百年』だが、目次の直後に「近代の横顔　曲折にみちた「日本化」への道程」と、沖縄県の百年をまとめている。その文章は「琉球から沖縄へ」、「県政のスタート」、「共通語の教育」、「改革から不況へ」、「方言論争」、「沖縄戦」と区切られ、琉球王国が滅ぼされたこと、薩摩の侵略も琉球処分も日本本土の変革期の余波であること、旧慣保存がなされるものの言葉が通じないわけにはいかず共通語の普及が進み、上からの「日本化」に対して下からも積極的に呼応したこと、諸制度の近代的改革は総じて日本本土に比べて二〇から三〇年遅いこと、戦後恐慌でソテツ地獄になること、教育では「皇民化」が進められたこと、沖縄戦では正規軍人を上まわる住民の犠牲があったこと、強制連行された朝鮮人「軍夫」・「慰安婦」のゆくえがいまだに解明されていないことなどが記されている（二一〇頁）。

章立てそのものは、「〝世替わり〟の胎動」、「明治維新と沖縄」、「初期沖縄県政と旧慣温存政策」、「天皇制国家の支持基盤の形成」、「明治後期から昭和初期の社会と文化」、「戦争への道」、「沖縄戦」、「米軍統治から日本復帰へ」と展開し、「近代の横顔」で紹介された内容が詳細に記されている。「天皇制国家の支持基盤の形成」では、沖縄県私立教育会の課題として「「忠愛の志気」と「国家的思想」を教育の場を通じて浸透させること」と指摘する（一〇六頁）。この他、国民精神の統一のため「国語」教育が重視されたこと（一一五頁）や、徴兵令の施行の実施とそれへの拒否の実態（一一七―一二二頁）が記されている。このようにこの章では、近代化が皇民化、日本への同化、軍国主義への浸透（徴兵令の施行等）であったという認識がみられる。この点はここまで紹介した副読本と同じである。

社会の変容という点では、近代工業の創出はほとんど見られず、製糖業が発展したとされる（一三〇―一三一頁）。また交通網の整備がなされたと記す（一三一―一三三頁）。沖縄戦には一章そのものを費やしており、その比重は大きい。一八九九年から一九〇三年に行われた土地改革については、その改革（農民による土地私有、人頭税などの廃止、士族階層などの免税特権の廃止）によって「沖縄の農民はやっと土地所有権を手にすることができ、人間として自立する基盤＝条件を得た」（七頁）とする。

本書は、農家の自立という基盤を得たという近代化の利点も認識しつつ、「曲折にみちた「日本化」」という言葉通り、日本と琉球の間で同化している状況に揺れる、また政治的経済的制度の変化のなかで翻弄されながら「日本化」していく琉球・沖縄の姿が描かれている。新城俊昭の書籍と同じように沖縄が日本の戦争に組み込まれ、沖縄戦が起こり、その悲惨さや影響については多くの頁を割いている。

3　自治体等の出版物にみる近代

ここまで取り上げた副読本と歴史概説書は沖縄で反基地感情が大きく再び高まり、集団自決の記述をめぐって争われた二〇〇〇年以降に出版されたものである。それだけにここまでに分析した副読本・歴史概説書は、祖国復帰を願った沖縄県民の感情やその結果に対する複雑な感情、問題点まで述べていた[10]。だが、以下で紹介する二つの書籍はやや異なる側面がある。『那覇百年のあゆみ』〔那覇市企画部市史編集室　一九八〇〕、沖縄歴史研究会『沖縄の歴史〈第二巻〉近代編』〔沖縄の歴史研究会一九八三〕（以下、『近代編』）を見てみよう。

『那覇百年のあゆみ』は、対象地域が那覇に限定されたもので、より那覇の状況が詳細にわかる。その章立ては「琉球処分――近代那覇の幕あけ」、「大正デモクラシーと那覇」、「昭和恐慌・不況下の市民生活」、「戦争への道――軍国主義のあらし」、「沖縄戦――那覇の壊滅」、「アメリカ世[11]――戦後那覇の復興」、「民族分断の怒り――祖国復帰の戦い」、「あけもどろの都市・那覇――二一世紀への展望」というものである[12]。昭和恐慌での厳しい暮らし、戦争へ沖縄が巻き込まれていく過程、壊滅的な被害をもたらした沖縄戦という、これまで紹介した出版物の多くが取り上げたテーマと類似した論調の紹介が、本書でもなされている。詳しく本文を見てみると「強行された琉球処分」（六頁）とあり、近代教育についても「改革と同化」とし（一六―一七頁）、国民教育の展開も「皇民化への道」（三二―三四頁）とする。方言論争については「沖縄文化の否定」という見出しがある（一〇六―一〇七頁）。ソテツ地獄や移民の奨励、戦争への道、沖縄戦について四〇頁が割かれ、多くの写真が掲載されている。

その一方で、那覇市が制作した点も背景にあろうが、琉球処分の副題に「近代那覇の幕あけ」とあり、アメリカ世の副題に「戦後那覇の復興」、祖国復帰は、「民族分断の怒り」とされている。これらの文言には「同化」や「曲折」等日本の支配、アメリカの支配の暴力を想起させるような見出しはない。「近代女子教育のはじまり」、「実業教育の推進」（三五―三六頁）という指摘や、映画館や劇場の開館を紹介する「市民文化の隆盛」（四八―四九頁）、「那覇の築港」（五六―五七頁）、「電車の開通」、「軽便鉄道」

（五八—六一頁）、近代建築物の写真が写る「昭和の那覇市街」の様子（八八—八九頁）、「昭和の交通」・「新県道の整備」（九二—九三頁）、「水道敷設なる」（九八頁）、「なつかしのわが母校」として戦前の学校の写真も紹介されている（九四—九七頁）。

本書は那覇の歴史を紹介するというもので、これまで紹介した副読本や歴史概説書とは異なる性格をもって編纂されている。そのため、中身としても近代的制度の浸透や那覇市の発展の様子がうかがえる写真が掲載されており、那覇には軽便鉄道や商業施設、映画館、近代的学校などがあり、華やかな文化に満ちていたことが、これらの写真からはうかがえる。

次に『近代編』だが、冒頭の「例言」には「記述の基本的態度として、客観的であることに忠実であろうと努めた」とある。取り上げられるのは、一八五三年のペリー来航から一九四五年の太平洋戦争終結までである。章立ては「近代沖縄の開幕」、「琉球処分」、「旧慣温存下の沖縄」、「近代化への道程」、「教育・文化の動向」、「明治・大正・昭和の諸産業」、「ソテツ地獄」、「戦争への道」、「沖縄戦」である。

本書でも琉球処分、ソテツ地獄、戦争への道、沖縄戦などここまで紹介してきたトピックが取り上げられており、これらの出来事がとても重要であることが理解できる。また「教育・文化の動向」の近代の教育をめぐっては、「皇民化教育がさけばれた」と述べ、現在の高校に相当するものしか沖縄には作られず、高等教育機関はなかったと問題点を指摘する（一五七頁）。

その一方で「明治・大正・昭和の諸産業」では、農業、林業、水産業、畜産業、工業、商業、交通・運輸、通信の項目が立てられ、詳細に説明されている。農業はさらに甘藷、甘蔗、米、豆類、麦類、雑穀、その他に、工業は織物、漆器、陶器、泡盛、帽子に分けられている。「客観的」にという例言どおりに生産量や水揚げ量、従事者、家畜の頭数、商業戸数、質屋の貸付高などが数値を持って提示されている。銀行や交通網の普及、さらには通信では電信の通信回数、郵便物の取扱量が紹介されている。

林業のように発展しなかった分野もあるのだが、それぞれの産業における状況や、時には数値的に伸びていく状況も記されており、沖縄の経済の「発展」[13]を具体的に知ることができるようになっている。この点は本書の大きな特徴であろう。

『那覇百年のあゆみ』と『近代編』は沖縄が日本に返還されて一〇年前後経て出版されたものである。二〇〇〇年以降の沖縄の立場をめぐる日本政府や日本との争いが顕著になる前のものであり、「同化」の問題を問いつつも「発展」への記述も豊富である。

4 小括

本節の最後に、ここまで取り上げた出版物について沖縄の近代の描き方という観点からまとめておく。近代の時代は、沖縄にとって皇民化も含めた日本への同化であり[14]、そのなかで沖縄が琉球の独自の文化を維持し、新たな潮流（民権運動など）を受け入れたかが焦点となる。さらに土地改革などの社会的経済的変化は日本経済へ沖縄を組み込んでいくことを意味し、製糖業に特化した沖縄のいびつな経済構造はソテツ地獄を招く要因とされる。その後は、十五年戦争に巻き込まれ、沖縄戦が重要な記述内容となっている。既述の出版物に共通することは、日本の支配下での沖縄の独自文化の発展に言及しつつも、日本への同化、戦争による沖縄の破壊である。一般の人々が見る可能性の高い副読本ではその傾向が一層強かった(15)。すなわち、近代化ではなく、「近代化」である。

『那覇百年のあゆみ』と『近代編』は、日本の支配下における経済的社会的発展や賑やかさに比較的、頁を割いている。この点は、副読本や歴史概説書と異なる。だが、これらは、書店で一般向けに販売されている副読本（沖縄県教育委員会のものを除く）や歴史概説書と違い、人口に膾炙するものではない。したがって、沖縄の近代の経済的社会的発展や都市生活の賑やかさを出版物から沖縄の人々が知ることは容易ではない。そして発展や賑やかさが沖縄で知られていない状況は、次節で紹介する那覇市歴史博物館の展示を行う背景となっていた。

三　近代建築物の語られ方

副読本の歴史観に筆者自身は同意するものの、その一方で『那覇百年のあゆみ』［那覇市企画部市史編集室　一九八〇］や『近代編』［沖縄の歴史研究会　一九八三］で紹介される戦前の賑やかさや発展は、副読本では十分に描かれていないことも事実である。そこで、本節では那覇の賑やかさなどに注目した展示（那覇市歴史博物館「昭和のなは」復元模型の展示）の関係者を中心に近代建築物の語られ方を通して賑やかさと発展に関する認識についてみてみる。

この展示が行われる前の二〇一三年夏に筆者は、那覇市に残る近代建築物を訪ねた。近代建築物に関する人々の認識は薄いものであった。例えば、沖縄の師範学校の門柱では、探すのにも苦労すると同時に、まわりにいた人々もそのようなものがあるのかという程度であった。それは泊小学校旧校舎も同様で、学校内で場所も移転されていたが、偶然学校にいた教員に聞くと「そこにあります」という程度で、詳しくは知らなかった。第三十二軍司令部壕トーチカは観光施設の近くにあり、通りかかる人も多かったが、特に注目をひくようなものではなかった。このほか、那覇市内にある大東島関係の鉄道関連（車両がある）の場所も訪ねたが、公園の敷地にあるものの、閑散としており、子どもが遊んでいるだけであった。その保護者も特段歴史について意識していることはなかった。車両には説明書きがあったが、大東島の歴史とそこで使われていた事実が記してあるだけであり、侵略や近代化などの文字を見ることはなかった。なお、沖縄の師範学校の門柱と第三十二軍司令部壕トーチカには何ら説明書きもなかった。

この時点の調査では筆者がこれまで研究をしてきた台湾や韓国などと異なり、沖縄では戦前の建築物から当時を感じることも、その時代をいかに認識するかも知ることができない状況であった。そのような中、二〇一四年度から二〇一六年度にかけて那覇市歴史博物館では「昭和のなは」復元模型の展示がなされた。

この展示は二〇一三年から準備が進められており、その中心となった那覇市歴史博物館の学芸員喜納大作は二〇一三年一〇月一〇日の『琉球新報』の記事のなかで、多くの市民にとって戦前の那覇の印象が薄いと感じており、「一〇・一〇空襲はどのような街を破壊したのか、当時を再現したい。モダンな建築が多く赤瓦屋根も同居する情緒あふれる街並みだった。当時を再現すれば、若い人はきっと驚くと思う」と語っている。ここからは、筆者の二〇一三年時の印象や前節の出版物の分析を裏付けるように市民が「知らない」、「認識がない」ことがわかる。

さらに彼は「那覇は王国時代から歴史を積み重ね、近代はレトロモダンな街並みがあった。だが空襲であっという間に消えてしまった。こんなにひどいことはない。絶対繰り返してはいけない」とも述べている〔琉球新報　二〇一二〕。第二節でみてきた出版物と同様に沖縄の地上戦は重大な意味を持つことがこの発言からもわかる。

また実際の展示における説明パンフレットには、彼の思いが集約されたかのように「かつての那覇市には、赤瓦屋根とモダン建築が同居する情緒あふれる街並みがありました。しかし、一〇・一〇空襲や沖縄戦により、その街並みや賑わいは、そのほとんどが失われてしまいました。（中略）王国時代から都市として発展し、他の地域には見られない街並みや、戦争で失われる前の街の賑わいを感じていただければ幸いです」とある。

戦前那覇にはモダンな建築物や賑やかさがあったこと、しかし市民に知られておらず、広く知ってほしいこと、沖縄戦や一〇・一〇空襲によって破壊されたことへの憤りを読みとることができる。復元された戦前の那覇の様子は、モダンな建築物などがあった街の賑わいの、戦争の暴力を考えるシンボルであった。

二〇一六年春の現地調査では那覇市歴史博物館の関係者からさらに話を聞くことができた。復元においては正確な図面もなく、絵葉書や類似した建築物などから厳密に寸法を割り出し、色を明らかにし、それを復元に落とし込んでいったという。首里から那覇に県の中心地が変わり、近代化していく象徴でもあったと語った。また、近代建築物は沖縄全土というよりは、那覇の都市部の人の記憶だと述べた。

那覇市歴史博物館をその後辞職した喜納や県内の博物館で当時学芸員であった山田浩世と、「昭和のなは」復元模型の展示について二〇一六年春に話をする機会も得た。筆者は台湾や韓国の事例に基づき、日本の植民地支配をどう考えるかが近代建築物を通じて具体的に議論する対象になっていること、したがって歴史認識を考える装置として近代建築物があることを説明した。そのうえで、今回の展示の意図について喜納に説明を求めたところ、その回答は「そのような歴史認識の問題は考えなかった」というものであった。むしろ、『琉球新報』のインタビュー記事にもみられるように「戦前の那覇の賑わい、近代的建物があったことを多くの人々に知ってもらいたいという単純な思いからであった」と述べた。当日の話し合いで二人からは「沖縄の建築物といえば、伝統的建築物を想起することが多く、近代的な建築物には目がいかない」、「一〇・一〇空襲や沖縄戦で多くが焼失してしまった。実際に見ることができない」、「あまりにも沖縄戦の記憶が強い」、「そしてその後はアメリカ世の話になる」などの意見がでた[16]。そして山田浩世が述べた言葉が、「忘れられた近代化」というものであった。

この「忘れられた近代化」という認識や賑わいの復元について、琉球・沖縄の日本支配を否定し独立を主張する人物は、学芸員らとは異なる考えを持っていた。琉球民族独立総合研究学会の代表である松島泰勝は、政治的な意図を考えずに復元したという喜納らの発言について「市の職員として市の立場を考え、そのように答えたのではないか」と回答した[17]。そして、学芸員らがどのような意識を持っていたのかという点については、日本による琉球の植民地化という視点があるはずだという。植民地化の象徴としてとらえるべきだが、それは市としての立場としてできなかったということであろう。

植民地化の象徴という見解は、松島自身の考えでもあった。『琉球新報』のインタビューで答えた喜納の「一〇・一〇空襲はどのような街を破壊したのか」という発言に鑑みれば、戦争への憤りは読み取ることができる。その空襲の、ひいては沖縄戦の根本的な要因を探れば、日本政府による琉球処分、沖縄県の設置すなわち日本統治への琉球の組み入れがあったことは間違いなく、松島が示す見解もうなずける。[18]

本稿では那覇市歴史博物館の展示が賑わいを単純に示すのか、植民地化の象徴であるのかを断定することはできない（展示を見る側の解釈にもよろう）が、琉球・沖縄の日本支配について近代建築物にも多様な見方がある。例えば、既述した旧大宜味村役場庁舎は、日本トランスオーシャン航空の機内誌を含め、多くの地元雑誌などにも紹介されている。観光客も多い。そして大宜味村村史編さん室の説明には、副題として「沖縄で一番古い鉄筋コンクリート建造物」と書かれ、「大宜味大工の技術の高さが随所にうかがわれる」、「県内でもっとも早い時期に作られた鉄筋コンクリートの庁舎は、大宜味村のシンボル、近代化の象徴として人々から親しまれ利用され大切にされてきた」などの文言が並ぶ。そして、「大宜味村の進取の気性、大宜味大工の気概、そして村の歴史の象徴として、地域の人々の誇りである」と締めくくられている。さらに、「沖縄全土が灰燼と化した沖縄戦も潜り抜け」という記述もある。これらの説明からは、沖縄戦の戦火を免れたことと、この建造物が大宜味村役場では大宜味村の誇りを語る、近代化の証として認識されていることがわかる。

他に国指定の文化財として、旧東洋製糖北大東出張所がある。文化庁のデータベースには、「北大東島の近代産業繁栄の歴史を今に伝える」とあり、「近代産業繁栄」の象徴とされる［文化庁二〇一七〕。北大東島の現地調査はできていないが、北大東村のホームページ上では、二〇一七年二月現在、その文化財について何ら説明されていない。その一方で、関連する北大東村の国指定の文化財として燐鉱石貯蔵庫跡が北大東村のホームページに紹介されている。だが、そこには生産量の数字とともに歴史的事実が記してあり、近代化などの文字はない〔北大東村　二〇〇二―二〇一七〕。燐鉱石貯蔵庫がいかなる役割を近代化で果たしたかという視点は、日本政府の記述とは異なって、村の説明にはみることはできない。

このように日本政府による支配の評価をめぐって、国家や地元自治体、さらには沖縄の人々の内部において何らかの違いがあることがうかがえる。さらに那覇の復元模型とは部分的に違う語りも存在する。多様なそれらを統合して琉球・沖縄におけるその全体像を本稿で描くことはできないが、いずれの事例でも近代建築物が多様な語りを生む装置にはなっていることは理解できる。

四　近代建築物の非存在が問う歴史認識のあり方

しかし、大宜味村や北大東村の近代建築物は、沖縄全体で沖縄の近代を語る装置として注目されてはいない。そして、官公庁や銀行、百貨店など那覇に多くあった近代建築物が焼失した現在、それらの建築物をめぐって他地域にみられるような議論は存在しない。「あることを知らせたかった」という喜納の思いは、「ない」ことが当然のなかで生まれた率直な発言でもあろう。そこで本稿の最後に近代建築物が近代の語りの中で持つ特質を明示したうえで、沖縄の近代建築物にみる歴史認識の現状の特徴の一つを指摘する。

建築物は他の植民地支配の残滓と異なって、日本の植民地支配終了後も多くの場合、すぐに壊されるのではなく、長く利用されてきた。台湾や韓国の総督府も数十年にわたり使われ、前者は台湾の大統領(総統)府として現在も使用され、後者は植民地支配のシンボルだとして一九九五年に壊された。それゆえに各時点での旧植民地社会の歴史認識や市民感情、建築学や歴史学の専門家の声が投影される。

一方で、他の残滓では議論を生む力が少ない。例えば、当時の都市計画は現在の台北、ソウルの基盤となっているが、あまりにも根本的で街そのものを壊すことができないため、現在の都市が植民地統治者の都市計画に則っているとして批判され、問題にされることはない。日本の通貨(紙幣や硬貨)は支配終了後にほぼすぐ使えなくなった。当然ながら、戦後、その使用が問題になることはない。

日本語は、台湾、パラオなどの旧南洋群島、韓国において現在単語として一部残っているものの、公用語として使用されることはほぼない[19]。日本語はプライベートな空間では使われても公的空間や公文書ではすぐさまに排除された[20]。また音楽や映画も台湾や韓国では長年禁じられてきた。雑誌も同様である。その輸入販売には規制がかかった。現在、段階的に解禁され、韓国でも日本から音楽、雑誌が輸入されるが、輸入規制において議論となった事実はあったが、それらが現在、植民地支配を語るものにはなっていない[21]。

このように考えると、植民地支配の残滓には、日本語や貨幣、映画などの日本の物は「外部」のものとして排除され利用されなくなったものと、都市計画や建築物のように日本の色を残しながらそのまま使われたものがある。そして、現在まで使用されているもので破壊も含めて最も議論の的になるものは建築物である。

一方、沖縄の戦後の状況だが、アメリカ世ではアメリカドルが使われたが、共通語としての日本語の使用が禁止されたわけではない。共通語として使用され続け、学校では日本語が教えられ、教育言語として使用された。文化的にも地続きで、大城立裕が『カクテル・パーティー』(理論社、一九八二〔初版一九六七〕)で芥川賞を復帰前の一九六七年に受賞していることは、その象徴である。復帰後はもちろん共通語として、教育言語として国語である日本語が使用された。映画や音楽、雑誌は当然のように日本資本のものが売られ、そこに「輸入」という概念は存在しない。台湾や韓国などで「外部」として使用の禁止とされた対象が、沖縄では現在、日常的に使われており、琉球由来のものではないとされても、台湾や韓国などのように「外部」性は付与されていない。日本語も円も音楽や雑誌も日本と地続きである。

沖縄において「外部」化できない日本の支配の残滓だが、日本の支配による近代化は、沖縄の立場から見れば文化的には同化であり、皇民化を求める植民地化であった。さらに琉球が沖縄になったことで、近代の最後には沖縄戦という悲惨な大きな出来事が沖縄を襲った。そのような琉球・沖縄の近代の在り方は、日本の統治を植民地支配だとして独立する動きへとつながっている。他方、独立の議論をナンセンスだとする沖縄の地元の人間もいる。現在の日本との結びつきを考えるとあり得ないという。基地問題に反対するものの、経済的結びつきの重さ、日本からの移住者の大きな存在を肯定的に語る人もいる。ここから琉球・沖縄の歴史や日本との距離をめぐって、近代化か「近代化」かという語りの対立が沖縄県で生まれていることは周知のとおりである。

だが、沖縄の集合的記憶を見出す空間、そして、他地域で唯一と言っていいほど日本の支配を語るための目に見える道具であった建築物は、現在の那覇には存在せず、沖縄全県でも多くは存在しない。学芸員が述べる「忘却された近代化」がある。ここに近代建築物をめぐる沖縄の「近代化」認識の現状の特徴のひとつがある。

さらに松島は、その言葉を受けて二〇一七年六月のインタビューで「忘却させられた近代」と語った。「させられた」という言葉には、副読本に見られるような、琉球の人々の意志とは関係なく、日本の一部となり、日本の軍事化のなかで軍事体制に組み込まれ、結果、沖縄戦を経験し、多くの建築物を焼失せざるを得なかったという歴史認識があり、沖縄の人々の主体性が失われたことへ目を向けろという思いが込められていよう。

おわりに 「近代化」を語る困難さ——自らの問題として

「忘却させられた近代」と近代建築物の非存在は、琉球・沖縄の日本の支配に関わる認識の形成においていかなる意味を持つのだろうか。その非存在こそが、沖縄戦の激しさを示すものと言える。だが、非存在であるがゆえに目に見える証拠としてそれを語るものとなっていないのも事実である。また、与那原の軽便鉄道に見る当時の生活の楽しさを象徴する「賑やかさ」は、例えば那覇には非存在ゆえに見えにくい。沖縄の近代を「賑やかさ」のなかった暗黒にすることはできないものの、その「賑やかさ」が皇民化などの苦難の歴史のなかにあったのも事実であり、「賑やかさ」の強調は、苦難の歴史を隠蔽する可能性もある。発展という近代化ではなく、植民地支配が貼りついた「近代化」を語る困難さがここにある。

さらにその語りを困難とするものが、韓国や台湾などと違って、沖縄はもともと日本の一部とする「常識」であり、同化を近代化として当然視する認識である。このような理解において、「琉球は植民地化された」という理解は過激な思想とされる(22)。それゆえに植民地化の声は多くの人に届きにくい。

筆者は、函館の近代建築物を調査したが、その説明文の語りは、開港に基づく産業化、近代化が前面に出ていた。これは和人の視点であるが、アイヌ人という視点を入れたときに、そのような語りにはならない。この点は、近年、日本でも理解が進んでいる(23)。このような北海道の状況と比べると、沖縄の歴史を語る困難さは特有の状況、すなわち日本が他者を同化したという認識の欠如が深く関係する。

客観的な歴史を記すことが期待される沖縄県教育委員会がここ数年琉球・沖縄史の副読本を出せず、新城らのあくまでも私的な副読本がその教育で使われていることも、この状況や近代化と「近代化」の語りの対立と無縁ではあるまい。そして、「忘却させられた」という松島の言葉は、「忘却させた」側の存在を浮き彫りにする。「近代化」をいかに語るべきかは、「忘却させた」者へも問われており、今後も筆者自身の課題としていきたい(24)。

理論的には三尾裕子が指摘する支配の重層性から沖縄の建築物をめぐる歴史認識について検討する必要がある。三尾は、台湾や旧南洋群島の歴史認識を考察するうえで朝鮮半島などの他の植民地と違って日本の植民地解放後も、他者によって支配されたことが歴史認識形成に与えた大きな要素とみなす[三尾　二〇一六]。この点で言えば、沖縄も同様である。その後のアメリカ世、さらには日本復帰（琉球独立運動家から言えばさらなる植民地支配ともいえる）は、沖縄の近代に対する認識に如何に影響を与えているのだろうか。検討すべき課題である。[25]

〔付記〕
本稿の初出は、『白山人類学』二一号である。本書に再掲を許可いただいた白山人類学研究会に感謝申し上げる。なお、一部文言を修正している。

〔謝辞〕
本稿の主資料は、ＪＳＰＳ科研費22251012「日本を含む外来権力の重層化で形成される歴史認識――台湾と旧南洋群島の人類学的比較研究」、ＪＳＰＳ科研費25244044「帝国日本のモノと人の移動に関する人類学的研究――台湾・朝鮮・沖縄の他者像とその現在」の支援に基づいて収集した。調査にあたっては、お名前をあげた方々も含め調査地で多くの方々に協力いただだいた。感謝申し上げます。また、二〇一七年一一月一一日の第一〇回白山フォーラムでは、筆者の発表に対するコメンテータである泉水英計氏をはじめ、貴重な意見をいただいた。その中で旧南洋群島や旧満州等も含めた比較の必要性も改めて再認識した。参加してくださった皆様に感謝申し上げる。

注

（1）支配の方法は、いわゆる植民地支配から国際連盟の委託統治、日本政府の傀儡政権など様々である。韓国では日本の統治を非合法な占拠（日帝強占期）としている。

（2）したがって本稿は植民地支配の直接的影響について論じるものではない。なお、東アジアや旧南洋群島における日本の植民地の「現在」については、筆者も関わった成果として五十嵐・三尾編［二〇〇六］、植野・三尾編［二〇一一］、三尾・遠藤・植野編［二〇一六］などがある。沖縄のみならず、他の旧植民地でも近代化のもと、現地の文化の抑圧などがあり、「近代化」であったことは言うまでもない。

（3）沖縄の独立を推進する立場の人々を中心に「琉球」という呼称を強く推進する動きが現在あるが、本稿では日本の支配が問題になるため、現在一般的に使用される「沖縄」という呼称も用いる。

（4）琉球民族独立総合研究学会の共同代表である松島泰勝は、琉球が植民地化されたととらえ、日本からの独立を主張している［松島　二〇一四、二〇一五］

（5）琉球処分以後のものであっても、伝統的な家屋等などの近代化や産業化と関係しないものは除いた。

（6）近代に建築されたが、銀行や学校などの近代的制度と関連したものではない。近代的制度と関連したものは大宜味村旧役場庁舎のみである。

（7）北大東島の文化財が多いが、北大東島は戦前、燐鉱の発掘で繁栄した。沖縄戦で爆撃を受けるものの壊滅的被害はなく、その建築物が現在まで複数残り、文化財として指定されている。

（8）沖縄県教育委員会のホームページには、当該委員会が二〇〇〇年に発行した『沖縄の歴史と文化』がデジタル化され掲載されている［沖縄県教育委員会　二〇一四］。本稿では実際に手に入れた紙媒体の『概説　沖縄の歴史と文化』を参考とする。なお、関係者によると沖縄県教育委員会による沖縄の歴史に関する副読本は、二〇〇〇年発行のものが最後である。その背景には公的機関の「客観性」の確保という複雑な問題がある。ゆえに新城らを中心とする私的副読本が高等学校で沖縄・琉球史を教える場合に使用される。

（9）筆者は注8の状況も踏まえて、「客観的」に書くことに腐心しているように見受けられた。

（10）一九九四年発行の沖縄県歴史教育研究会新城俊昭『高等学校　琉球・沖縄史』を見ると、沖縄戦の記述は多いが、節のタイトルには「同化」や「日本人化」はなく、近代の最初も「沖縄県政のはじめ」という見出しになっている。最近の副読本とは論調がやや異なる。この違いについては、二〇一七年一一月一一日に行われた第一〇回白山フォーラム『モノと人の移動にみる帝国日本――記憶・近代・境域』において神奈川大学の泉水英計氏より分析する必要性を指摘された。今後の課題としたい。なお、現時点の仮の分析としては、二〇〇〇年までは沖縄戦の悲惨さの強調は、二〇〇〇年以後と同じでも、祖国復帰の延長として同化という問題点よりも近代化を評価するように見受けられる。

(11) アメリカ世とは、一九四五年から一九七二年五月の日本への返還までのアメリカ統治時代を指す。
(12)『那覇百年のあゆみ』によれば、「あけもどろ」とは、沖縄の古代民謡からの言葉で、太陽のまさに地平線に出ようとする時の美しい光景を花にたとえたものである。
(13) 数値的に伸びることが結果的に日本経済への従属を意味する場合もあり、「発展」と言えるのか、疑問もあろう。だが、ここでは数値的に伸びることを便宜上「発展」と表記する。
(14) ただし、沖縄人意識を沖縄の近代教育から研究した照屋信治は、教育の現場で沖縄人教員が自律的に沖縄教育を作り上げていく過程を明らかにし、同化や抵抗ではとらえられない側面があるとする［照屋 二〇一四］。
(15) 沖縄の歴史が沖縄の高校で授業として教えられている比率は、高くない。沖縄県教育委員会の職員によれば、県立高校で全日が六〇、定時制・通信制が一〇校あり、二〇校が学校設定科目にしていた。平成二七年は二五校であった。進学に注力する高校は、沖縄の歴史を学ぶ時間をとりにくいとのことであった。したがって、副読本の価値観を沖縄県の公立高校の学生全員が学んでいるとは言いがたい。
(16) 沖縄戦の記憶はなお現在、沖縄の人々の大きな位置を占める。副読本でもこの点が見られた。また、学校で沖縄の歴史について体系的に学習したことがない人間でも、沖縄戦については様々な場を通じて幼い頃から聞かされてきたという。また沖縄県は六編からなる『沖縄県史』を作成し販売している。二〇一七年三月に販売されたのが『沖縄戦』と『女性史』であったが、『沖縄戦』はすぐに販売予定数が売り切れ、重版となった。学芸員の「あまりにも沖縄戦の記憶が強い」という話を裏付けるものである。沖縄戦はこれ程重い出来事である。
(17) 二〇一六年六月に松島研究室で話を聞いた。
(18) ただし学芸員や研究者の発言をして一般の人々の認識とすることはできない。「昭和のなは」復元模型の展示では、当時大きな百貨店で戦後もあった山形屋が紹介され、「鹿児島の山形屋の沖縄支店」と説明がある。だが、戦後の山形屋を知る沖縄の人々で、筆者と同じ世代で鹿児島出自を知る人に会ったことはない。沖縄の地元の人で薩摩の侵略を知らない人はいない状況に比べて、対照的な現象であった。専門家と一般の人々との認識の乖離の象徴的事例である。
(19) 韓国では現在も韓国語のなかに残っている日本語由来のものを見つけ出し、固有語に置き換えることがなされている。その作業は多様な価値観が見られるというよりは、否定のみである。

(20) 形骸化している面もあるが、パラオのアンガウル州のように長らく公用語とすることは稀有である。

(21) 歴史的経緯については金成玟［二〇一四］に詳しい。

(22) 本稿で紹介した松島らの琉球独立について、「極端だ」、「特殊な考え」という評価をこれまで日本、沖縄問わず多く聞いた。沖縄は従来から日本の一部であるとする認識が「常識」化しているがゆえに、松島らの考えに驚くとも言える。

(23) 二〇一五の年秋に北海道日本ハムファイターズによって千歳空港に「北海道は、開拓者の大地だ」という垂れ幕が掲げられたが、抗議を受けすぐに撤去された。この一連の出来事は、アイヌ人の視点の欠如を示すと同時に、その欠如が許されないという認識が広がっていることの証であろう。

(24) 筆者の現時点での考えを記しておきたい。国家的視点に基づく支配者側から見た歴史は、国家も含めて多くの者が書く。それゆえに国家史観に対して、最も立場の弱い、声になりにくい者の視点で地域の歴史を書き残すことが、地域の公的機関には課せられた任務であると筆者は考えている。

(25) アメリカ世を入れて分析する必要性は、第一〇回白山フォーラムにて泉水英計氏より指摘された。

参考文献

安里進・高良倉吉・田名真之・豊見山和行・西里喜行・真栄平房昭
　二〇〇四『沖縄県の歴史』東京：山川出版社。
五十嵐真子・三尾裕子編
　二〇〇六『戦後台湾における〈日本〉――植民地経験の連続・変貌・利用』東京：風響社。
板垣竜太
　二〇〇四「〈植民地近代〉をめぐって――朝鮮史における現状と課題」『歴史評論』六五四：三五―四五。
金成玟
　二〇一四『戦後韓国と日本文化――「倭色」禁止から「韓流」まで』東京：岩波書店。

上水流久彦
二〇〇七「台湾の古蹟指定にみる歴史認識に関する一考察」『アジア社会文化研究』五：八四―一〇九。
二〇一一「台北市古蹟指定にみる日本、中華、中国のせめぎ合い」植野弘子・三尾裕子編『台湾における〈植民地〉経験――日本認識の生成・変容・断絶』二五―五三頁、東京：風響社。
二〇一六「台湾の植民地経験の多相化に関する脱植民地主義的研究――台湾の植民地期建築物を事例に」三尾裕子・植野弘子・遠藤央編『帝国日本の記憶――台湾・旧南洋群島における外来政権の重層化と脱植民地化』二六一―二八八頁、東京：慶應義塾大学出版会。
二〇一七「台湾の古蹟にみる台湾の歴史認識――他地域との比較から」（日本台湾学会第一八回学術大会発表原稿）。
金城正篤・上原兼善・秋山勝・仲地哲夫・大城将保
二〇〇五『沖縄県の百年』東京：山川出版社。
松島泰勝
二〇一四『琉球独立論』東京：バジリコ。
二〇一五『実現可能な五つの方法――琉球独立宣言』（講談社文庫）東京：講談社。
三尾裕子
二〇一六「台湾と旧南洋群島におけるポストコロニアルな歴史人類学の可能性――重層する外来政権のもとでの脱植民地化と歴史認識」三尾裕子・植野弘子・遠藤央編『帝国日本の記憶――台湾・旧南洋群島における外来政権の重層化と脱植民地化』一―三〇頁、東京：慶應義塾大学出版会。
三尾裕子・遠藤央・植野弘子編
二〇一六『帝国日本の記憶――台湾・旧南洋群島における外来政権の重層化と脱植民地化』東京：慶應義塾大学出版会。
那覇市企画部市史編集室
一九八〇『琉球処分百年威年出版写真集　激動の記録　那覇百年のあゆみ――琉球処分から交通方法変更まで』沖縄：那覇市企画部市史編集室。
那覇市歴史博物館

二〇一一『市制施行九〇周年 パレットくもじ開業二〇周年記念展 那覇の誕生祭——浮島から那覇へ』沖縄：那覇市市民文化部博物館。
(財)沖縄県文化振興会公文書管理部史料編集室編
二〇〇〇『概説 沖縄の歴史と文化』沖縄：沖縄県教育委員会。
「沖縄の土木遺産」編集委員会編
二〇〇五『沖縄の土木遺産 先人の知恵と技術に学ぶ』沖縄：(社)沖縄建設弘済会。
沖縄歴史研究会
一九八三『沖縄の歴史〈第二巻〉近代編』沖縄：沖縄教育出版。
沖縄歴史教育研究会編
二〇一〇『書き込み教科書 改訂版 高等学校 琉球・沖縄の歴史と文化』沖縄：沖縄歴史教育研究会。
沖縄歴史教育研究会 新城俊昭
一九九四『高等学校 琉球・沖縄史』沖縄：沖縄歴史教育研究会 新城俊昭。
二〇〇一『高等学校 琉球・沖縄史(新訂・増補版)』沖縄：編集工房東洋企画。
二〇〇八『ジュニア版 琉球・沖縄史 沖縄をよく知るための歴史教科書』沖縄：編集工房東洋企画。
二〇一四『教養講座 琉球・沖縄史』沖縄：編集工房東洋企画。
Poria, Yaniv and Gregory Ashworth
2009 Heritage Tourism: Current Resource for Conflict, *Annuals of Tourism Research* 36 (3) :522-525.
Smith, L.
2006 *Uses of Heritage.* Routledge: London.
Shin' Gi-Wook and Michael Robinson (eds.)
1999 *Colonial Modernity in Korea.* Harvard University Press. Harvard.
照屋信治
二〇一四『近代沖縄教育と「沖縄人」意識の行方——沖縄県教育会機関誌『琉球教育』『沖縄教育』の研究』広島：渓水社。
植野弘子・三尾裕子編

二〇一一 『台湾における〈植民地〉経験――日本認識の生成・変容・断絶』東京：風響社。

〈インターネット〉

文化庁
二〇一七 「旧東洋製糖北大東出張所」(http://bunka.nii.ac.jp/heritages/detail/170522 二〇一七年一一月八日閲覧)。

北大東村
二〇〇二―二〇一七 「燐鉱石貯蔵庫跡」(http://vill.kitadaito.okinawa.jp/tourism1_navi_rinkouseki 二〇一七年一一月八日閲覧)。

沖縄県教育委員会
二〇一四 「沖縄の歴史と文化」(http://www.pref.okinawa.jp/edu/bunkazai/bunkakesho/hogo/rekishi/rekishi-002.html 二〇一七年七月一三日閲覧)。
二〇一五 「XI 国・県・市町村指定文化財」(http://www.pref.okinawa.jp/edu/bunkazai/edu/jimukyoku/bunkazai/documents/h26011.pdf 二〇一七年一一月八日閲覧)。

琉球新報
二〇一三 「戦前の那覇、模型で復元へ――一〇・一〇空襲きょう六九年」(https://ryukyushimpo.jp/news/prentry-213612.html 二〇一七年一一月八日閲覧)。

産業考古学研究室
二〇一七 「近代化産業遺産　総合リスト」(http://kourokan.main.jp/heritage-naha.html 二〇一七年一一月八日閲覧)。

●コラム

神社を持つ「日本神」廟

三尾裕子

東龍宮入り口横に建てられた神社。ご神体は「祈願の五營総令」。(屏東県枋寮郷東龍宮、2017年4月30日 筆者撮影)

台湾には、日本由来の霊魂が神格化した「神」(以下、「日本神」)を祀る廟が数十か所存在している。かつての植民統治者を神とするという思考は、なかなか理解することは難しい。もちろん、「反日的」な土壌があれば、このような信仰は生じないだろう。だからと言って、台湾の人々が日本時代の統治を肯定し、追慕していると考えることは短絡的でもある。台湾の人々が、「親日的」であったり、そう見えたりするのは、現在の彼らの立場から日本時代に遡るまでの一連の過去に関する体験、伝聞、イメージが交錯した結果である。

このことは、こうした廟の多くが一九八〇年代後半以降に生まれてきたということからもうかがえる。すなわち、「日本神」信仰は、台湾における政治の民主化や本土化（台湾を文化や歴史、政治の主体とする意識が形成されようになったことを指す）の流れの中で、一党独裁時代を批判的に振り返り、またそのことの対比の中で日本統治時代を再解釈して自由に語れるようになったことや、中国大陸との微妙な政治経済的な関係などといった社会的背景との関連を踏まえたうえで考察することが必要である。

これら「日本神」には、このほか、その多くが日本軍の兵士や軍人を由来とする伝承を持っていること、実在した人物かどうかは不明である場合が多く、非業の死を遂げたこれらの霊魂が人々に祟りをもたらすことで人々に想起され、慰霊され、そして神格化するというプロセスを取っていることが多い点などが特徴的である。

それらの中で、筆者が台湾の林美容教授（中央研究院民族学研究所）と共同で調査を行っている屏東県にある東龍宮は、その活動を活発化させ注目を浴びつつある廟である。東龍宮は田中将軍、北川将軍、乃木大将及び二人の日本人女性看護師を祀る廟である。このうち、主神（主祀神）の田中将軍、配祀神（副祀神）の北川将軍、乃木大将は実在した人物との対応関係が確認されている。

このうち主神の田中将軍は、本名を田中綱常（一八四二―一九〇三）という。宮古島島民が台湾の先住民に殺害された牡丹社事件（一八七一年）の後処理のための台湾出兵に関わり、一八九五年の日本による台湾統治の開始期に、ごく短期間ながら、澎湖列島行政庁長官、台北県知事を歴任した。離台後には、貴族院議員に勅選された。、また和歌山県沖で遭難したトルコ軍艦の生存者を軍艦比叡で送還した功績からオスマン帝国のメディジディー第一等勲章を授与されるなど、華々しい経歴の持ち主である。

東龍宮の宮主（創設者）であり田中将軍の霊媒である石女史によれば、一九八五年、彼女が二八歳の時、眠っていたところへある霊魂が突然現れ、自分が日本人で二八年間彼女を探していたと述べたという。彼女はもともとこうした超自然的な物事を信じてはいなかったが、その後もその日本人が彼女に何度も憑依し、体の不調が続くようになった。結果的には、近所の「王爺」という神に相談したところ、田中が神となって台湾で人々を救うことを要望していることが判明したという。

彼女の特筆すべきところは、自分に憑依する霊魂が一体何者なのか、徹底的に追求した点である。素性のわからない日本人では承服できないと考えたという。それ以来、家族や研究に来る日本人などを巻き込んだ探索が始まり、姓だけではなく名前やその人の生涯などを示す公文書などを日本で探し、ついには田中将軍と北川将軍の子孫や日本における墓を突き止めた。そして、二〇一七年四月には、田中将軍をはじめとする東龍宮の神々の来歴を展示する資料館をオープンさせた。

筆者はその開館記念式典及び儀礼に参加する機会を得たが、そこに朱塗りの鳥居を備えた小さな「神社」が建立されていることを知り、驚きを禁じ得なかった。さらに驚いたことに、中に祀られていた「ご神体」が、三角屋根のついた赤い位牌型をしており、菊と桜を重ね合わせた意匠が上下にあしらわれ、真ん中には「祈願の五營総令」と書かれていた。「五營」とは、民間信仰において村域や廟の管轄区域を守護するもので、東西南北及び中央の五つの方角を守護する神兵が、境域内の邪気、邪神を祓う役割を果たすといわれている。

「神社」に、「祈願の五營総令」とはどういうことなのだろう、と考えているうちに、そういえば、と思い、「神社」ができる前の廟の写真を探したところ、そこにはかつて空高くそびえる旗竿式の五營があったことが確認できた。つまり、もともとの五營の機能を維持しつつ、主神が日本人であることから連想される神社で置き換えたのだ。しかもその小さな境内には、絵馬を飾る場所まで設けられており、訪れた人々が資料館で売っている絵馬に願い事を書いて飾っていたりもした。

神社の形を借りた五營や祈願の方式からは、かつて神社が日本による台湾の植民統治の精神的暴力の象徴であった姿は全く読み取れない。かといって、「日本」に追随しているわけでは決してない。「日本」の意匠を取り込み、日本の神社の疑似体験を訪れる人に提供しながら、台湾の民間信仰として踏まえるべき信仰観念をも満たすという、見事な折り合いをつけている。戦後、台湾では日本時代に建てられた神社はほとんどが取り壊されたことを思えば、神に国境はないと述べる石女史やそれを受け入れる台湾の人々は、歴史を軽々と乗り越えていっている。

日本統治期台湾における税関制度の変遷

林　玉茹（杉本房代・訳）

はじめに

清朝時代、台湾の海岸及び港湾の支配方式は、厳しい管理統制と集中管理から全面的に開放され、発展していった。即ち、道光年間以前、わずか数箇所の区域ごとの「正口」が台湾の対外窓口とされていたが、清朝末期、清帝国の中央集権体制の崩壊、そして地方では自ら財政を蓄える必要が発生したことにより、地域に根ざした「小口」が全面的に開放され、且つ密輸、海賊行為などが頻繁に横行し、島内外の人やモノの移動、情報などは完全に管理されることはなくなっていた(1)。しかし、一八九五年、日清戦争の結果、台湾は割譲され、日本の最初の植民地となった。その後、植民地政府は、しだいに投資、金融、海運、総督府の設立、日本人の往来に関する政策によって、さらに決定的な影響を与えた関税制度を整えることによって、台湾の貿易対象を転換させ、台湾の輸出市場はその中心を中国から日本へと移行し、日本帝国の経済圏に組み入れられた［矢内原　一九八八：一二四―一二五］。

一方、一八六〇年、台湾開港後、基隆、淡水、安平及び打狗（高雄）の四つの条約港（treaty port）に施行されていた新しい海関制度も、明治維新以後に施行された税関制度に転換された。一九四三年一二月に至り、決戦期の新しい局面に対応して二つの国際港の地位が上昇し、港務局が新設され、税関が廃止され、終戦を迎えた。この新しい制度は、その実施期間が二年にも満たなかったため、しばしば見落とされてきた。[2]

一九四五年八月、第二次世界大戦で日本が敗戦したことにより、台湾は中華民国政府の統治するところとなり、台湾で五〇年近くにわたり施行された日本式の税関制度は、再び清朝末期以来の海関制度に戻った。中国の海関は一八五四年上海で設立され、外国人が総税務司（Inspector General）を担当し、その後、ロバート・ハート（Robert Hart）主導の下、体制が完成され、関税の徴収、貨物検査、港務及び統計資料の出版などが行われた。民国期になり、現代国家の中央集権と反帝国主義時代の流れのもと、外国籍の総税務司の権力は新政府によって削られ、次第に弱くなっていった［Brunero 2006: 1-2］。しかし、ほぼ清朝末期に設置された総税務司署と国際港に設置された海関制度を継続したものだった。[3]一九四五年一〇月、海関接収官の張申福（Chang Shen-fu）、夏廷耀（Hsia Ting-yao）が同国軍を伴ってアメリカの輸送艦に搭乗して基隆港に到着し接収業務を開始した［李文環　二〇〇六：一〇二］。一二月一日、台湾の各関が正式に成立し、台北関と台南関とに分けられ、海関総税務司署の管理となった［中国第二歴史檔案館・海峡両岸出版交流中心主編　二〇〇七：一九七―二〇三］。しかしながら、面白いことに戦時情勢に対応した港務局制度は継続され、中国の海関制度と再度合わさって、戦後において台湾の人、モノや船舶の移動を統制管理する新体制となった。このような「中・日方式併存」による新制度は、戦後台湾統治体制の縮図の一つといえる。

近現代の海関の重要性に関しては、欧米の学者が近代性（modernity）や「非公式帝国」（informal empire）などの角度から中国の海関設立の意義について検討しており、研究成果が豊富にある。[4] 一九八〇年代に濱下武志も指摘しているように、海関は市場の中心として設置され［濱下　一九八九：二七三―三九八］、地域社会におけるその重要性を顕現化していた。しかし、中国の海関に対する研究成果が多いのに対して、日本の近代税関に関する研究は非常に少ない。事実、日本は近代国民国家として、租税と関税制度を統一し、中央集権式の財政権を構築することが重要な課題であった[5]［高橋　一九六四：九―一二］。税関制度の構築と植民地への移植は、近代国家の統治力の確立や海権を全面的に掌握することにとどまらず、さらには帝国を流動する人や貨物、船舶などの管理ならびに情報記録の中心となることを意味する。税関制度にあらわれる近代性や植民性、及び欧米の植民国家の特質との違いは注目に値する。特に、清朝から戦後までの台湾税関体制の変遷は、政権を跨いだ統治制度の継続と断裂を表している。どのような要因がこのような現象をつくったのか、清朝末期の開放的な港の政策とシステムは植民地時代、どのように調整されたのだろうか。

過去から現在に至るまで、一部の研究では概略的に日本統治時代の台湾税関制度を説明しているが、いずれも不完全で、植民統治後期の変革について見落とされており、補足と修正が必要である。[6] 本論文では日本統治時代の台湾の税関を対象とし、幕末から明治維新以降、日本式の税関の形式がどのように台湾に移植され変革されたのか、その過程と歴史的な意義を検討する。

一　日本近代税関制度の確立――運上所から税関へ

日本では、江戸時代には徳川幕府の鎖国政策が行われ、長崎港だけが国際貿易港として中国やオランダ船舶の来航が許されていた。一八五三年、アメリカの東インド艦隊司令官のマシュー・ペリー（M. C. Perry　一七九四―一八五八）が引き起こした「黒船来襲」事件は二〇〇年余りに及ぶ幕府の鎖国政策に衝撃を与えた。翌年より欧米列強の圧力の下、日本は開国を迫られ、下田と箱館（後に函館と改称）を開き、外国船舶の停泊と供給品補充のために提供した。一八五八年から一八五九年にかけて、日本は各国と相次いで不平等な通商条約を締結しただけでなく、一八五九年から一八六七年の間に六か所の条約港（開港場と称する）を開港し、自由貿易が進められたが、領事裁判権が認められ、関税自主権は剥奪されていた[7]。明治維新時、大蔵省は領事裁判権の撤廃と関税自主権の回復を特に重視し、日清戦争で日本が勝利すると、外務大臣の陸奥宗光が強力に交渉を進め、一八九九年七月、条約の修正に成功した[8]。

当初、協定した関税の制約の下、関税に関する行政は大きな影響を受けた。徳川幕府末期、各条約に基づき、開港や貿易、通関、外交事務を行うため、条約港には税関の前身となる「運上所」が設置された。幕末から明治政府成立初期、運上所はまず、当該地の奉行所の支配を受けた。その後、港の貿易交渉や外交関係の業務により外務省（一八六九）の管轄となった。一八七一年八月、廃藩置県後、貿易税務の関係から、大蔵省に属することとなった。一八七二年一一月、翻訳用語を統一したため、税関と改称され、協定関税下の関税行政事務を行った[9]。

税関の組織は最初、運上所期の編制を継続し、監吏総長以下各クラスの監吏が設けられた[10]。一八七四年一月、税関職制章程が定められ、税関長が税関に置かれ[11]、幕末以来の運上所の編制が廃止された。その後、制度や組織は数回改編され、税関は大蔵省の管理下となった。一八八六年三月、初めて税関官制が制定され、税関職制と分課が確立された。税関の昇格により大蔵大臣が直接管轄し、海関関税やその他収入を掌握管理することになり、検査などの八課が設置された[12]。ここで税関官制は、初期段階として完成されたものとなった。その後、数回修正されたが、大体は微調整であった。一八九九年四月、税関長以下事務官、監視官、鑑定官、技手の九クラスの官職が確定され、一九二七年に至るまで大きな変化はなかった[13]。

次に、税関法規の面では、通商条約に付属する「貿易章程」の制限を受けたため、外国の商人との間では度々摩擦が発生した。一八九〇年九月、日本は正式に税関法と税関規則を公布し、初めて各税関管轄区域を区分けした［大蔵省百年史編集室　一九六九：三］。

貿易規模の拡大と産業の発展に伴って、税関組織の構造は次第に完全なものとなっていった。一八七四年、税関の下に出張所が設けられた。一八九七年六月には出張所を支署と改め、また、監視署、支署を設けて、署長、税関属が置かれ、税関長の指示を受けることになった。貿易港は前述の国際港以外に、朝鮮、ロシア、中国との貿易を行う特別貿易港（一八八四）、輸出入貿易を振興する特別輸出港（一八八九）、及び日本船舶が外国貿易を進める開港外貿易港（一八九六）など三種類に分けられた。税関は課税、通関、輸出入港及び取り締まりなどの事務を担当した［大蔵省百年史編集室　一九六九：三、一四八

一五三、三〇〇—三〇一]。

すなわち、一八五四年、日本は西洋諸国の圧力を受けて開国して以来、清帝国のように西洋人が管理する関務と港務を一体にした西洋式の海関制度を採用するのではなく、日本式のシステムを新しく創り出し、運上所から税関への変遷を遂げたのである。官員の編制、組織、法規、管轄区域及び港の開放の種類など税関制度は絶えず調整され変化し、日本が台湾を領有する前後から一八九七年に至るまでに、次第に完全で定型化したものとなった。おおかた、税関は大蔵省に属し、関務を担当するのみだった。これは四〇年余り税関制度として発展し、日本が台湾を領有後、植民地としての台湾に移植され、もとは西洋人が管理していた洋式の海関制度に取って代わることとなった。

二　税関体制の植民地移植

清朝に洋関と常関の二種の新旧海関が設置された。常関は国内船舶が運搬する貨物に対して徴税を行う機関であった。一六八四年、台湾は正式に清帝国の版図となった後、福建省閩海関の管轄となり、常関は設置されなかった[林玉茹　一九九六：二六四—二六六、二七一—二七三]。洋関は、海外船舶が運搬する貨物に対して関税を徴収していた。一八五四年、上海に初めて設立され、外国人によって管理され、近代中国洋関制度の起源となった[陳詩啟　一九八七：五—一六]。一八六〇年、台湾は中国がイギリス、フランスと結んだ北京条約に基づいて淡水、及び鶏籠(基隆)、安平、打狗(高雄)を条約港として開港し、一八六二年正式に滬尾に海関の正口を設け、翌年、鶏籠を外口とし、合わせて淡水関と称した。

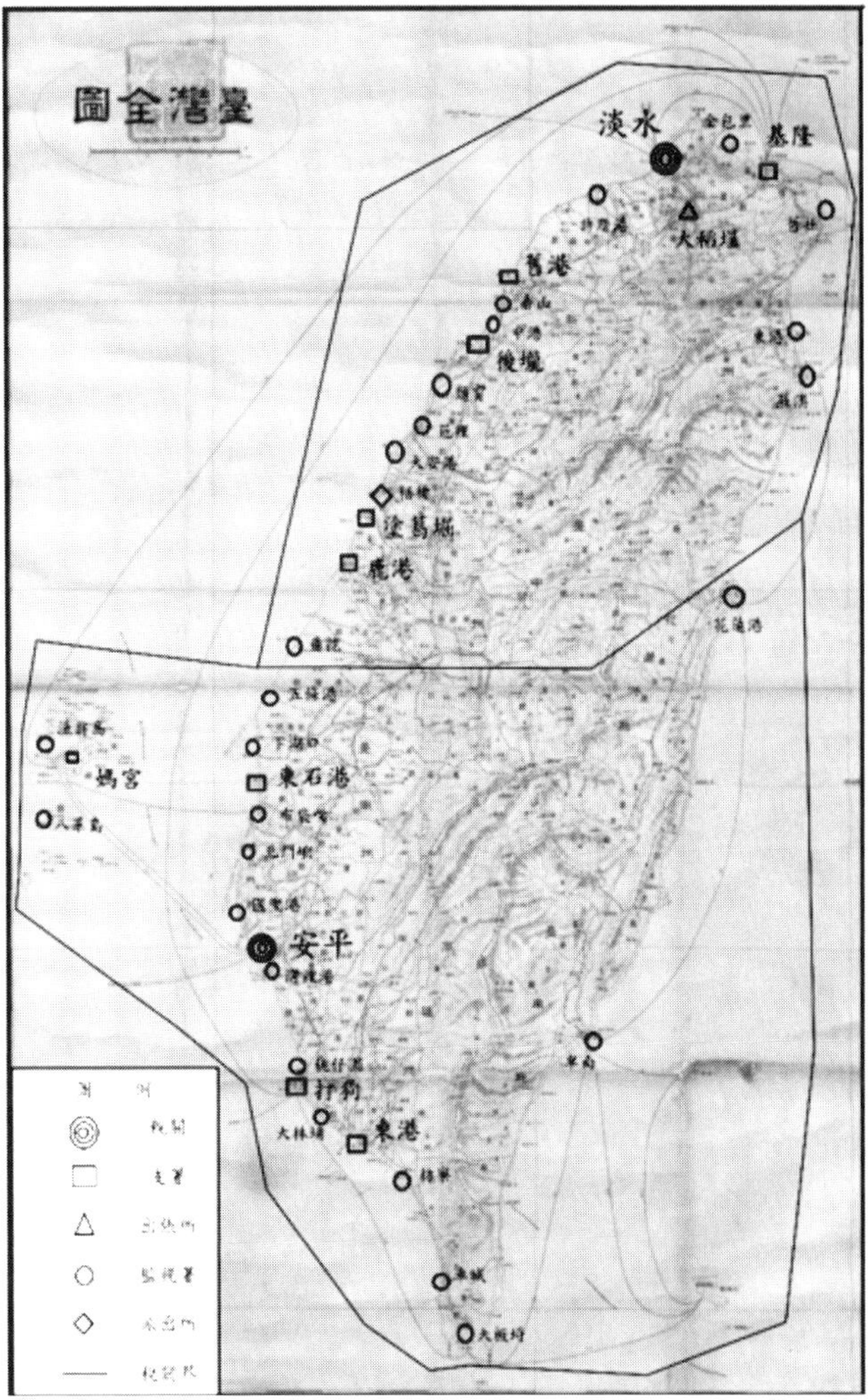

図1　1909年の台湾の税関。(「臺灣全圖　大正十一年一月編製（臺灣總督府落款)」に、税関と港務局の資料に基づいて符号を記入。涂欣凱作成)

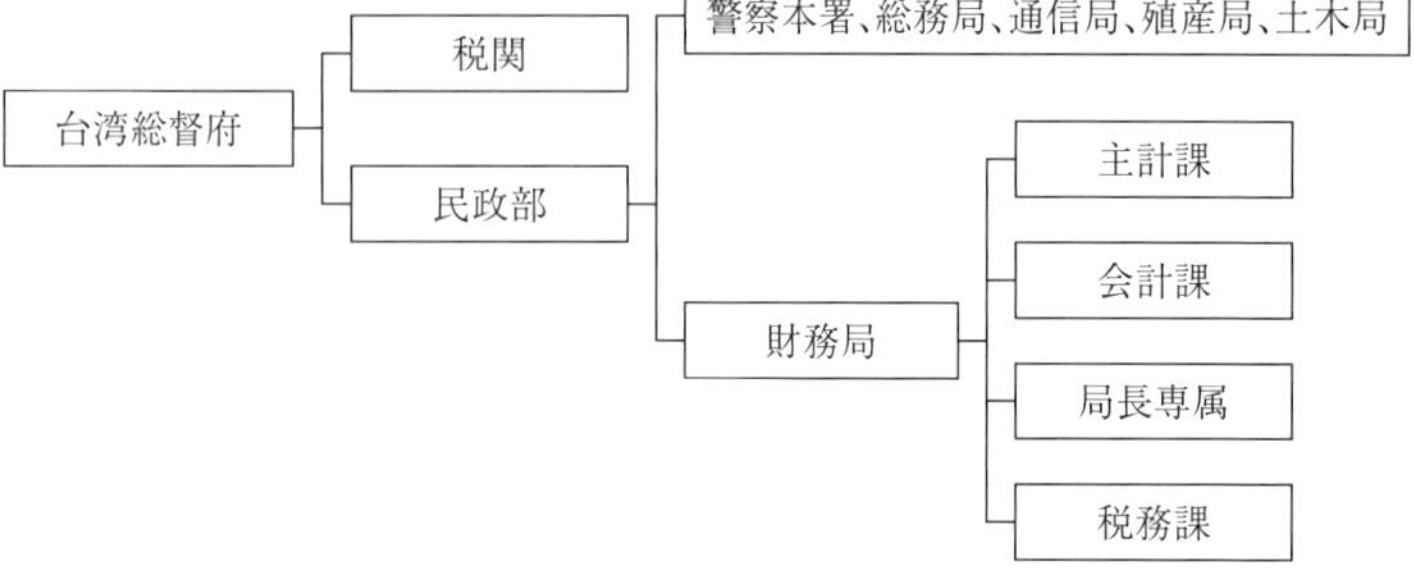

図2　明治37年（1904）台湾総督府官制（出典：台湾総督府［1904a］）

一八六四年、打狗海関を設け、一八六五年には安平海関が相次いで成立された。しかしながら、安平を正口としたため、海関の正式名称は台湾関とされた[14]［葉振輝　一九八五：一五三］。つまり、清朝末期開港後建設された四つの条約港と二つの海関制度は、日本が台湾を領有するまで継続し、そこで変化が生じた。

一八九五年四月、台湾は正式に日本へ割譲された。五月、京都大本営で総督府の税関職員が任命され、[15]初代総督の樺山資紀《すけのり》（一八三七―一九二二）の一行と共に来台し、六月五日、基隆に上陸、六月一〇日、清帝国の税務司モース（H.B.Morse　一八五五―一九三四）から基隆と淡水の海関を接収した。南部は劉永福（一八三七―一九一七）が指揮する台湾民主国の統制下に置かれていたため、[16]一〇月二八日と二九日になって、安平税関と打狗税関が相次いで開かれ、輸出入税の徴収や噸税《とんぜい》、船舶管理、検査などの業務が行われた［台湾総督府税関　一九二二：一、大園　一九二〇：二二八―二二九］。すなわち、日本が台湾を領有した当初、台湾は漢人による武装抗日抗争が頻繁に行われていたため、各種施設は整備されておらず、「民心は常に動揺していた」が、先に、清帝国時代の慣習に従って当時開設されていた四つの条約港（一般的に開港場と称する）を引き継ぎ、四つの税関を設けるとともに、気象観測、灯台、港務所などの港務を管理した［大園　一九二〇：二三〇—二三一、井出　一九三一：二二］。

税関の官員はもともと陸軍省に属する雇員だったが、一八九五年七月、台湾総督府の雇員となった［大園　一九二〇：二二九］。一八九六年、植民地政府は税関官制、税関法を相次いで発布し、税関出張所の位置及び、税関管轄区域、官職定数を定め、本来、大蔵大臣の税関権限に属するものを台湾総督府で執行した。(17) 最初、台湾総督府の組織は総督のもと、民政局長官が総督行政及び司法事務を補佐し、民政局下には七つの部が設けられた。そのうち財政部が租税と予算、決算に関する業務を管理し、主税と関税の二つの課が置かれた。(18) 関税課はすなわち、税関の諸収入、輸出入状況の調査、税務官吏、船舶輸出入の監督などを行い［台湾総督府　一八九六：一四］、関税課長が実際の税関長であった。一方、清朝時代の海関の例に従って、台南にも税関が設けられ、合わせて五つの税関となり、かつ、淡水の税関長が基隆税関長を兼任し、安平税関長が台南と打狗の両税関長を兼任した。一二月、台南と安平は実際には同一の港であったため、台南関が廃止された［台湾総督府　一八九六：一一五、淡水税関　一九〇七：四九］。一八九七年、総督府は組織の調整を行い、財政部が財務局となり、関税課と租税課が税務課に改められ、税務を管理した。(19) 税務課は税関との関係が密接であった。

同時に「台湾総督府税関官制」が発布され、民政局長下に属していた税関が総督直属に改められた［台湾総督府財務局　一九三五：七二、淡水税関　一九〇七：五七］。その組織構造は、総督→税関長→鑑定官（貨物の検査、鑑定を管理する）→鑑定官補（貨物の検査、鑑定）、属、監吏（関税警察及び規定違反を処分する事務を行う）→監吏補となっていた［蔡昇璋　二〇〇八：一二五—一二六］。これは一九四三年、港務局が新設される前まで続き、税関はいずれも台湾総督の直属であった。一九〇四年の台湾総督府の官制構造を例にみると、図2のようである。

税関の職責とは、以下のようである。

関税、噸税、出港税及び税関の諸収入、保税倉庫、その他倉庫、船舶及び貨物取り締まり、関税規則及び噸税規則違反の処分、通路調査など[20]。

税関の下には税関出張所が設けられ、所長が置かれ、管轄区域内の関連事務を管理していた。また、税関監視署が設けられ、署長が置かれ、上級からの指示を受けて関税警察及び規定違反処分に関する事務を行っていた〔蔡昇璋 二〇〇八：一二六〕。すなわち、税関は関務を行うのみで、港務と関務とが一体になった清帝国期の体制を引き継ぐことはなかった。

一方、日本は清国と列強が調印した条約の問題に対応するため、国際情勢、列強各国との外交関係を見極め、三国干渉の挫折に加えて台湾で抗日運動が頻繁に行われたため、外国勢力の影響に向き合わなければならなかった。一八九六年二月、外務大臣西園寺公望は、清帝国が連盟各国との間に結んだ条約は条件付で台湾で施行すると発表した〔大園 一九二〇：二二九―二三二〕。しかしながら、一八五八年一〇月、中国とイギリスとの間で結ばれた天津条約の附約「通商章程善後条約 海関税則」には「イギリス人を税務の補助のために招聘する」ことが記載されており、一八五九年、清朝はイギリス人李泰国（Horatio Nelson Lay 一八三二―一八九八）を総税務司として正式に任命し、台湾の条約港もその管理下に入ることになった。日本が台湾を領有した当初、税関と土地、建物の帰属問題に対応しなければならず、西洋人と交渉を開始し、所有権を明確にするか、或いは日本側が適当な価格で購入することになった［蔡昇璋　二〇〇八：九一］。

一九〇一年、台湾総督・児玉源太郎と民政長官・後藤新平の統治体制のもと、台湾人の武装抗日運動は次第に制圧され、植民地政府は港を築き、鉄道、土地の調査などの基礎工程を進めた。一方、日本本土の税関は新条約が実施された後、官制を調整し、関務が改革された。台湾の税関制度は改革する必要があり、四月に税関官制の改正が公布された。翌年九月、税関の職員が内地よりも少なく、産業の発達により、税関事務が日増しに煩雑になってきたため、監視官と技手の職位を新設した。一九〇四年、それまで帝国本土の税関制度に従っていたが、台湾の分課方式に適さないため、再度調整され、台湾の特殊状況に合わせて、関務がすばやく操作できるようにした。この改革により一部六課から一部三課に改められ、組織の規模が縮小された[21]。また、税関支署を増設し、基隆、打狗の両関がそれぞれ淡水と安平税関の支署に属するようになり、淡水税関長が安平税関長を兼任し、台湾税関統合の前兆となった。一九〇九年五月、安平税関が淡水税関の支署に改められ、全島の税関は統一された［台湾総督府税関　一九二二：一―二、台湾総督府　一九四五：四三二］。

一九一六年一〇月、淡水港が泥などで塞がり、汽船の出入りが困難なため、外国貿易が大幅に減少し、大稲埕と基隆の間の陸路による貨物輸送量が淡水港のそれを上回ったため、淡水に設けられていた淡水税関が、貿易商に便利なように大稲埕に移動された[22]。基隆港の建設が終了後、港務の発展を迅速にするため、一九二一年七月、税関本関が基隆に移設され、台北に出張所が設けられ、一九二九年に支署に昇格した。一九三四年六月、高雄港の港務が煩雑になり、別に税関を設ける必要が生じ

表1　1896～1943年台湾特別輸出入港

港	1897年8月 税関出張所名称	位置	設置期間	管轄区域
蘇澳	基隆税関 蘇澳出張所	台北県蘇澳	1896年2月22日 ～1899年3月	*1
舊港	淡水税関 舊港出張所	台北県舊港	1895年12月 ～1932年12月	南崁港の南方から 中港までの沿岸
後龍	淡水税関 後龍出張所	台中県後龍	1897年2月4日 ～1943年	中港の南方から 大安港までの沿岸
梧棲 （塗葛窟）	淡水税関 梧棲出張所 *2	台中県塗葛窟	1897年2月9日 ～1932年12月	大安港の南方から 草港までの沿岸
鹿港	淡水税関 鹿港出張所	台中県鹿港	1895年10月 ～1942年11月	草港の南方から 西螺溪までの沿岸
北港溪 （下湖口）	下湖口安平税関 出張所 *3	台中県下湖口	1899年1月 ～1907年10月	西螺溪の南方から 北港溪までの沿岸
東石港 （布袋嘴）	安平税関 東石港出張所 *4	台南県東石港	1896年1月 ～1942年11月	北港溪の南方から 新塩庄までの沿岸
東港	打狗税関 東港出張所	台南県東港	1897年2月1日 ～1907年11月	下淡水溪の南方か ら枋寮までの沿岸
媽宮	安平税関 媽宮出張所	澎湖庁媽宮	1897年2月6日 ～1936年7月	澎湖列島一帯の 沿岸

*1　蘇澳税関出張所は1899年3月に廃止された。
*2　港の条件の変化により税関支署は梧棲と塗葛窟の両港に移動された。（1904　梧棲→塗葛窟、1915　塗葛窟→梧棲）。
*3　1899年1月に下湖口税関出張所が設立され、1901年、外国船舶の停泊地点に合わせて北港渓東岸に移された。
*4　1896年1月、布袋嘴出張所が廃止され、東石港に改めて設立された。
（出典：『臺灣總督府府報』第36號・明治30年3月10日・14頁、第38號・明治30年3月12日・17頁、第449號・明治32年1月25日・41頁、第654號・明治32年12月8日・9頁、台湾総督府［1896：118、1901：175、1904b］）

たため、税関官制を改正して、七月一日高雄税関を開庁した［台湾総督府　一九二九：四七二］。台湾は、ついに、南北に二つの税関、すなわち基隆と高雄の両税関が存在する時期に入った。その後、一九三九年一〇月、花蓮港は第一次港湾工事の竣工後、国際港として開港されたが、一九四三年一二月、時局の変化により閉鎖された(23)。こうして、台湾の国際港は、基隆と高雄の両港があり、南北二つの税関が並立する状態に戻った。

三　旧慣温存——小口から特別輸出港へ

一八五〇年代、開港以前、台湾の地方官員の暗黙の了解のもと、西洋船舶が相次いで台湾の各地の港に来航し、貿易を行っていた。一八六〇年の開港後、台湾各地域の小口は中国沿岸と直接貿易を行うだけでなく、中国の貿易圏を超えて遠くは日本や東南アジアとも貿易を行っていた。これら小口では人やモノ、情報の流通は、洋海関の支配を受けることがなかった〔林玉茹　二〇一二：一六七—一六八〕。このため、日本が台湾を領有した後も清朝期に締結した条約の国際港を継続する以外にも、総督府は台湾と中国との貿易慣習や地方経済発展の需要、各地の名士・商人の陳情に基づいて特別輸出入港（特別開港場）を設立し、中国とジャンク船貿易を行い、各税関により管轄することで〔台湾総督府　一九四五：四三四、蔡昇璋　二〇〇六：二〇二〕、地域の輸出入口を帝国の統制内に納めた。一八九五年一〇月、まず鹿港に初めて非条約の通商港の税関出張所が設置された。一二月、新竹の舊港にも二番目の出張所を設置した。一八九七年一月、植民地政府は正式に「特別輸出入港章程」を公布し、蘇澳など八港を特別輸出入港とした〔蔡昇璋　二〇〇八：一〇四〕。一八九九年一月、北港渓の下湖口にも港が開かれた。三月、蘇澳は僻地で貿易や港の価値が西部の港に比べて低いため、その出張所を閉じることとなった〔蔡昇璋　二〇〇八：一〇四—一〇五〕。

一九〇一年四月、税関出張所は税関支署に改められた〔台湾総督府　一九〇一：一七六—一七七〕。一九一一年六月、税関支署は税関支庁に改められ、その下に税関出張所、あるいは支署出張所が設置

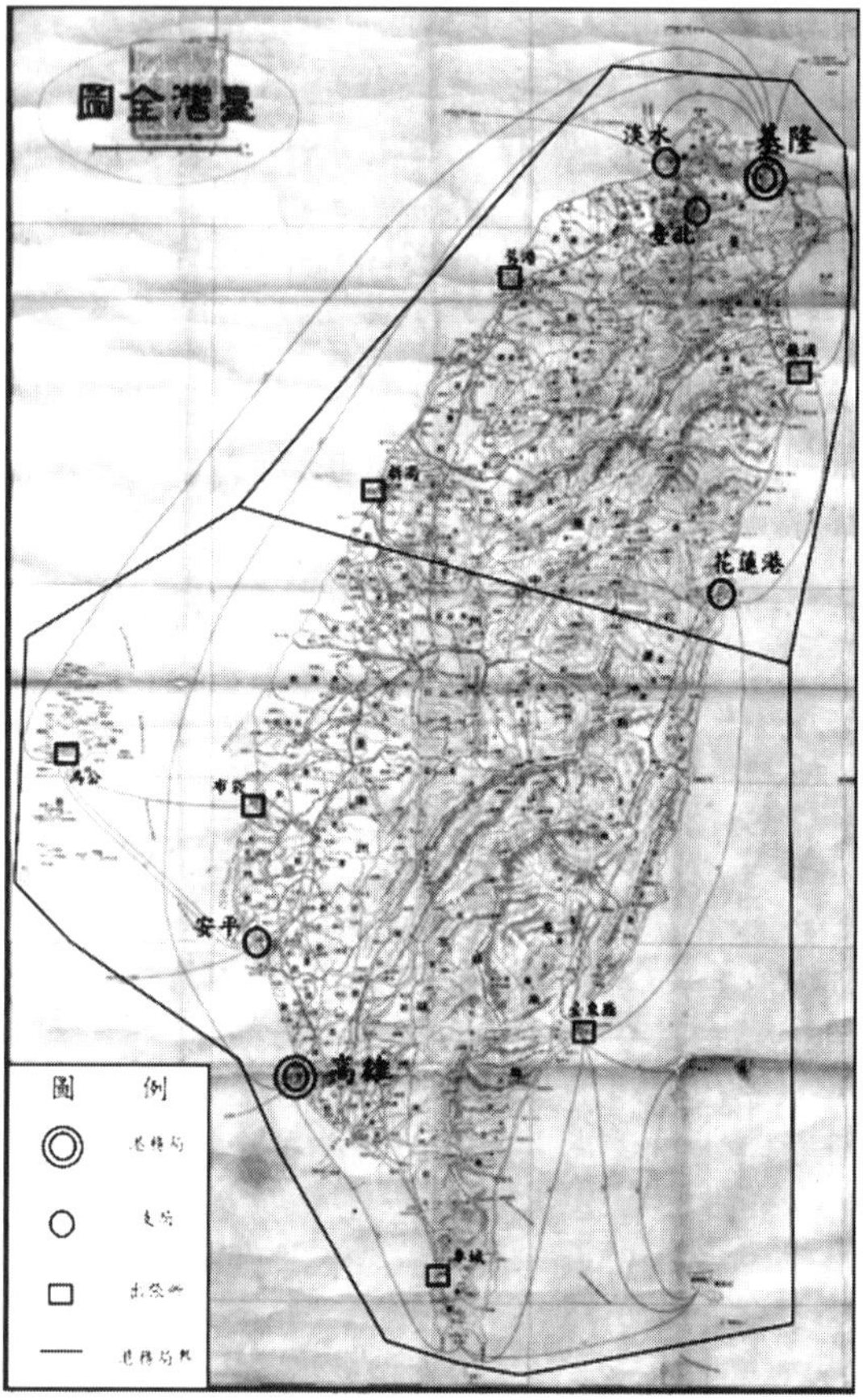

図3　1944年の台湾の税関。(「臺灣全圖　大正十一年一月編製（臺灣總督府落款)」に、税関と港務局の資料に基づいて符号を記入。涂欣凱作成)

された［大蔵省関税局　一九七二：三〇二］。しかしながら、これら特別輸出入港は、港が泥で塞がっていること、台湾と中国の間のジャンク船貿易が衰退したこと、島内の陸路交通が便利になったことから次第に閉じられ（表1）、一九四三年一二月、後龍港を最後に本制度は廃止となった［台湾総督府　一九〇七：三一九、一九一七：一七〇、一九四五：四三四］。特別輸出入港の制度は、植民地政府が清朝時代以降の地域市場に存在した輸出入口と中国との貿易慣習に対応して制定したものといえる。これら港の盛衰は台湾の地域市場がいかに貿易と交通の変化に伴って南北両関を主体とした経済圏に統合されていったかを示すものである。

一方、一八九六年二月、まず先に淡水港の輸出入貨物集散点である大稲埕に税関監視派出所が設置され、監吏と監吏補が管理した［台湾総督府 一八九六：二二二］。一八九九年一一月から、開放していない台湾沿岸の港（不開港場）、あるいは税関出張所が閉鎖された港には相次いで税関監視署が設置され、監視、巡査、密輸防止及び取り締まりを行い、一九二一年までに二七か所設立された［台湾総督府 一八九九：四六―一四七、一九〇二b：二二九］。一九二三年、総督府は行政整理と財政緊縮のため監視署を九か所に削減した［台湾総督府 一九二四：四一五］。その後、一九四三年までの間、監視署の増設と削減が繰り返し行われた(24)。それに対して八か所の特別輸出入港では中国との貿易が許可され、台湾の海岸を全面的に統制管理し、密輸を取り締まり、港を監視するため監視署が設置された。

つまり、日本が台湾を領有した後、清朝時代の古い貿易慣習と地方経済発展の需要に基づき、従来どおり停泊条件と地区の位置が比較的良い港を選んで特別輸出入港とし、各地域市場の中心、あるいは輸出入口として引き続き台湾と中国の間で人やモノの移動が行われた。しかしながら、清朝末期の全面的に開放された小口と比較すると、その数は大幅に減少した。さらに、開放されなかった港に設けられた監視署は海岸を支配下に置いた。植民地政府は、税関、出張所（支署、支庁）、監視署の三層の体制で台湾の港のレベルを区分し（図1参照）、近代主権国家の海岸の全面的な支配権を構築し、植民地島内外の人、モノの流れや情報を税関によって統制管理したのである。

四　決戦体制——港務局の設立

一八九五年以来、時代は移り変わり、台湾税関制度は調整と変革を繰り返したが、日本とほぼ同じように税関の下に支庁、支署、出張所、監視署が設けられ、それらによって各種の港が管理された［大蔵省関税局　一九七二：三二一］。一九四〇年代に至り、第二次世界大戦という新しい局面をむかえ、台湾の税関制度は植民地の母国と異なった別のシステムが作られた。

まず、一九四二年、アメリカが軍需原料の輸送補給と連合国に対する武器、食料、その他必要な物資の供給の需要に基づいて海運局を新設し[25]、「戦時海運局」設立の先がけとなった。一方、日本は太平洋戦争勃発後、アメリカをはじめとする同盟国の封鎖に遭い、外国貿易が大幅に衰退し、税関本体の事務業務が減少したため、制度を調整する必要があった。アメリカの影響を受けたのか、一九四三年一一月、日本帝国は運輸通信省を新設し、海運局が海務局の代わりとなり税関すべての業務が統合され、税関が廃止されて港湾行政が統一された［大蔵省関税局　一九七二：八〇四—八〇五、台湾総督府一九四五：四三三］。言い換えれば、太平洋戦争開始以後、税関の本来の事務業務は大幅に縮小し、港湾管理が、一躍、戦時体制の改革の重点となった。

植民地台湾は時局に合わせて税関が廃止されたが、本国のように海運局は設立されなかった。一九四三年一二月、決戦の局面に応じて総督府は行政機構の改革を行った。海陸運送の一元化を強化し、交通局の下に海務部を新設し[26]、基隆と高雄の両港に港務局を設け、元来の税関部及び、港務部、海事出張所、築港事務所、埠頭事務所が統合された。港務局は庶務課の外、運管部、税関部、築港部など三部九課に分けられ、重要な港には港務局支局、及び出張所、支局出張所が設けられた[27]（図3）。一二月三日と一二月八日、高雄港務局と基隆港務局が相次いで正式に開庁した[28]。一九四五年二月、税関業務がほとんど停止し、税関部は総務部に改められ、関税行政を行うことになった［高雄港務局一九四九：六―七］。つまり、日本統治時代、港務と税関は、ほぼ分業の形式を採用していたが、決戦体制の下、税関業務が縮小し、港管理の重要性が高まったため、両国際港には港務局が設けられ、税関に代わって港務及び、海運、関務を統合した最高機関となった。しかしながら、港務局は交通局の海務部と業務が重複していた。

日本帝国による港務局の設置は、早くは一八九八年七月から行われた。海外貿易の繁栄と、港の船舶、貨物の出入りが頻繁になったため、規則違反取締りと秩序維持のため、明治政府が「開港港則」を発布し、長崎や、神戸、横浜の三港に設けられた。その後、引き続きその他の港と満州にも設立された[29]。明治三〇年代台湾総督府は何度か港務局を設置しようとしたが、最後の段階までできなかった[30]。決戦の時局になって初めて港務局が新設され、総督の直属となったが、両国際港の地位が大幅に高まり、且つ、港務局の新制度がもとの税関制度に代わって港務、築港、船舶行政、税関業務を統合するようになった。この新しい制度は一九四五年八月に終戦を迎えるとともに終了となり、実施されたのは二年に満たなかった。しかし、戦後、台湾省行政長官公署交通處と財政部海関は港の管理権をめぐって争い[31]、港務局本来のいくつもの機能が分割され[32]、本来中国にあった海関制度が復活した[33]。また、国際港に設けられた港務局は今日まで継続し、戦時植民地体制と戦前の中華民国体制とが互いに重なり合った二重構造を形成している。

五　結論

一八五〇年代、地方の官員の暗黙の了解のもと、台湾の海港は次第に全面的な開放へと向かっていた。一八六〇年、台湾開港の後、南北両地に四つの条約港が設けられ、港務と関務を一つにした洋関制度を導入して管理した。一方、各地域の輸出入口は地方官員によって管理され、直接、外国と往来し、貿易を行う小口となり、貿易圏は遠く東南アジアや日本まで達したが、洋関制度の管理下ではなかった。清朝末期の台湾では人や貨物の移動を管理するシステムとして洋関と小口の二つの系統があった。一八九五年に日本が台湾を領有した後、これらは大きく変化することになる。

日本の近代税関制度構築の源は、一八五〇年代の開国後に遡る。しかし、西洋人が管理する関務と港務を一体にした西洋式の税関制度を採用した清帝国とは異なり、日本の近代税関制度は、港務と関務を分離した日本式のシステムを創り、運上所から税関という変遷を経て、一八九〇年代末の税関体制をもって完成、定型化された。一八九五年、台湾が日本に割譲された後、税関制度は植民地に移植された。しかし、台湾の税関は、大蔵省に属するのではなく、台湾総督府によって直接的に管理され、長期間にわたって総督の下で独立していたため、日本本国とは異なる特殊な統治体制となっていた。しかしながら、対外貿易と時代背景の変化にしたがって南北四つの税関はのちに二つの税関によって管理されるようになり、税関組織と官制はさらに絶えず変化していた。

次に、植民地政府は国際港に税関を設立するだけでなく、清朝末期に各地域で小口が存在した事実と、地方経済発展の需要に対応するため、八つの港を特別輸出入港として選択し、中国とのジャンク船貿易を継続したが、これを税関の管轄とした。これらの港は地域市場の輸出入口となったが、港が泥でふさがれ、かつ中国貿易の衰退、陸路交通の便利さなどから相次いで閉鎖された。特別輸出入港の繁栄と衰退は、台湾各地域市場の中心、あるいは輸出入口の存在を反映するだけでなく、地域性を備えた市場が次第に南北両港を中心とする市場圏に統合されていくことを表している。また、開放しない港には監視署を設けて密輸を取り締まり、海港を監視した。すなわち、植民地政府は、税関、出張所（支署、支庁）、監視署の三層の体制で台湾の港の等級を区分し、近代主権国家の海岸における全面的な支配権を構築し、植民地内外の人とモノの流れと情報を税関によって統一して管理統制していた。

さらに、日本が台湾を領有して以来、時の流れとともに、台湾の税関制度は調整と変革を続けたが、ほとんどは日本本国を同じであった。一九四〇年代に至り、第二次世界大戦という新局面を迎えたため、日本本国と異なり港務局を新設して税関を廃止し、港務、海運、関務を一つにした新しい制度が創られ、終戦を迎えた。決戦期の港務局体制は、実施されて二年に満たなかったが、戦後台湾の行政長官公署と海関権力の争いによって継続することとなり、戦時植民地体制と戦前の中華民国体制とが互いに重なり合う二重構造を形成した。

〔謝辞〕
本稿は中華民国科技部専題研究計画（計画番号：Most 104-2410-H-001-036）の成果の一つであり、海外調査では海外調査ではJSPS科研費JP25244044の助成を得た。ここに謝意を表したい。さらに、谷ヶ城秀吉教授には、二〇一六年一二月三日に開催されたシンポジウムにおいてコメントとご意見を賜ったことに感謝申し上げる。

注

(1) 清朝末期の台湾各地域での小口の開放過程に関しては、林玉茹［二〇一二：一三五―一六八］を参照のこと。日本統治時代初期まで海賊や船の強奪などの事件は頻繁だった［許雪姫　二〇〇〇：二七―八二、林玉茹　二〇〇九：一一五―一六五］。

(2) 中国の新しい海関の成立は上海を模範とした。台湾両関には税務司（commissioner）、幫辦（assistant）、医員（surgeon）、総巡（tidesurweyor and harbor master）、二等験貨（examiner）、三等験貨（assistant examiner）、鈴子手、同文供事（clerk）、文案（writer）、書辦（shupan）等が置かれた。清朝末期の台湾の海関制度の確立に関しては、葉振輝［一九八五：一五四―一六六］を参照した。

(3) 民国以降、海関は財政部関務署の所属となり、海関総税務司が置かれ、その下に徴税部や海務部、工務部が設置された。関税の課税徴収を行うだけでなく、密輸を調査取り締まる権限もあり、同時に港の建設、保全、船舶の出入港の管理を行っていた［李文環　二〇〇六：一〇五―一〇六］。

(4) 中国の海関研究に関してはBrunero［2006］のintroductionを参考にした。

(5) 日本中央集権式の財政権の確立についてはHe［2013: 78-132］を参考にした。

(6) 概略的な税関制度を説明したものには、竹越與三郎『台湾統治志』、台湾総督府『台湾統治概要』や蔡昇璋「日治時期台湾「特別輸出入港」之研究」がある。

(7) これらの条約港は、横浜（神奈川から移行）、長崎、箱館、兵庫（後に神戸と改称）、大阪、新潟である［大蔵省関税局　一九七二：一―九、一三四―一三五、一四〇―一四二］。

(8) 一八六九年、大蔵省成立。山本［一九九二：六六―六七］参照。

(9) 運上所には、検査、税額、収税、翻訳、庶務の五課が設けられた［大蔵省百年史編集室　一九六九：

一四五、大蔵省関税局　一九七二：三]。

(10) 運上所の官職は数回変化している。詳しくは大蔵省関税局[一九七二：一四二]を参照。

(11) その下には租税助、権助、七等出仕などの官員がいた[大蔵省百年史編集室　一九六九：一四五]。

(12) 職制には税関長、税関副長、属、監吏、鑑定吏など五級があった[大蔵省百年史編集室　一九六九：一四九]。

(13) この九職級には税関長、事務官、監視官、鑑定官、事務官補、監視、鑑定官補、監吏、技手などを含む[大蔵省百年史編集室　一九六九：一四三―一四八、三〇二―三〇三]。

(14) しかし、台湾省が成立したのち、安平港は台南港とその名を変え、海関も台南新関と名称を変更した[Morse　一九五七：一二八]。

(15) 当時、税関鑑定官の野村才二が指揮監督職を担当していた。その後、基隆と淡水両海関の西洋人の官員が職を離れた後、野村が関税課長の身分で淡水と基隆の税関関長の任務を執行した[淡水税関　一九〇七：三七―三八]。

(16) 劉永福の執政時期には、依然として、外国人マッカラム（McCallum）が台湾府の海関の業務を担うために任用されていた[The Hongkong Telegraph, July 11, 1895, second edition.]。

(17) 一八九九年「税関監吏賞罰規則」により大蔵大臣に属する税関職員の賞罰権限が台湾総督府により執行するように改められた[台湾総督府　一八九六：一一九、一九〇〇：二四]。

(18) 民生局の下には内務、外務、殖産、財務、学務、逓信、司法など七部が設けられた[大園　一九二〇：五八―五九]。

(19) 一九〇一年、税務課は内外輸出入の統計を担当していた。一九〇二年、税務課課長が淡水税関長を兼任することになった[台湾総督府　一九〇二a：九]。

(20) 「臺灣總督府府報」第五八八号、明治三一年八月二三日、四五頁。

(21) もとの税関は監視部及び、官房課、監査課、検査課、鑑定課、徴収課、庶務課の一部六課に分かれていた。一九〇三年、監視部及び、庶務課、検査課、経理課など一部三課に改められ効率を高めるようにした[台湾総

督府　一九〇二：二二七―二二八、一九〇四：三三七、淡水税関　一九〇七：四九―五〇］。

(22) 大稲埕と台北に出張所が設けられ、淡水には分室が設けられた。安平支署は台南に出張所を設け、一九一九年、台南市二重橋に派出所が設けられた。高雄支署は高雄港岸壁に派出所を設けた［台湾総督府　一九一六：一三四、台湾総督府　一九一九：三七四、台湾総督府税関　一九二一：二］。

(23) 一九三九年九月、基隆税関花蓮港支署が設けられた［台湾総督府　一九三九：五〇九、一九四五：四三二］。

(24) 一八九九年一一月、外国船舶の出入りが頻繁に行われる大安港と蕃挖に監視署が設置された［台湾総督府税関　一九二一：二］。監視署の変動は蔡昇璋［二〇〇八：一二八―一三二］を参考にした。

(25) 「米戦時海運局新設」『臺灣日日新報』昭和一七年二月一一日、第一版。

(26) 海務部下には総務係、海運課、船舶課、港湾課が設けられた。「総督府新局課決る」『臺灣日日新報』昭和一八年一二月一日、第一版。

(27) 運営部の下には海務部、業務課、船舶課、検疫課が、税関部の下には関税課、監視課、鑑査課が、築港部には経理課と工事課が設けられた。基隆港務局の下の港務支局には、台北支局、淡水支局、花蓮支局が設けられ、出張所には蘇澳出張所、舊港出張所、新高出張所があった。高雄港務局下の港務支局には、安平支局があり、出張所には車城出張所、台東出張所、馬公出張所があり、支局出張所には安平支局布袋出張所があった。「総督府新局課決る」『臺灣日日新報』昭和一八年一二月一日、第一版。

(28) 一九四五年、基隆港務局の管轄区域は台北、新竹、台中、花蓮の三州一庁とされた。高雄港務局の管轄区域は高雄、台南、台東、澎湖の二州二庁とされた。基隆港務局の下には台北、淡水、花蓮の三支局が設けられ、支局の下には蘇澳、舊港、梧棲の三つの出張所があった。高雄港務局の下には安平の一支局と、台東、車城、北門（もとの布袋）、馬公など四つの出張所が設けられた。「高雄港務局開廳」『臺灣日日新報』、昭和一八年一二月三日、第四版、「基隆港務局開廳式」『臺灣日日新報』昭和一八年一二月八日、夕刊第二版、台湾総督府　一九四五：四三三。

(29) 港務局に置かれた局長は一人であった。下に港務官、港務官制、医官、書記、技手、港吏、港吏補等官がいた。「港務局官制」『台湾日日新報』、明治三二年七月二六日、第一版。

（30）明治期は「港務所」が港の行政と築港工程を管理していた。「台湾総督府港務所分課規定ヲ定ムル件」、「台湾総督府公文類纂」第一七八二冊、文号三四、第一六巻、一九一一年五月二五日。
（31）戦後における海関と台湾行政長官公署の接収から港の管理、埠頭工程、灯台などの業務の衝突については、李文環［二〇〇六：九九―一四八］を参考にした。
（32）港務局は行政長官公署交通処に接収され、港務局の下の税関課は財政部海関により接収され、船舶課は航務管理局により接収され、検疫課は衛生処に移された［高雄港務局　一九四九：八］。
（33）一八五四年以降、西洋人に管理、制御された洋関制度は、一九二〇年代、国民政府の圧力を次第に受けるようになり、一九四五年財政部に属することになり、清朝末期の港務、港運、税務をすべて担う中国海関の衰退の象徴となった。詳しくは White［2010: 517-546］参照。

引用文献

Brunero, Donna
　2006　*Britain's Imperial Cornerstone in China: The Chinese Maritime Customs Service, 1854-1949*. Routledge Studies in the Modern History of Asia. No. 36, London & New York: Routledge.

蔡昇璋
　二〇〇六「日治初期港口「郊商」與「特別輸出入港」之設置」『臺灣文獻』五七（四）：一七五―二一〇。
　二〇〇八「日治時期台湾「特別輸出入港」之研究」桃園：國立中央大學歴史研究所碩士論文。

陳詩啟
　一九八七『中国近代海関史問題初探』北京：中国展望出版社。

濱下武志
　一九八九『中国近代経済史研究――清末海関財政と開港場市場圏』東京：汲古書院。

He, Wenkai
　2013　*Paths toward the Modern Fiscal State: England, Japan, and China*. Cambridge: Harvard University Press .

井出季和太

一九三一　「領臺以來の貿易に關する法制」『臺灣時報』一三五：二〇―二五、一三六：四〇―四八。
林玉茹
一九九六　『清代臺灣港口的空間結構』台北：知書房出版社。
二〇〇九　「清末北臺灣漁村社會的搶船習慣――以『淡新檔案』為中心的討論」『新史學』二〇（二）：一一五―一六五。
二〇一二　「由私口到小口――晩清臺灣地域性港口對外貿易的開放」林玉茹主編『比較視野下的臺灣商業傳統』一三五―一六八頁、臺北：中央研究院臺灣史研究所。
Morse, H. B.
一九五七　「一八八二―一八九一年臺灣臺南海關報告書」謙祥譯『臺灣經濟史六集』臺灣研究叢刊第五四種、一七二―一九六頁、臺北：臺灣銀行經濟研究室。
大藏省百年史編集室
一九六九　『大蔵省百年史』東京：大蔵財務協会。
大蔵省関税局
一九七二　『税関百年史』東京：日本関税協会。
大園市藏
一九二〇　『臺灣事蹟綜覽』第貳卷、台北：台湾事蹟研究会。
台湾総督府
一八九六　『臺灣總督府事務成績概要』第二編、台北：成文出版社。
一八九九　『臺灣總督府事務成績提要』第五編、台北：成文出版社。
一九〇〇　『臺灣總督府事務成績概要』第六編、台北：成文出版社。
一九〇一　『臺灣總督府事務成績提要』第七編、台北：成文出版社。
一九〇二ａ　『明治三十五年臺灣總督府職員録』台北：臺灣日日新報社。
一九〇二ｂ　『臺灣總督府事務成績提要』第八編、台北：成文出版社。
一九〇四ａ　『明治三十七年臺灣總督府職員録』台北：臺灣日日新報社。
一九〇四ｂ　『臺灣總督府事務成績提要』第一〇編、台北：成文出版社。

一九〇七『臺灣總督府事務成績提要』第一三編、台北：成文出版社。
一九一六『臺灣總督府事務成績提要』第二二編、台北：成文出版社。
一九一七『臺灣總督府事務成績提要』第二三編、台北：成文出版社。
一九一九『臺灣總督府事務成績提要』第二五編、台北：成文出版社。
一九二四『臺灣總督府事務成績提要』第三〇編、台北：成文出版社。
一九二九『臺灣總督府事務成績提要』第三五編、台北：成文出版社。
一九三九『臺灣總督府事務成績提要』第四五編、台北：成文出版社。
一九四五『臺灣統治概要』東京：原書房。

台湾総督府財務局
一九三五『臺灣の關稅』台北：台湾総督府財務局。

台湾総督府税関
一九二一『南日本ノ鎖鑰』台北：台湾総督府税関。

高橋誠
一九六四『明治財政史研究』東京：青木書店。

高雄港務局
一九四九『高雄港』高雄：高雄港務局。

竹越與三郎
一九〇五『台湾統治志』東京：博文館。

淡水税関
一九〇七『臺灣稅關十年史』台北：淡水税関。

李文環
二〇〇六「戰後初期（一九四五—一九四七）臺灣省行政長官公署與駐臺海關之間的矛盾與衝突」『臺灣史研究』一三（二）：九九—一四八。

White, Benjamin Geoffrey
2010 A Question of Principle with Political Implications: Investigation Collaboration in the Chinese Maritime

Customs Service, 1945-1946, *Modern Asian Studies* 44(3): 517-546.

許雪姫
二〇〇〇「日治時期臺灣面臨的海盜問題」『臺灣文獻史料整理研究學術研討會論文集』二七―八二頁、南投：臺灣省文獻會。

山本有造
一九九二『日本植民地経済史研究』愛知：名古屋大学出版会。

矢内原忠雄
一九八八『帝国主義下の台湾』東京：岩波書店。

葉振輝
一九八五『清季臺灣開埠之研究』臺北：標準書局。

中国第二歴史檔案館・海峡両岸出版交流中心主編
二〇〇七『海関総税務司署臺湾各関追加予算及相関文件』（館藏民国臺湾檔案滙編）北京：九州出版社。

〈資料〉

「臺灣全圖　大正十一年編製　臺灣總督府（落款）」国立台湾図書館日治時期期刊影像系統地図資料庫所蔵

「臺灣總督府公文類纂」第一七八二冊　一九一一年　国史館台湾文献数位典藏系統・台湾総督府檔案

〈新聞・定期刊行物〉

『臺灣日日新報』
昭和一七（一九四二）年二月一一日第一版
昭和一八（一九四三）年一二月一日第一版
昭和一八（一九四三）年一二月三日第四版
昭和一八（一九四三）年一二月夕刊第二版

『臺灣總督府府報』
第二二六号　明治三〇（一八九七）年三月一〇日

第三八号　明治三〇（一八九七）年三月一二日
第四四九号　明治三二（一八九九）年一月二五日
第五八八号　明治三二（一八九九）年八月二三日
第六五四号　明治三二（一八九九）年一二月八日
The Hongkong Telegraph
一八九五年七月一一日第二版

●コラム

「ヘッチする」とは?――移動する漁民の世界と言葉

西村一之

カジキ突棒漁の準備。(台湾台東県、2014年8月 筆者撮影)

筆者は、一九九〇年代より台湾東海岸の港町で現地調査を継続的に行っている。調査を始めた頃、六五歳前後だった老船長の多くは、日本語の会話能力が非常に高かった。彼らは、日本植民統治期に初等教育を受けた世代であった。また、町には漢民族と先住民族アミがほぼ半数ずつ暮らし、日本語は、しばらくの間異なる民族集団を結ぶ言語であった。老船長に漁の様子を聞いている時、「ヘッチする」「ヘッチした」という耳慣れない言葉を聞くことがしばしばあった。ヘッチとは、日本語でカジキを突き獲るのに失敗したという意味だといい、閩南語にも借用語として入っていた。また、ある一人の老船長が、若いころに覚えたという日本語の突き船の歌を教えてくれたが、その歌詞にも「♪投げた銛竿　ヘッチを加えた」とある。ヘッチというこの言葉が気になり、あれこれと手がかりを探したが、その来歴はまったく分からなかった。その後、与那国島の漁村、久部良に行く機会を得た。台湾東海岸に向き合って浮かぶこの島の漁民は、戦前そして戦後直後、台湾の漁業地に渡って働く者が多くいた。久部良の老人に突き船の歌を歌う台湾の老漁民の映像を見せたところ、知っているといい、歌い聞かせてくれた。ほぼ同じ歌詞でやはりヘッチという言葉が入っている。ヘッチとはカジキを突きしくじったという意味で、突棒漁をしていた人なら知っている言葉だと教えてくれた。

台湾東部では、一九二〇年代以降、漁港の建設と移民村の設置を柱とした日本人漁業移民事業が実施される。これに先立って、人の移動と物流の拠点であった基隆や高雄には、既に日本人漁民を中心とした漁業地が形成されていた。彼らは絶えず新たな漁場を求め移動範囲を広げていた。この動きに合わせるように、東海岸で築港と移民村の形成が進められた。太平洋戦争が終わる一九四五年までの間、東海岸にはこうした漁業地が三か所設けられた。筆者が調査する港町も、その一つである。日本人漁業移民は、募集事業に応じてきた人々に加え、新天地を求めて自ら台湾に渡ってきた自由移民もいた。そこには沖縄特に台湾に近い与那国島との間を往来する出稼ぎ者や他の先島諸島からやってくる自由移民がいた。また、日本から直接来る者ばかりでなく、台湾の沿海部に居を構えていたものが、漁港築港と移民村の設置を受けて移動したケースもある。さらには、朝鮮半島から訪れる漁業者の姿も認められる。

人の移動とは、彼らが持つ生活上の知識の移動を伴う。台湾東海岸にやってきた日本人漁民は、福岡、大分、長崎、愛媛、高知、千葉、神奈川など、黒潮が流れる海域を漁場とする人々であった。各々の出身地で行っていた漁法を携え、互いにそれを取り入れることもあった。さらに筆者の調査地では、移民村周辺の漢民族と先住民族アミが、日本人漁民の船に乗り、中にはその家に住み込むなどして、漁撈技術と結びつく様々な知識を習得している。その代表的なものがカジキ突棒漁で、特徴的な漁船の姿形と漁具（銛）と使用方法、それを高度に扱う船長に対する高い評価、役割の明確な乗組員構成と利益配分法、船員としての評価基準、あるいは豊漁を祈願する方法などが各港に広がっていった。

太平洋戦争終結後、日本人漁民の多くは、一九五〇年前後に日本へ引き揚げている。だが、沖縄出身の漁民の中には引揚げ後も台湾との間の海域の漁撈を盛んに続け、その傍ら両方の地を船で訪れて私貿易（密貿易）に従事する者もあった。この私貿易は、台湾側の住民によっても盛んに行われた。植民統治が終了した後も、国境を挟んで日本人漁民と台湾漁民とが結びついた暮らしが、しばらく継続する。冒頭のヘッチという言葉も、恐らくこうした経緯の中でカジキ突棒漁を主に行っていた漁民の間に広まっていったのだろう

一九八〇年代の半ばまでカジキ漁を中心とした沿海漁業は、台湾東海岸を代表する産業であった。だが、その後、従事者の減少と高齢化の中で経済的な重要性は低下する。従事者の減少を受け、一九九〇年代からは海を越えて来る出稼ぎ者が台湾漁業を支えている。大陸中国そして東南アジア各地から来る彼らは、当初特殊な技術を求められるカジキ突棒漁での乗り組みができないとされてきた。だが、長く台湾漁民と船に乗る中、この漁に参加する者が現れる。また、延縄漁

や網漁の漁撈の現場では、「オモテ」「ヨーソロ」「バック」などの日本語由来の単語が閩南語化し、これらを用いて行われる漁撈技術が、新たに移動してきた漁民にも広まっている。

帝国日本の中で移動した日本人漁民と共に広まった知識が、戦後旧植民地の人々の手に渡り、かれらはそれを自らのものとして生活の糧を得てきた。そして今、その知識はまったく異なる人の移動を誘っているのである。

植民地台湾における綿布消費の嗜好と商社の活動

谷ヶ城秀吉

はじめに

『婦人之友』三一巻六号（一九三七年）に掲載された「全国十九都市女性服装調査報告」によれば、日本帝国内の一九都市における女性の平均洋装率が二六％であったのに対して台北のそれは四六・六％であったという[1]。この調査で台北は、帝国内で最も洋装率が高い都市としてランクされている。また、一九四二年の『民俗台湾』に掲載された別の調査によれば、台北市に住む台湾人男性の六六・〇％と同女性の五八・〇％が洋装であったという[2]〔洪 二〇一〇：二七八〕。これら調査のデータは、統計上の厳密性が担保されておらず、利用には十分に注意を払う必要がある。しかし、少なくとも一九三〇年代中盤以降の台湾の都市部に住む台湾人にとって洋装は、特に珍しいものではなかったとイメージすることは許されよう。

この時期の洋服需要に応えるために台湾では、洋装店が次々と開業した。洋装店に生地を販売する台

（単位：千円）

広巾物				小巾物			
1932	1933	1934	1935*	1932	1933	1934	1935*
1,735	2,101	2,428	1,518	—	—	—	—
1,343	1,768	1,856	1,196	166	241	277	163
720	870	1,100	600	32	25	28	20
469	742	667	428	22	18	13	—
381	546	572	421	—	—	—	—
281	405	455	190	—	—	—	—
150	200	200	100	—	—	—	—
71	114	196	148	—	—	—	—
—	83	103	107	—	5	5	6
100	200	200	75	—	—	—	—
19	36	108	243	—	—	—	—
88	65	72	36	—	—	—	—
54	45	58	20	4	36	50	25
…	9	29	17	—	—	—	—
—	3	4	1	11	16	13	7

湾人経営の生地商の活動も活況を呈したという〔鄭　二〇一六：六二〕。表1にあるように生地の多くは日進商会や菊元商行、星加商行など台湾の日本人商人が日本から移入したものであった。表1で興味深いのは、輸移入品としての「絹綿布の金額が断然頭角を抜いて年額一千二百万余円」であるにもかかわらず、「儲る物なら食料品缶詰から林檎までに手を出す流石の三井〔物産―引用者〕すら殆ど此の商品には手をつけてゐない」ことである〔吉田　一九三三：六二〕。もちろん、三井物産ははじめから綿布を取り扱わなかったわけではない。本稿で言及するように、むしろ当初は綿布を重要な戦略商品として位置づけていた。では、一九三〇年代の三井物産台北・台南両支店〔以下、三井物産台湾店〕は、なぜ「殆ど此の商品には手をつけてゐない」のだろうか。

　想定される回答の一つとして東洋棉花の

表1　台北・彰化両市における主な綿布移入商および移入額

移入商名	所在地	資本金	代表者／店主
日進商会	台北市	500	小林惣次郎
菊元商行卸部	台北市	…	重田栄治
星加商行	台北市	…	星加彦太郎
勝正洋行	台北市	…	宮崎儀三郎
盛進商行	台北市	1,000	中辻喜次郎
富永商店台北支店	台北市	300	青山浅次郎
松本商行	台北市	100	松本銀三
竹越商店	台北市	—	竹越進一
和発商店	台北市	—	…
森川洋行	彰化市	—	…
松嘉商行	彰化市	—	松崎嘉市
徳興商行	彰化市	—	籲如松
茂栄商行	彰化市	—	…
南源商行	彰化市	—	…
泰源商行	彰化市	—	王金榜

備考　1）—はゼロ，…は不明を示す。2）*1935年度は6月までのデータ。
（出所：台湾銀行調査課「最近本島ニ於ケル広布綿布ノ仲継輸出貿易ト生産状況」より作成

設立がある。一九二〇年四月に三井物産は、棉花部を分離して子会社化した。それに伴って綿花・綿糸・綿布などの旧棉花部が扱う商品の取引は、子会社の東洋棉花が担うことになった［日本経営史研究所編　一九七八：三六三］。その後、同社の営業拠点網は国内外に拡大したが、少なくとも一九二六年四月の時点で同社は、台湾に営業拠点を有していない［東棉四十年史編纂委員会　一九六〇：八七―八八］。東洋棉花の設立以後も三井物産台湾店が同社から綿糸・綿布を仕入れて販売していたためである[3]。かかる事実に鑑みれば、東洋棉花の設立という事態は、台湾における三井物産の綿布取引に必ずしも影響を与えたとは言い難い。

第一節以降で明らかにしていくように、三井物産台湾店は東洋棉花の設立以前から綿布取引の問題を抱えていたと本稿では考えている。この点を検証するために本稿では、はじめに三井物産が綿布の取引を縮小するに至った経緯を『三井物産支店長会議議事録』や『旧幕臣箕輪家資料』（沼津市明治史料館所蔵）に残された記録から考察する[4]。次いで、かかる作業から得た知見を本書全体の視座に即して論じる。

日本企業にとって台湾の植民地化は、新たな市場の創出を意味した。新市場での取引で日本企業は、本国とは異なる現地の流通機構や消費嗜好に直面した。それゆえ、取引の現場では台湾人と日本人のエスニックな差異に起因する摩擦や、販売戦略と消費嗜好の不一致が顕在化したであろう。植民地における取引の現場は、それ自体が異文化と遭遇する場でもあった。その場で日本企業は、いかなる「自己像」と「他者像」を形作ったのだろうか。そして、それらの「像」と彼らの具体的な取引のあり方をどのように結びつければよいのだろうか。以上の立論から本稿では、本書全体の課題である帝国日本「像」の解釈を本稿の観察から得られた企業行動の側面に限定して試みる[5]。

一　益田孝の台湾認識

日本の植民地となった一八九五年から第一次世界大戦の戦端が開かれる一九一四年までの約二〇年間に台湾の貿易相手は大きく変化した。一八九六年には、輸出の七六・一％と輸入の四七・四％を占めていた中国の割合は、一九一三年にはそれぞれ五・五％と一一・九％に激減した。これとは対照的に朝鮮を含む日本の割合は急増し、一九一三年には輸出七八・八％、輸入七〇・四％に達する。この約二〇年は、「台湾を中国本土経済から切り離し、その商権を日本人によって掌握する政策」が展開された期間であった

［堀　二〇〇九：七八―七九、一〇〇］。本節では、その主たる担い手と目されてきた三井物産の台湾認識を同社の専務理事であった益田孝の観察から確認する。

　日清戦後の三井物産は、いわゆる「御用商売」や国内取引を重視する従来の全社戦略を「貿易第一主義・輸出重点主義」に転換して「貿易商社」への脱皮を試みている最中であった［日本経営史研究所編　一九七八：一八一―一八三］。一八九八年一〇月から一二月にかけて行われた益田の中国視察（台北・厦門・汕頭・香港・広東・上海）は、その準備の一環であった［益田孝「台湾出張復命書（其二）」］。益田の視察を既存の研究は、中国市場における事業の拡大を梃子として前述の戦略転換を実現するために三井物産が従業員の現地語能力を高めつつ、取引に介在していた買辦を廃止――「支那化」――した契機と理解している(7)［山村　一九九〇］。本稿では、従来の研究が注視した買辦に関わる問題ではなく、これまでほとんど触れられてこなかった台北での観察を分析して議論の糸口を掴みたい。

　約二週間の台北視察を終えて益田は、三井物産が台湾市場で取引を開始ないし拡大することが望ましい商品や事業を「官庁関係ノ事項」と「土人トノ商売其他」の二つに分けて列挙している［以下、益田孝「台香上出張復命書（其二）」一二］。前者は、アヘン、粗製樟脳・樟脳油、製塩といった台湾総督府の専売事業である。後者は綿布、燐寸（マッチ）、茶（烏龍茶・包種茶）、樟脳、硫黄の取引と金鉱山事業および炭礦事業である。要点は次の三つである。

　第一に、益田は赤糖をはじめとする砂糖類の取引を重視していない。台湾総督府による糖業政策の未確立がその一因であると考えられているが［黄　二〇一三：三〇〇］、益田は台南が「砂糖ノ集散地」であることを十分に把握している点に留意したい。それにもかかわらず、益田は砂糖取引の可能性にさえ言及していない⑺。このことから益田は、砂糖を取引のイベントリーから意識的に除外していることがわかる。

第二に、益田は日本製品の取引拡大を強く志向している⑻。たとえば、一八九八年一月頃から取引を開始した綿布は、⑼「〔茶木綿を〕下野棉《ママ》布会社ニ注文シテ織立テシヲ土人ニ販売シテ若干宛ノ収益ヲ見ルコトヲ得」ているが、それ以外の手織木綿も「精細ニ引合ヲ為ストキハ……随分商売トナルヘキモノ」があるはずだという。加えて、「輸入税ノ増加」と「日本本土ト台湾トノ運送事業カ一層利便トナルニ至レハ」、「本邦綿布ノ販路ヲ拡張スルニ至ルヤ必セリ」というのが益田の見解であった〔益田孝「台香上出張復命書（其一）」一二―一三〕。また、燐寸は、これまで同社が取り扱ってきた五福燐寸は品質不良のために「不幸其信用ヲ失墜セリト雖モ」、三井監造金箏印が「尚ホ一ノ信用アル商標」として残されている。そのため、「最初ノ一年若クハ二年間ハ多少ノ損失ヲ覚悟」すれば「其商標ヲ売リ出スコト能ハサルナリ」と見通している〔益田孝「台香上出張復命書（其二）」一二―一四〕。

第三は、第二の点に関連する益田の台湾認識である。益田は、三井物産が台湾で日本製品を取引する際のネックを従業員の言語能力にあると見ている⑽。

凡ソ言語ノ異ナル国ニ於テ商取引ヲ為スニハ其土地ノ言語ニ通シ土地人民ト親密ノ交際ヲ為シ以テ彼等ノ嗜好ヲモ知リ又其商情ニモ通セサルヘカラス、然ルニ台北支店員ノ有様ヲ見ルニ更ニ土語ニ通スル者ナク僅ニ少シノピジヨンイングリッシュヲ解スルニ止ル買辧ヲ通シテ取引ヲ為スニ過ギズ斯クテハ商売ノ拡張得テ期スヘカラサル所ナリヲ以テ台北支店員一同ニ対シ当分ノ内阿片以外ノ普通商売ハ之ヲ経営スルコトヲ止メテ熱心土語ノ研修ヲ努メ向フ二ヶ年間ヲ期シテ土語ニ熟達スヘ

ク若シ此件ヲ実行シ能ハサル者ハ辞表ヲ提出スヘシト迄極言シ置ケリ〔益田孝「台香上出張復命書（其二）」三六〕

解釈のポイントは二つある。一つは、「台北支店員」（＝自己、我々、日本人）と「彼等」（＝他者、中国文化に包摂される台湾人）の差異を明確に意識していることである。益田にとって「土語」は、自己とは異なる他者の「嗜好」や「商情」を知るための手段であった。いま一つは、「土語」の習熟を最優先の事項と捉えていることである。これら二つから勘案すれば、益田は自社を異言語ないし異文化間の媒介者として位置づけ、かかる媒介を実現しうる人的資源の存在に他社と差別化しうる要素を見出しているといえる。そして、この引用から明らかなように、益田にとって台湾は、中国に類する異域であった。中国と台湾に共用の規則（「支那語並台湾語学研修規則」一八九八年一二月一〇日）を発して従業員の現地語能力の向上を図ったことや、営業に際して「支那服」の着用を義務づけたことなどは〔黄　二〇一三：二九三―二九四〕、その傍証となるだろう。

一方で益田が台湾人ないし台湾市場を単純な異域として捉えていたわけではないことにも注意を払う必要がある。益田の報告書を再引用する。

台湾人ハ普通支那人ノ特質ニ加フルニ精悍ヲ以テシ且従来蕃地ニ出入シ蕃人ニ対抗シテ農商業ニ従事シタル人民ナレハ其精神大ニ豁達ナル所アリ従テ之ヲ導クニ我文明的ノ教育ヲ以テスルトキハ其進化モ必スヤ極メテ駿速ナルヘク……斯ノ如クシテ彼等ノ生業ヲ保護シ其安寧ヲ保維スルニ於テ

ハ自然優等ナル同文ノ日本人種ニ感化セラレ彼等ノ子孫カ学校教育ヲ受ケテ社会ニ出ツルニ至レハ又特種ノ人民ヲ形成スルナラント思考ス〔益田孝「台香上出張復命書（其一）」四〇—四一〕

益田の視座を典型的な植民地主義言説として一蹴するのは簡単である。そうではなく、益田が「台湾人」の「精神大ニ豁達」という性質に着眼してその起源を「普通支那人ノ特質」と「精悍」な「蛮人ニ対抗シテ農商業ニ従事シタ」経験に基づくと理解し、かつ「日本人種」への「感化」によって「特種ノ人民ヲ形成スル」と述べていることに注目するならば、益田による台湾人理解の特色は、交雑的な他者表象にある。換言すれば、三井物産が台湾で直接に対峙するのは、そうした交雑性を帯び、「土語」＝「台湾語」——「支那語」ではない——を話す人々とそれらによって構成されている社会＝市場ということになる。このように整理すれば、益田の構想は「自己」と「他者」の間を「土語」と「日本製品」の媒介によって越境する経済的な営為と理解することができるだろう。

ただし、台湾社会の「進化」を促す決定因を交雑性の一要素にすぎない「我文明」の「教育」や「保護」に求めている点に留意するならば、益田にとっての「他者」は、「自己」によって制御可能な存在でもあったことがわかる。もちろん、制御の可否は検証されていないので、益田の言説は経験や論理を超越したステレオタイプ〔バーバ　二〇〇五：一一七〕のそれということになる。問題は、かかるステレオタイプが組織内で世代を超えて先験的に継承され、かつステレオタイプと現実の乖離が顕著となった場合である。その場合、現実の取引にはいかなる問題が生じることになるのか。次節では、台湾市場における三井物産の具体的な取引を本章の冒頭に掲げた綿布の事例から繙いていきたい。

二　台湾市場における三井物産の取引

はじめに台湾市場における三井物産の具体的な活動を確認する。表2に一八九七年度から一九一九年度までの三井物産台湾店の取扱高を上海・香港両店および全店のそれとともに掲げた。一八九六年に開設された台北店の同年度における取扱高は九四・六万円であった。台北店は、取扱高ベースで上海店の一七・七%、香港店の二二・六%にすぎない小さな営業拠点であった。

その後の台北店の業績拡大はめざましい。一八九七〜一九〇四年度に台北店は、年率一九・一%で取扱高を伸ばした。一九〇四年度の取扱高は三二二・三万円に達した。同期間の香港店は一三・一%、全店は一〇・七%であったから、台北店は上海店とともにこの期間の三井物産社内で最も急速に取扱高を拡大させた営業拠点の一つであった。

しかし、次の期間の業績は相対的に停滞する。一九一一六年における同店の取扱高は一八〇九・五万円である。一九〇八〜一六年度の年率は八・六%である。辛亥革命の影響で景況が悪化した上海店を上回るものの[11]、香港店や全店のそれは下回った。この背景を知るために、一九一〇年度と一九一九年度の二時点における三井物産台湾店の取扱高を商品別に掲げて検証する（表3）。

一九一〇年度の三井物産台湾店で最も重要な取扱品は、アヘン（取扱高五九六・〇万円、構成比四八・二%、以下同）と機械[12]（二一二・三万円、九・一%）であった。台湾総督府の専売品であるアヘンが取扱高の過半近くを占める三井物産の活動は、依然として「御用商売」の域内にあった。他方で益田が取引の拡大を目

表2　三井物産在台湾店および上海・香港両店の取扱高　（単位：千円）

年度	在台湾店			上海	香港	全店
	台北	台南＊	計			
1897	946	—	946	5,353	4,373	89,331
1898	1,089	—	1,089	6,754	8,531	110,042
1899	1,724	—	1,724	8,804	7,440	125,852
1900	3,174	—	3,174	10,687	9,000	142,491
1901	1,350	—	1,350	7,234	6,904	120,995
1902	1,347	—	1,347	11,360	6,601	145,011
1903	2,611	—	2,611	18,271	8,442	165,830
1904	3,223	—	3,223	17,270	10,328	182,358
1905	…	…	…	…	…	…
1906	…	…	…	…	…	…
1907	…	…	…	…	…	…
1908	5,173	4,168	9,342	35,929	8,623	337,410
1909	2,891	1,388	4,278	18,115	5,165	223,743
1910	9,081	3,087	12,168	22,136	7,677	278,038
1911	5,353	4,135	9,488	21,413	9,393	317,102
1912	4,898	3,778	8,676	4,742	943	359,336
1913	12,040	2,443	14,483	7,650	4,663	402,041
1914	10,433	6,066	16,499	10,297	7,265	452,387
1915	7,171	7,040	14,211	27,760	14,363	438,169
1916	10,463	7,632	18,095	66,047	29,766	721,784
1917	…	…	…	…	…	1,095,038
1918	18,920	17,896	36,816	109,644	89,979	1,602,721
1919	22,779	24,829	47,608	128,422	165,703	2,792,533
年率（%）						
1897-1904	19.1	—	19.1	18.2	13.1	10.7
1908-1916	9.2	7.9	8.6	7.9	16.8	10.0

備考　1）—はゼロ、…は不明を示す。2）千円未満を四捨五入して表記したため、各項目の合計値と「計」の数値が一致しないことがある。3）*1913年度の台南店は上季のみ。（出所：三井物産『事業報告書』各季より作成）

表3　三井物産在台湾店の商品別取扱高　（単位：千円、%）

年度	1910年度						1919年度						寄与率
商品名	台北		台南		計		台北		台南		計		
アヘン*	5,290	(57.0)	671	(21.7)	5,960	(48.2)	4,230	(18.6)	60	(0.2)	4,290	(9.0)	-4.7
樟脳	–		–		–		1,795	(7.9)	–		1,795	(3.8)	5.1
石炭	11	(0.1)	194	(6.3)	205	(1.7)	5,465	(24.0)	890	(3.6)	6,354	(13.3)	17.5
金物	17	(0.2)	–		17	(0.1)	550	(2.4)	203	(0.8)	753	(1.6)	2.1
機械	1,096	(11.8)	28	(0.9)	1,123	(9.1)	1,083	(4.8)	572	(2.3)	1,655	(3.5)	1.5
鉄道用品	274	(2.9)	–		274	(2.2)	–		–		–		-0.8
砂糖	291	(3.1)	108	(3.5)	399	(3.2)	133	(0.6)	2,948	(11.9)	3,081	(6.5)	7.6
米	258	(2.8)	394	(12.8)	652	(5.3)	4,335	(19.0)	13,562	(54.6)	17,898	(37.6)	48.9
麦粉	102	(1.1)	115	(3.7)	216	(1.7)	256	(1.1)	863	(3.5)	1,120	(2.4)	2.6
茶	–		–		–		1,491	(6.5)	–		1,491	(3.1)	4.2
大豆	–		0	(0.0)	0	(0.0)	139	(0.6)	8	(0.0)	148	(0.3)	0.4
大豆粕	317	(3.4)	91	(2.9)	408	(3.3)	649	(2.8)	1,902	(7.7)	2,551	(5.4)	6.1
肥料類	15	(0.2)	31	(1.0)	47	(0.4)	–		–		–		-0.1
油類	0	(0.0)	5	(0.2)	5	(0.0)	108	(0.5)	15	(0.1)	122	(0.3)	0.3
硫安	–		–		–		–		199	(0.8)	199	(0.4)	0.6
セメント	113	(1.2)	120	(3.9)	233	(1.9)	64	(0.3)	86	(0.3)	150	(0.3)	-0.2
綿布	291	(3.1)	290	(9.4)	581	(4.7)	309	(1.4)	437	(1.8)	746	(1.6)	0.5
燐寸	129	(1.4)	91	(3.0)	220	(1.8)	406	(1.8)	451	(1.8)	858	(1.8)	1.8
麻	8	(0.1)	–		8	(0.1)	169	(0.7)	585	(2.4)	754	(1.6)	2.1
麻苧	–		–		–		51	(0.2)	100	(0.4)	151	(0.3)	0.4
木材	39	(0.4)	65	(2.1)	104	(0.8)	–		118	(0.5)	118	(0.2)	0.0
その他	1,029	(11.1)	885	(28.7)	1,915	(15.5)	1,546	(6.8)	1,829	(7.4)	3,375	(7.1)	4.1
合計	9,281	(100.0)	3,087	(100.0)	12,368	(100.0)	22,779	(100.0)	24,829	(100.0)	47,608	(100.0)	100.0

備考　1）–はゼロ、0は千円未満を示す。2）括弧内の数値は、合計に占める割合（%）を示す。3)千円未満を四捨五入して表記したため、各項目の合計値と「計」・「合計値」の数値が一致しないことがある。4）台北支店の1910年度の取扱高は、表2と一致しない。原資料の誤植と思われるが、ここではそのまま記載した。5）*1919年度の原資料にある「薬品」はアヘンとみなして掲げた。（出所：三井物産『事業報告書』各期より作成）

指した綿布の取扱高は五八・一万円（四・七％）、燐寸は二二一・〇万円（一・八％）であった。特に綿布は、アヘンや機械、米に次ぐ第四位の取扱高であった。三井物産台湾店にとって綿布は、重要な戦略商品であった。

一九一九年度は、米（一七八九・八万円、三七・六％）と石炭（六三五・四万円、一三・三％）の拡大が著しい。三井物産台湾店の取扱高全体に対する寄与率は、それぞれ四八・九％と一七・五％であった。一九一〇年代の同店は、台北店の石炭と台南店の米を主軸として「御用商売」から脱却する途上にあった[13]。これに対して一九一〇年度の首位・アヘンは、四二九・〇万円（九・〇％）に縮小した。同じく台湾総督府の専売品である樟脳も一七九・五万円（三・八％）にとどまった。特に前者の寄与率は負で、業績失速の主因であった。また、綿布の取扱高は七四・六万円（一・六％）で、微増にとどまった。一九一〇年度の上位五商品（アヘン、機械、米、綿布、大豆粕）のなかで綿布は、アヘンに次いで低い寄与率（〇・五％）であった。綿布取引の停滞もまた、失速の一因であった。

当該期間における台湾の綿布輸移入額が仮に小さければ、三井物産に生じた綿布取引の問題は、市場規模の狭小性によるものだと考えることができる。しかし、綿織物は台湾の輸移入品で最も多額であったから［谷ヶ城 二〇二二：四二］、その仮説は除外される。また、綿布輸出の全体に占める三井物産のシェアが小さければ、台湾店のシェアの低さは、同社の競争力それ自体に由来することになる。ところが三井物産は、三栄綿布輸出組合（朝鮮）と日本綿布輸出組合（満洲）の委託販売を引き受けて「大正期初頭にはイギリス製品を駆逐して全朝鮮市場を支配し」、「『満州』市場においても、しだいにアメリカ綿布を駆逐して地盤を拡げ」るなど、高い競争力を有していたと考えられている［日本経営史研究所編

表4　三井物産在台南店の商品別取扱高シェア　（単位・千円、%）

商品名		三井物産在台南店（A）				台湾の輸移出額・輸移入額（B）				A/B
		1913	1914	1915	3ヶ年平均	1913	1914	1915	3ヶ年平均	
輸移出	米	5,046	1,551	2,125	2,907	15,687	6,903	8,058	10,216	28.5
	赤糖	41	88	157	96	618	1,195	1,927	1,247	7.7
	計	5,087	1,639	2,277	3,001	16,305	8,098	9,985	11,462	26.2
輸移入	石炭	191	356	255	267	482	422	430	445	60.1
	石油	11	28	6	15	921	756	470	716	2.1
	移入鉄材	12	82	6	33	1,593	1,544	1,642	1,593	2.1
	輸入鉄道材料および諸器械類	94	69	54	72	463	335	158	319	22.7
	砂糖	188	84	37	103	1,399	642	731	924	11.2
	米	157	－	－	52	3,140	1,189	994	1,774	3.0
	小麦	88	175	54	105	163	193	61	139	75.9
	麦粉	460	208	256	308	1,680	1,350	1,065	1,365	22.6
	大豆および豆類	9	133	330	158	736	651	703	697	22.6
	豆油	59	14	6	26	446	398	241	362	7.3
	大豆粕	826	1,193	1,704	1,241	1,339	1,574	1,615	1,509	82.2
	肥料	1,193	787	1,078	1,019	1,703	1,830	3,801	2,445	41.7
	セメント	103	61	59	74	1,578	1,152	719	1,150	6.5
	綿布	567	982	583	711	4,274	5,021	4,496	4,597	15.5
	燐寸	269	208	256	244	532	519	657	570	42.9
	アンペラ	149	166	145	153	338	472	608	473	32.4
	麻袋	124	159	161	148	543	333	312	396	37.3
	黄麻	30	60	158	83	96	126	294	172	48.0
	乾魚および鹹魚	16	4	1	7	2,793	2,861	2,896	2,850	0.2
	鯣・乾蝦類	－	－	－	－	1,229	1,205	1,268	1,234	－
	木材・枕木	436	518	23	326	3,487	2,437	1,978	2,634	12.4
	計	5,140	5,354	5,260	5,251	29,384	25,456	25,641	26,827	19.6

備考　1）－はゼロを示す。2）千円未満を四捨五入して表記したため、各項目の合計値と「計」・「合計値」の数値が一致しないことがある。3）各商品の合計と原資料の「計」は一致しない。おそらく原資料の「計」には、資料には掲載されていないその他の商品を含んでいるものと思われるが、詳細は不明である。本表では、原資料の数値をそのまま掲載した。（出所：作成者不明「台南支店業務概況」より作成）

一九七八：三六二］。したがって、台湾店による綿布取引の停滞は、同店に固有の要因に求めるべきであろう。この点を探るために、「台南支店業務概況」に掲載されたデータをサンプルとして三井物産の台湾における取引の動向を商品ごとに確認する。

表4によれば、貿易額一〇〇万円以上の商品のうち、三井物産台南店は大豆粕（取扱高一二四・一万円、シェア八二・二％、以下同）と肥料（一〇一・九万円、四一・七％）で大きなシェアを占めた。また、米（二九〇・七万円、二八・五％）と麦粉（三〇・八万円、二三・六％）も相応の位置にある。益田が有望商品に挙げた燐寸は、シェアは高いものの（四二・九％）、輸移入額は五七・〇万円で、市場の規模そのものが小さい。本稿が注目する綿布の台湾全体の輸移入額は四五九・七万円で、市場規模はかなり大きいものの、三井物産台南店のシェアは一五・五％にとどまっていた。これらの分析は、台南店のデータに基づいているので、三井物産の台湾における活動の全体を示したものではないが、台湾市場の綿布取引で展開された競争で三井物産が必ずしも優位を占めていたわけではなかったことは看取できるであろう。[14]なぜ三井物産は競争力を発揮しえなかったのだろうか。この問いの解を得るために次節では、『三井物産支店長会議議事録』などに残された断片的な記録を繋いで三井物産が直面した問題を摘出したい。

三　台湾市場の嗜好と三井物産の商品戦略

1　台湾人の「布」消費と三井物産

参謀本部編纂課が一八九五年に刊行した『台湾誌』によれば、日本製綿布が台湾にはじめて輸入され

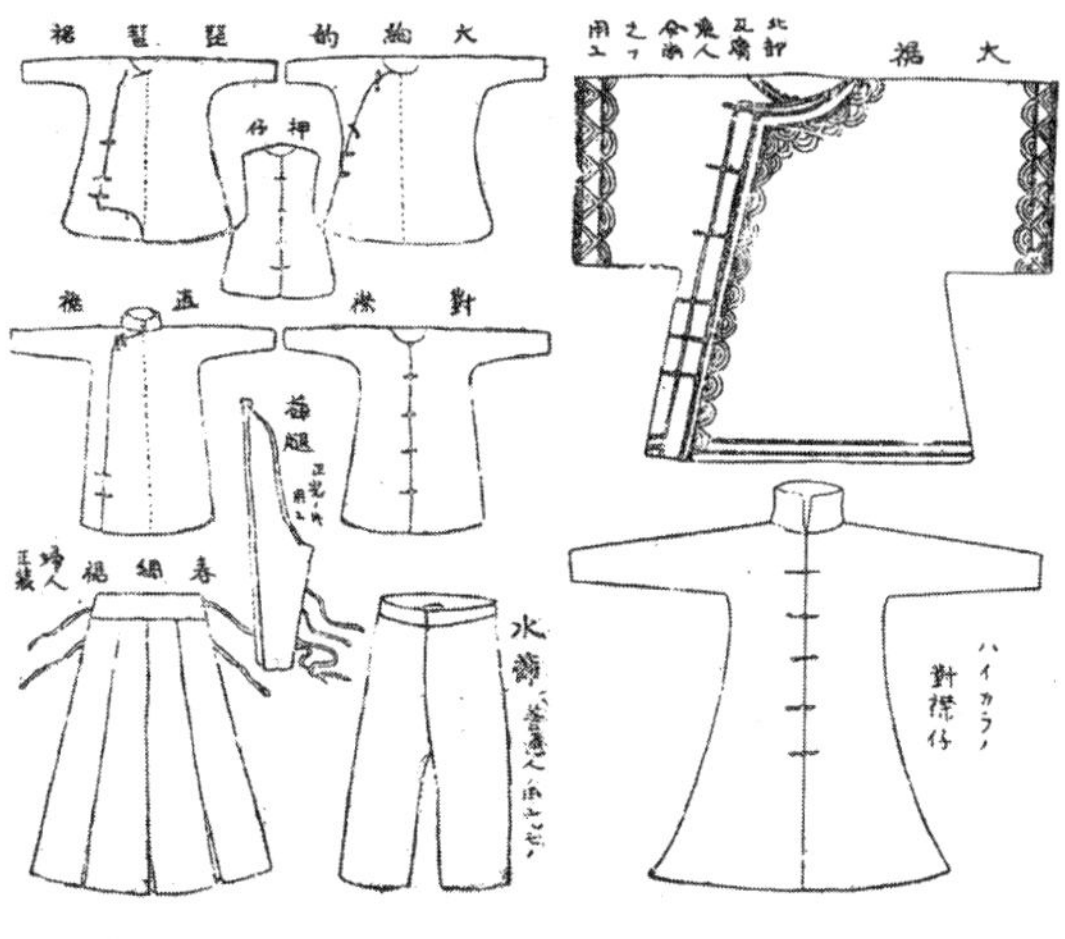

図1　台湾人の衣服（出所：片岡［1921: 97-98］）

たのは、一八八五～八六年の頃であったという〔以下、参謀本部編纂課編　一八九五：一二〇―一二三〕。「西洋ノ天竺布ト比較シ其代価ノ安キト且着用シテ軽快ナルトヲ以テ」評価を高めた日本製綿布は、「全島民三百余万ノ内中等以下ノ人民」に需用された。わけても「台南各地ノ農民或ハ下等人民ハ冬季多ク紋羽ヲ衣服ノ中ニ用ユル」ので、参謀本部は「日本ノ白色綿「フランネル」ノ如キモノヲ輸入セハ可ナラン」と観察している。

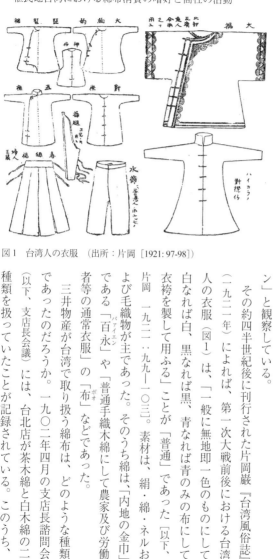

その約四半世紀後に刊行された片岡巌『台湾風俗誌』〔一九二一年〕によれば、第一次大戦前後における台湾人の衣服〔図1〕は、「一般に無地即一色のものにして白なれば白、黒なれば黒、青なれば青のみの布にして衣袴を製して用ふる」ことが「普通」であった〔以下、片岡　一九二一：九九―一〇三〕。素材は、絹・綿・ネルおよび毛織物が主であった。そのうち綿は、「内地の金巾である「百永《パアイエン》」や「普通手織木綿にして農家及び労働者等の通常衣服」の「布《ポオ》」などであった。

三井物産が台湾で取り扱う綿布は、どのような種類であったのだろうか。一九〇二年四月の支店長諮問会〔以下、支店長会議〕には、台北店が茶木綿と白木綿の二種類を扱っていたことが記録されている。このうち、茶木綿は「我社ノ商標モ売リ広マリ品質モ土人ノ嗜好ニ適シ売行宜シク商売太甚容易」であった〔三井文庫監修 二〇〇四a：七九〕。ただし、その後の支店長会議で茶木綿は登場しない。おそらく、取引が縮小したためであると思われる[15]。一方で「津嶋三重桑名紡績等の綿糸を使用」し、「尾州祖父江一の宮地方を重なるところとし讃岐阿波河内大和地方においても製造を為す[16]」白木綿に関して三井物産台南店の台北出張員が作成したと思われる「台北出張員取扱商品概説」〔一九一六年〕は、次のように記録している。

明治四拾二、参〔一九〇九〜一九一〇〕年頃迄ハ専ラ手織一尺又ハ三尺ノ白木綿ヲ地藍ニ染上ゲ常服トシテ使用シタルヲ以テ此種ノモノ最モ売行宜ク夏季ニ於テハ棒縞冬季ニ於テハ綿フランネルノ類モ亦移入サレタレド極微々タルモノニシテ殆ンド白木綿ノ独占姿ナリ〔作成者不明「台北出張員取扱商品概観」〕

以上に掲げた複数の記録に基づけば、三井物産が台湾で取り扱う綿布は、『台湾誌』がいう「日本ノ白色綿」であり、『台湾風俗誌』が言う「布」であったものと思われる。そして、『台湾風俗誌』と「台北出張員取扱商品概説」の記録を突合すれば、同社の主力は手織の白木綿であったと判断できる。しかも、その需要量は他の素材よりも大であった[17]。

ただし、白木綿の取引について台北支店長の藤原銀次郎は、一九〇二年の支店長会議で三つの問題を述べている。すなわち、①現地流通機構を介した取引慣習は掛売が一般的であるため、未回収金が生じるリスクがある、②手織であるため、需給が逼迫すると品質の低下が目立つ[18]、③「内地人ノ競争ハ少ナ」

いものの、「土人カ神戸ノ支那人ト連合シテ此商売ヲ経営セルモノアリ其方ノ競争ハ戒心ヲ要ス」という問題である[19]〔三井文庫監修 二〇〇四a：八四〕。要するに三井物産にとって綿布取引は、たとえ「大阪台北共通計算デ材料ノ安イノヲ仕入レ売ツタ」としても、「骨ガ折レテ儲ケハ挙」がらない商品であった〔三井文庫監修 二〇〇四b：五二〕。この対策として藤原は、相対的に付加価値が高い「小巾ノ機械織」を「名古屋ヨリ取寄セタ」が、「余リ糸ノ良過ギル為メ売レザリシ、台湾ニハ余リ綺麗ナルモノハ向カス極メテ外見ノ悪シキ強サウニ見ヱル物ニアラザレバ見込ナシ」と報告している〔三井文庫監修 二〇〇四b：一二六〕。

藤原の蹉跌は、三井物産が直面していたもう一つの問題を浮き彫りにする。一九〇一～一九〇二年頃の三井物産は、輸出品の主力を手織綿布から機械製綿布に代える方針であった。実際に一九〇六年頃には、かかる方針が朝鮮市場で一定の成果を収めつつあった〔日本経営史研究所編 一九七八：二四四―二四六〕。機械製綿布への転換を主導する大阪支店長の藤野亀之助[20]は、この方針を貫徹するために一九〇五年九月の支店長会議で「各店取扱小巾綿布ノ内手織木綿ハ全然取扱ヲ止メラレンコトヲ希望」するとも述べている〔三井文庫監修 二〇〇四c：三四二〕。興味深いのは、藤野の発言に対する名古屋支店の反応である。同支店長の岡野悌二は、「台湾ニハ小巾（機械製綿布か?）、手織双方輸入シ居ルカ、是レハ反対商ニ対抗上手織物ヲ取扱ハサル次第ナルヲ以テ、此方面ニハ幾分ニテモ其取扱ヲ継続セサルヘカラス」と述べている。また、「機械織ノ当嵌ラサル直段ニテ注文来ルコトアリ、其場合ニ手織ナレハ安直ナルヲ以テ之ヲ向ケ得ルコトアリ」とも述べている〔三井文庫監修 二〇〇四c：三四二〕。要するに、岡野は藤野が推し進める機械製綿布への画一的な転換に反対であった。台湾市場では、頑丈で低価格の手織綿布が嗜好されたためである。

『台湾風俗誌』を引用して示したように、手織白木綿＝「布」に対する台湾人の消費嗜好は、第一次大戦期の前後まで根強く残った。この点について三井物産も次のように報告している。

明治四拾五（一九一二）年清国政変ト共ニ本島人ニモ亦断髪流行シ其結果服装上ノ革新ヲ来タシ日本人向縞物ヲ使用スルモノ尠カラズ或ハ白木綿ト地ヲ換ヘントスル形勢ナリシガ持久力少ナク品質面白カラザル為メ充分ノ発展ヲ見ズ却テ旧態ニ復帰スベキ形向アルノミナラズ断髪スルモ依然従来ノ服装ヲナスモノ多キニ依リ相変ラズ白木綿ノ需要続キ縞物等ハ唯時ノ流行ニ過ギズシテ今ハ殆ンド閉塞スルニ至レリ［作成者不明「台北出張員取扱商品概観」］

辛亥革命は、台湾人の髪型や衣服を変化させた。この変化は、衣服素材である白木綿の消費にも若干の影響を与えた。しかし、衣服に関する台湾人の嗜好はすぐに頑丈な白木綿に回帰した。何よりも白木綿は、生金巾や晒金巾に比して圧倒的に安価であった（図2）。台湾市場では、三井物産にとって取引が難しく、全社の事業戦略にも一致しない白木綿の高い需要が持続していた。

この問題を克服するために台北出張員は、「方法サヘ宜敷ヲ得バ当社ガ取扱ヒ能ハザル理由ナシト信ジ」、かつ「本島人ノ生活程度ハ漸次上騰シ昔小巾木綿ニテ満足セシ者」が「上等品ヲ嗜好スルニ至」ることを想定して大巾粗布や、「艶出機械にかけ美麗なる光沢を附して然る後婦人の衣服地として販売」[21]される晒金巾＝「百永」の取り扱いを開始している［作成者不明「台北出張員取扱商品概観」］。表5か

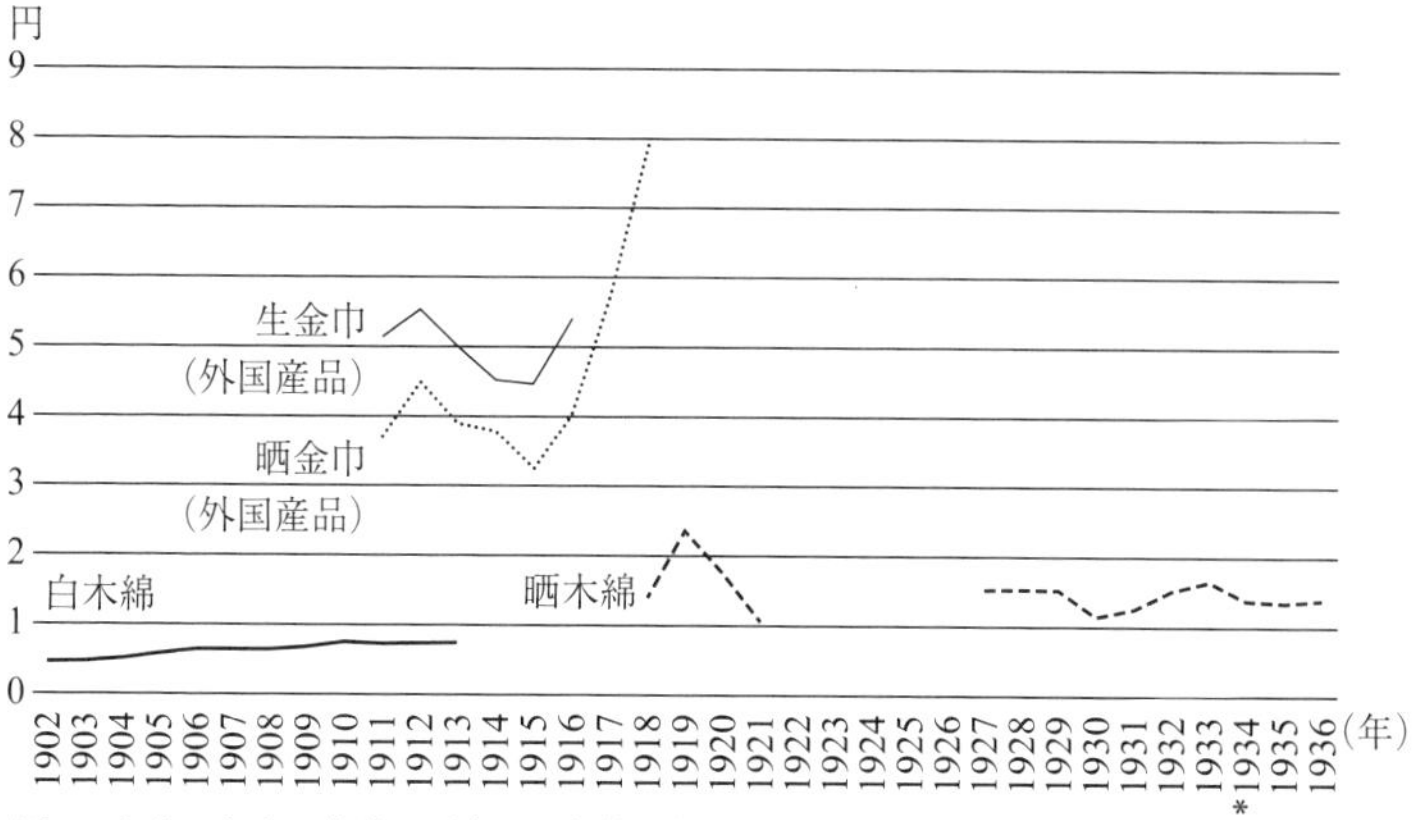

図2　台北における生地1反当たり価格の推移

備考　1）原資料が疋単位で掲載されている場合には、1疋＝2反で換算した。2）1902～1913年のデータは、原資料に掲載されている1910年平均価格（「建」）に指数を乗じた。3）1918～1936年のデータは、12月現在の価格を掲載した。＊ただし、1934年は11月の価格を採用した。（出所：台湾銀行『台湾産業及金融統計摘要』各号、台湾銀行『台湾金融事項参考書』各号、台湾銀行調査課『台北卸物価調』各号、台湾銀行調査課『台湾金融経済月報』各号より作成）

らは、台北出張員が商品のラインアップを従来の白木綿から機械製金巾(22)へと変えた様子が確認できる。三井物産は、新たな消費トレンドの創出を試みたのである。

2　三井物産の戦略転換と取引の縮小

三井物産の戦略転換の意義を検証するために一九〇一～一九年の綿布輸移入額を図3に掲げた。当該期間の台湾には織布工場がなく、綿糸の輸移入もごくわずかであったので、輸移入額と消費額はほぼ一致すると見ることができる(23)。同図によれば、一九〇一年における台湾の綿布輸移入額は二一三・七万円であった。そのうちで日本からの移入（以下、移入）は七二・二万円、海外からの輸入（以下、輸入）は一四一・五万円であった。輸移入額全体の二二・一％を占める金巾は、輸入四六・二万円（四七三・八万

表5　台湾北部における三井物産の綿布販売（1915年下季）　（単位：反、円）

商品名		競合他社	数量（A）	金額（B）		B/A
白木綿	尺一	角田商行･富永商行･小原商行	42,900	36,968	(25.4)	0.86
	尺二	角田商行	−	−		
	尺三	角田商行･富永商行･小原商行	500	540	(0.4)	1.08
	小計		43,400	37,508	(25.8)	0.86
（茶木綿）＊		…	1,650	1,188	(0.8)	0.72
生金巾		前川洋行	3,070	13,337	(9.2)	4.34
晒金巾		野澤組	12,395	79,218	(54.5)	6.39
粗布		富永商行	1,720	7,428	(5.1)	4.32
雑布	縞金巾	…	850	4,423	(3.0)	5.20
	浅黄光輝郡内	…	78	242	(0.2)	3.10
	格子縞寧波布	…	180	360	(0.2)	2.00
	（英ネル）＊	…	80	740	(0.5)	9.25
	更紗	…	240	912	(0.6)	3.80
	小計		1,428	6,677	(4.6)	4.68
合計			63,663	145,355	(100.0)	2.28

備考　1）－はゼロ、…は不明を示す。2）括弧内の数値は、合計に占める割合（%）を示す。3）千円未満を四捨五入して表記したため、各項目の合計値と「計」の数値が一致しないことがある。4）＊茶木綿および英ネルは、「当店取扱綿布ノ種類」には掲載されていなかったが、「台湾北部ニ於ケル当出張員綿布成績」には取引の数量および金額が記載されているため、参考として掲げた。
（出所：作成者不明「台北出張員取扱商品概説」より作成）

ヤード）、移入〇・五万円（数量不明）であった。台湾市場には、従前からそれ相応の金巾需要が存在していた。そして、その需要を満たしていたのはイギリス製と思われる輸入品であった。ところが、無視しうるほど小さかった金巾の移入額は、一九一二年に突如として拡大し、一九一九年には四四・五万円（一七三・五万ヤード）に達する。これに対して一九一一年には六四・八万円（四六九・八万ヤード）であった輸入は、一九一九年には一・八万円（四・八万ヤード）に後退する。三井物産の戦略転換は、結果として台湾における金巾の輸入代替化を進めることになった。

ただし、輸入代替化の実現と金巾の需要増は等式で結ぶことができない。一九一二年には四八六・〇万ヤードであった金巾の輸移入量は、一九一九年

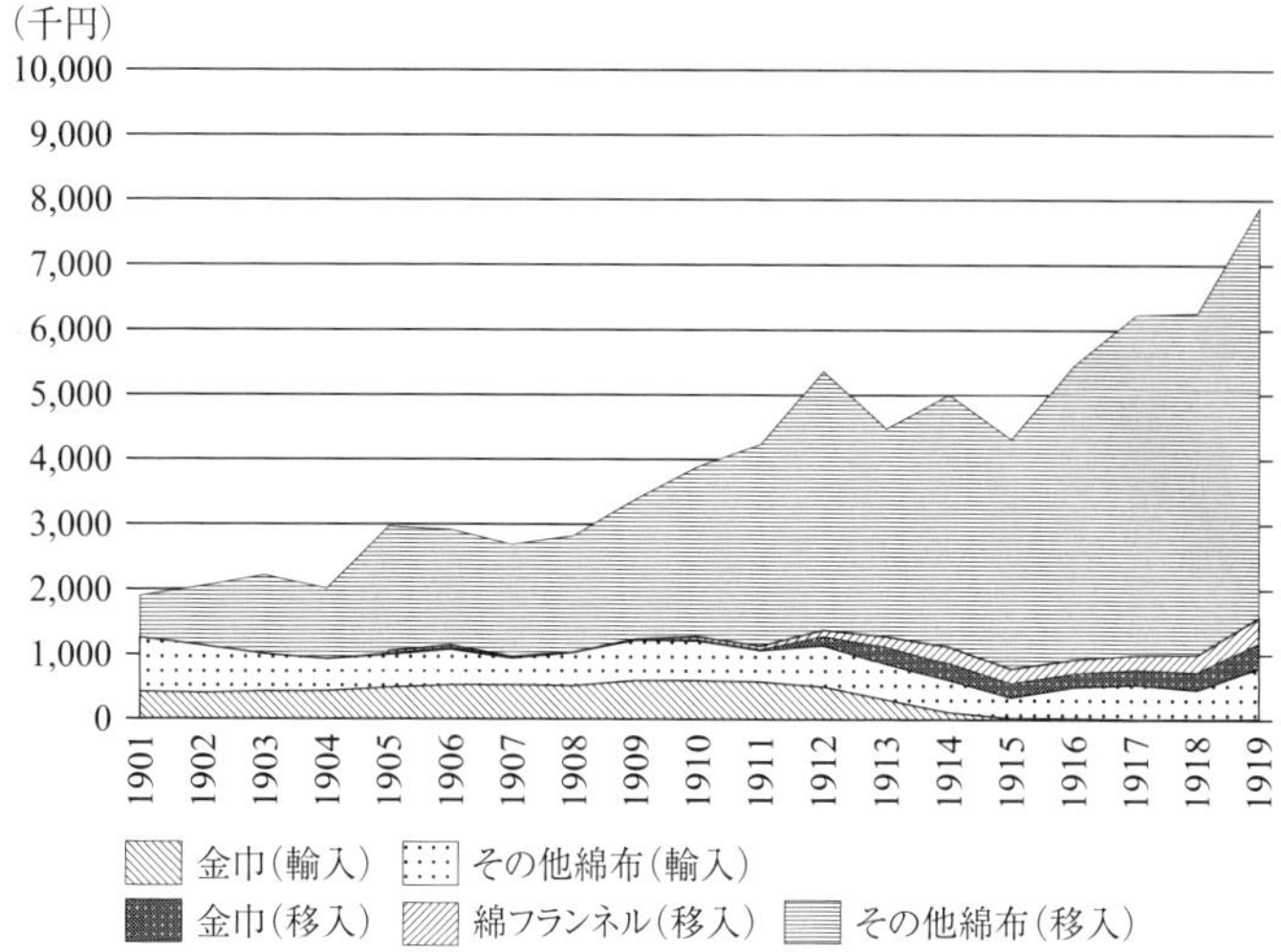

図3　台湾における綿布輸移入額の推移（出所：台湾総督府財務局税務課［1936: 245-250, 619-620］より作成）

には一七八・三万ヤードに激減し［台湾総督府財政局税務課　一九三六：四五―二四六、六一九―六二〇］、一二・〇％であった綿布の輸移入総額に占める金巾の割合は、五・二％へと低下したためである。おそらく台湾社会で高まった綿布の需要は、図3が明示するように、金巾ではなく「その他綿布（移入）」に向かっていたと考えられる。この点について同図が依拠した貿易統計には「その他」以下の分類がなく、その詳細を知ることができない。しかし、先に引用した「台北出張員取扱商品概説」の報告や『台湾産業年報』の記録に基づけば[24]、少なくとも第一次大戦期前後の台湾市場における綿布移入の中心は、依然として白木綿であったものと判断できる。要するに晒金巾を主軸に据える三井物産の方針転換は、より小さなセグメントへの特化を意味するものであった。

そもそも三井物産のかかるセグメント化が、

彼らのビジネスにとって意義を持つものであったかどうかも疑わしい。一例として一九一三年の支店長会議における台北支店長・箕輪焉三郎の発言を掲げておこう。

綿布ハ何分ニモ小売商カ重ニ取扱ヒ大ナル売買ハ出来ス、又綿布取扱者ハ資本モ薄弱ナルヲ以テ売掛金ノ懸念アリ、又綿布夫レ自身ノ値段モ我々ノ値段ヨリ反対商カ其地方ニテ小ナル織元ヨリ仕入レ来ル者ノ方安直ニ売捌キ得ル為メ、我々ノ商売ハ発展スルコト能ハス、強テ発展セシメントセハ長期ノ延払ヲ承諾セサルヘカラス、左スレハ必ス損失ヲ蒙ルヘキニ依リ只商売ノ発展セサルノミナラス年々萎縮シ来ル有様ナリ〔三井文庫監修　二〇〇四d：五八〕。

取引に要するコストの高さや価格競争力の欠如を重ねて強調するとともに、取引を強いて継続するならば、損失の発生を前提とすべきこと、すなわち取引からの撤退を示唆している。実際に台北店は、一九二一年下季に綿布取引を事実上取りやめ〔三井物産台北支店長「支店長会議参考資料」〕、台南店も「僅カニ小口引合ヲ継続シ居ルニ過ギ」ない水準となった〔三井物産台南支店長「支店長会議参考資料」〕（表6）。この時期の台湾では、「学校生徒及び少青年男女等は漸次母国化し来たり、内地衣、内地袴及び洋服を著くるもの」〔片岡　一九二一：九九〕も徐々に登場した。一九二〇年代後半には、「本島人の生活向上に伴ひ需要は白木綿から縞物に移り変」〔石原　一九二八：二九〕わった。さらに一九三〇年代前半には、「内地ヨリ移入セラルル綿布ハ小幅物漸減シ、之ニ反シ広巾物漸増ノ傾向」となって三井物産が予期した嗜好の変化が生じた[25]（前掲、表1）。しかし、それ以前の段階で三井物産台湾店の綿布取引は、①取引コス

表6　三井物産台南店における綿布取扱高　（単位：反、円）

年度	数　量	金　額
1921	14,380	39,174
1922	9,520	27,889
1923	19,810	63,389
1924	11,240	36,053
1925	3,970	22,141

（出所：三井物産台南支店長「支店長会議参考資料」より作成）

トの高さ、②過当競争、③事業戦略と市場ニーズの不一致を克服できず、失敗に終わっていたのである。

むすび

本稿は、近代日本の帝国化によって組み込まれた植民地台湾における三井物産の取引活動を主として綿布のそれに焦点を当てて復元し、観察した。以下、本稿の検討内容を振り返りつつ、その含意と本書全体が負う課題の接合を試みて結びとしたい。

台湾に関する益田孝の記述から本稿が注目したのは、顕著な交雑性を特色とする益田の他者表象＝台湾認識であった。益田は、台湾を「特種」な存在として位置づけているので、将来に「自己」と「他者」が同一化する期待は希薄であったと考えられる。とはいえ、かかる交雑性を孕む他者表象のなかで「我文明」をその一因子に組み込んだ益田は、「他者」が「自己」によって制御しうる存在と見做していた。台湾市場における三井物産の取引活動に関わる益田の提起は、「自己」と「他者」の境界にある空間で「土語」と「日本製品」を媒介とする経済的な利益の獲得にあった。

しかし、実際の展開は益田の見通しとは異なった。益田は、綿布を台湾市場における重要な取引商品と見ていたが、台湾市場で消費される綿布の大部分は、三井物産が事業戦略として推し進める付加価値の高い機械製織布ではなく、頑丈で安価な手織の白木綿であった。参入障壁が低く、過当競争に陥りがちな白木綿の取引で三井物産が優位を得ることは容易ではなかった。また、収益の確保も困難であった。競争の劣位を挽回するために三井物産台湾店は、新しい消費トレンドの創出を企図して金巾をラインナップの中心に据えた。それは、金巾の輸入代替化につながったものの、台湾人の衣服消費に関する嗜好は、すぐには変化しなかった。三井物産の綿布取引は行き詰まり、一九二一年には綿布取引から事実上撤退することになった。事業戦略と市場ニーズのミスマッチが三井物産の失敗要因であった。

ところで、本稿がたびたび引用した「台北出張員取扱商品概説」は、冒頭の「概況」で台湾市場の特性を次のように記している。これは、言及の対象を綿布取引に限定したものではないが、内容から判断すれば、綿布もそのなかに含まれていると考えることができる。

面積狭少　人口稀薄　伴モ島民ノ生活程度低クシテ加之内地トノ距離近ク連絡容易ナルヲ以テ大規模ノ問屋業ニ従事スル当社ノ如キハ樟脳、阿片、製茶等特種関係ノ商品ヲ除キテハ一般土人又ハ内地商人ト相伍シテ競争場裡ニ互ニ馳駆スルハ経営頗ル困難ヲ感ズ而シテ欧米トノ連絡薄ク孤島ナルヲ以テ仲介商業ハ殆不可能ニ属ス〔作者名不明「台北出張員取扱商品概説」〕。

三井物産が描いた「自己」像は、帝国を代表する「大規模ノ問屋業」であった。しかし、台湾市場は日本に近接するがゆえに過当競争に陥りがちであり、かつ市場の規模も小さいので「自己」実現が難しいという認識である。本稿がこの短い一文で特に注目したいのは、「島民ノ生活程度〔の〕低」さに言及する部分である。

益田の見立てでは、「他者」は「自己」によって制御しうるはずであった。この論理に従えば、衣服に関する台湾人の嗜好も制御されて変化するはずであった。ところが現実に生じた消費嗜好の変化は、三井物産が期待する速度よりも遥かに緩慢であった。三井物産は、同社の事業活動を困難に陥れた制御不可能の緩慢さを「生活程度〔の〕低」さというステレオタイプに置換して植民地主義的言説の再生産に加担したのではあるまいか。本稿では、かかる理解を暫定的な結論としておきたい。

〔謝辞〕

本稿は、日本植民地研究会秋季研究会（二〇一七年一一月四日）における著者の報告「植民地市場における綿布消費の嗜好と商社の活動」を加筆修正したものである。報告に際しては、コメンテーターをご担当いただいた村上衛氏（京都大学）をはじめとする参加者の皆さまから貴重なご意見を賜った。また、大島久幸氏（高千穂大学）と西村一之氏（日本女子大学）からは、資料に関する情報をご教示いただいた。記して感謝したい。

注

（1）「全国十九都市女性服装調査報告」（『婦人之友』三一（六）、一九三七年六月）九二―九三。

（2）原典は、編輯部一九四二「皇民奉公会主催〈生活科学展〉に拾ふ」『民俗台湾』二―一二、三六―三七。

（3）「希望トシテハ東洋棉花名古屋支店ニ対シ今少シ反対商ト対抗出来ル様期近物用意 offer ノ如キモ割安取付ヲ貰フ事」〔三井物産台南支店長「支店長会議参考資料」〕。

（4） 台湾市場における三井物産の活動に触れた研究として、長妻［二〇〇四］、大島［二〇〇九］、春日［二〇一〇］、谷ヶ城［二〇一二］、黄［二〇一三］などがある。このうち、長妻［二〇〇四］（初出は一九七九）は、①一八九〇年代末から一九一〇年代、②一九二〇年代前半、③一九二〇年代後半以降の三つに時期を区分して観察を試みた先駆的な研究であるが、「「地方商売」の拡張の吟味」を目的として「一九二〇年代三井物産活動の独自の性格を検討すること」に重点を置いたために①の期間に関する言及は、同社が台湾総督府の専売品を取り扱った事実の指摘にとどまっている。また、谷ヶ城［二〇一二］の第六章は、一九二〇年代前半までの三井物産が、①現地流通機構を構成する台湾人商人の機会主義的な行動、②その行動に基づく売買破約を抑制しうる法的拘束力の不在に起因して中小需要者との取引では必ずしも競争力を発揮しえなかったことを明らかにしている。しかし、同章の主眼は一九二〇年代以降における三菱商事のキャッチアップ過程を解明することに置かれており、一九一〇年代までの三井物産の活動に関する分析は十分ではない。

（5） 著者の知る限りでは、経済史ないし経営史の手法に基づいて得られた知見を「自己」や「他者」といった切り口から解釈する研究は、少なくとも日本では一般的ではない。テーマの設定や手法に大きな隔たりが存在するためである。しかし、カルチュラル・スタディーズと経営史研究の接合可能性を示唆するスクラントン・フリダンソンの提起を想起すれば［スクラクトン・フリダンソン　二〇一七：一八九―一九三］、本稿の挑戦もまた、あながち的外れではないかもしれないと考えている。

（6） ただし、「清国商業見習生規則」（一八九八年四月）や「支那修業生規則」（一八九九年一月）を根拠とする三井物産の海外研修生制度によって養成された従業員は、同社上海支店が買辦を廃止した一八九九年時点では取引の実務に就いていないことから、海外研修生制度と買辦廃止を明確な因果関係で結ぶべきではないという見解もある［山藤　二〇〇九：二二］。

（7） 「同地〔台南〕ハ人口弐拾数万ヲ有スル首府ニシテ砂糖ノ集散地ナルノミナラス普通ノ商売ハ寧ロ台北ヨリモ熾盛ナルヘキモ未タ支店ヲ開設スル程ノ必要ナキヲ以テ先ツ台北ヨリ人ヲ派出シ調査ニ従事セシメ其景況ニ依リテハ信用ナル商人ヲ引合店トシ綿布并燐寸等ノ商売ヲ試ムルコト差向キ妥当ナル処置ナルヘシト考フ」（益田孝「台香上出張復命書（其一）」三五）。

(8)「土人ニ対スル我社ノ商売上最モ努ムヘキ所ノモノハ綿布並ニ燐寸業ナリ」(前掲、益田孝「台香上出張復命書(其一)」一二)。
(9)「三井物産会社台北出張所にては本年度より一層業務を拡張し土人との綿布取引を始め石油、セメント等の大販売を為すよしなり」(『台湾日日新報』一八九八年一月七日付)。
(10)「彼レ土人等ハ日本語ヲ解セス又我支店員ハ土語ヲ語ル能ハス従テ円滑ニ取引ヲ為シ能ハサリシ」(益田孝「台香上出張復命書(其二)」一三)。
(11)「偶前季末ニ勃発シタル清国ノ革命乱ハ今季ニ入リテ益々其紛乱ノ域ヲ拡メ内外擾然トシテ前途ノ予測シ難キモノアリ……深甚ノ関係ヲ有スル我対清貿易上ニ受ケタル打撃ノ大ナリシハ敢テ言ヲ俟タス」[三井物産一九一二:一]。
(12)機械は、製糖会社に販売されたと推定される[麻島 二〇〇一:五八]。
(13)石炭および台湾米の取引については、谷ヶ城[二〇一二:一八八―一九四]を参照されたい。
(14)「台南支店業務概況」には、台南店の「所管ニ属スベキ商品ハ米、砂糖、棉布、肥料、乾魚、大豆粕、麦粉、燐寸、鉄材ノ一部等ニシテ樟脳、茶、阿片、葉煙草、鉄材等ハ台北支店の所管スル処ナリ」と記録されている[作成者不明「台南支店業務概況」]。この「概況」が作成されたと推測される一九一五年頃は、三井物産の綿布取引は、おそらく同社台南店および同店台北出張員が担っていたものと思われる。
(15)『台湾日日新報』の記事によれば、「需用は白木綿八茶木綿洋通布各一に当る割合」であったという(『台湾日日新報』一九〇六年七月二一日付)。
(16)「台湾行の綿布」(『台湾協会会報』五七号、一九〇三年六月一八日)。
(17)日本国内の綿布生産者と思われる野村圓治は、当時の台湾向け綿布移出について次のように述べている。「当時私等の方で尺一白木綿といふものを造つてをつたが、これは台湾行の木綿で、私の親父も拵へて、私も子供の時分に使ひに名古屋の三井物産に金を貰ひに行つたことがあります……特に尺一が可成り数が出るといふことを聞いて子供心に輸出といふものは売れるものだ、大きな者だといふことを思つたものです」[竹原一九四一:八]。ここからも台湾市場における白木綿消費の大きさを窺い知ることができる。

(18)「時ニハ少ナカラサル売掛ヲ生シ取立ニ困リタルコトアリ」、「白木綿ハ手織ナルカ故ニ本品ノ売行ナキ時ハ仕入者ニ於テ十分ノ要望ヲ為シ上品ヲ織立テシムルコトヲ得ルモ之ニ反シテ一度直段沸騰シ買手多ク入込マン乎織手ニ於テ頓ニ品質ヲ落スノ弊アリ」、「其結果台湾ノ買手ヘ引渡スニ際シ苦情百出スルコト、ナルナリ」［三井文庫監修　二〇〇四a：八〇―八一］。

(19)『台湾日日新報』もまた、この当時の綿布取引が抱えた問題を次のように指摘している。「卸商の本島人小売商に対する取引は多く貸し売りにて集金は一定せず或は本島人の慣習により二の日の十日勘定又は毎日払ひ隔日払ひ三日日勘定等売買に際して約束するものなりと云へるが綿布商組合は規約を設けて現金の外は手形取引を厲行せんとするものあれど果して確実に行はるべきや否やは疑問なり且つ本島人の内地人綿布卸商に対する意向は余り六ヶ敷現金取引とさる、ときは神戸の清国商人を経て内地の製産地方より直接取引するに至ることなきかとの懸念を抱く向きもあり兎に角内地人と本島人の取引は現在の模様区々に分れ居れば今後新たに取引を規定するの必要あるべしとなり」（『台湾日日新報』一九〇三年七月二二日付）。

(20) 藤野については、木山［二〇一一］を参照されたい。

(21) 前掲、「台湾行の綿布」一九。

(22)「一般生活状態ノ向上ハ漸次金巾類ノ需要ヲ惹起シ反対商ハ主トシテ手織物ヲ輸入セシニ対シ当社ハ主トシテ機械織ヲ以テ対抗セル故比較的優勢ノ地位ヲ保チ得タリト」［作成者不明「台北出張員取扱商品概説」］。

(23)「島内未ダ織布工場ノ設置ナク家内ノ手織亦殆ンド皆無ト云フヲ得ベシ、由来本島棉花ノ産出ナキ故若シ織布ヲナサントセバ勢之レガ原料ヲ内地ヨリ移入セザルベカラズ而シテ之ガ輸入及移入高ハ総計弐拾万円ニ過ギズ然シテ此等ハ主ニ縫糸、網、刺繍、製鞋、編物用ニ供セラレ織布原料トシテ使用サル、モノ殆ンド無シ故ニ島内ニテハ織布ノ生産皆無ト断ズル事ヲ得ベシ」［作成者不明「台北出張員取扱商品概説」］。

(24)「移入最モ多キハ白綿布ニシテ縞物之ニ亜キ金巾、綿フランネル等尠カラス」（一九一四年）［台湾総督府民政部殖産局　一九一七：三九二］、「就中本島人向ノ白木綿及金巾類最モ多額ヲ示セリ」（一九一七年）［台湾総督府民政部殖産局　一九二〇：三七六］。

(25) 白木綿の需要が縮小した要因を台湾銀行調査課は、「生活上嗜好変遷ニ依リ衣服用トシテハ需要漸減ニアルハ勿論本島人向葬儀用ノ需要モ習慣ノ改革ニヨリ二、三割売行減少セルカ如シ」とする一方、広巾物は「値段割安」で「機械巧妙ナル為新柄ノ製織ニ自由ニシテ加フルニ相場ノ綾モ多ク取引ニ妙味アル」ためと報告している［台湾銀行調査課「最近本島ニ於ケル広布綿布ノ仲継輸出貿易ト生産状況」］。

参考文献

麻島昭一
　二〇〇一『戦前期三井物産の機械取引』東京：日本経済評論社。
バーバ、ホミ・K
　二〇〇五『文化の場所――ポストコロニアリズムの位相』（本橋哲也ほか訳）東京：法政大学出版局。
堀和生
　二〇〇九『東アジア資本主義史論I――形成・構造・展開』京都：ミネルヴァ書房。
石原幸作
　一九二八『母国生産品の好市場たる台湾』台北：台湾日日新報社。
春日豊
　二〇一〇『帝国日本と財閥商社――恐慌・戦争下の三井物産』名古屋：名古屋大学出版会。
片岡巌
　一九二一『台湾風俗誌』台北：台湾日日新報社。
木山実
　二〇一一「藤野亀之助論――三井・トヨタ関係構築史」『商学論究』五八（三）西宮。
洪郁如
　二〇一〇「植民地台湾の「モダンガール」現象とファッションの政治化」伊藤るり・坂元ひろ子・タニ・E・バーロウ編『モダンガールと植民地的近代――東アジアにおける帝国・資本・ジェンダー』東京：岩波書店。

黄紹恒
二〇一三「日本植民地統治初期（一八九五―一九一二）における三井物産台北支店及びその砂糖交易に関する一考察」馬場毅・許雪姫・謝国興・黄英哲編『近代台湾の経済社会の変遷――日本とのかかわりをめぐって』東京：東方書店。
三井物産
一九一二『明治四十五年上半季第五回事業報告書』東京。
三井文庫監修
二〇〇四a『三井物産支店長会議議事録1（明治三五年）』東京：丸善。
二〇〇四b『三井物産支店長会議議事録2（明治三六年）』東京：丸善。
二〇〇四c『三井物産支店長会議議事録6（明治四〇年）』東京：丸善。
二〇〇四d『三井物産支店長会議議事録8（明治四四年大正二年）』東京：丸善
長妻廣至
二〇〇四「戦前期三井物産の台湾における活動――米と肥料の流通を中心として」長妻廣至遺稿集刊行会編『農業をめぐる日本近代――千葉・三井物産・ラートゲン』東京：日本経済評論社。
日本経営史研究所編
一九七八『稿本三井物産一〇〇年史（上）』東京：日本経営史研究所。
大島久幸
二〇〇九「砂糖流通過程の錯綜性とメーカー主導型流通機構の形成」社団法人糖業協会監修・久保文克編『近代製糖業の発展と糖業連合会』東京：日本経済評論社。
参謀本部編纂課
一八九五『台湾誌』東京。
スクラントン、フィリップ・フリダンソン、パトリック
二〇一七『経営史の再構想』（粕谷誠・矢後和彦訳）東京：蒼天社出版。
台湾総督府民政部殖産局
一九一七『台湾第十産業年報（大正三年）』台北。

一九二〇『台湾第十三産業年報（大正六年）』台北。
台湾総督府財務部税務課
一九三六『台湾貿易四十年表』台北。
竹原寅之助
一九四一『輸出綿業界の回顧』大阪：日本綿糸布輸出組合聯合会企画部。
鄭鴻生
二〇一六『台湾少女、洋裁に出会う――母とミシンの六〇年』（天野健太郎訳）東京：紀伊國屋書店。
東棉四十年史編纂委員会
一九六〇『東棉四十年史』大阪：東洋棉花。
谷ヶ城秀吉
二〇一二『帝国日本の流通ネットワーク――流通機構の変容と市場の形成』東京：日本経済評論社。
山藤竜太郎
二〇〇九「三井物産の買弁制度廃止――上海支店に注目して」『経営史学』四四（二）：東京。
山村睦夫
一九九〇「日清戦後における三井物産会社の中国市場認識と「支那化」――総合商社の形成と中国市場」『和光経済』町田。
吉田寅太郎
一九三三『続財界人の横顔』台北：経済春秋社。

〈一次資料〉
益田孝「台香上出張復命書（其一）」一八九八：三井文庫所蔵、物産四一〇
三井物産台北支店長「支店長会議参考資料」一九二六：三井文庫所蔵、物産三八三
三井物産台南支店長「支店長会議参考資料」一九二一：三井文庫所蔵、物産三五二
三井物産台南支店長「支店長会議参考資料」一九二六：三井文庫所蔵、物産三八七
台湾銀行調査課「最近本島ニ於ケル広布綿布ノ仲継輸出貿易ト生産状況」作成年不明：台湾銀行所蔵『台湾銀行所

蔵日治時期文書』T0868_06128_1173（中央研究院台湾史研究所檔案館）
作成者不明「台北出張員取扱商品概説」一九一六：沼津市明治史料館所蔵『旧幕臣箕輪家資料』B―一六―三
作成者不明「台南支店業務概況」作成年不明：沼津市明治史料館所蔵『旧幕臣箕輪家資料』B―一六―二

〈新聞・定期刊行物など〉
台湾協会
『台湾協会会報』
台湾日日新報社
『台湾日日新報』
台湾銀行
『台湾金融事項参考書』
『台湾産業及金融統計摘要』
台湾銀行調査課
『台湾金融経済月報』
『台北卸売物価調』

●コラム

在朝日本人の植民地経験

鈴木文子

混住地の「愛国班」、朝鮮の隣組。京城舟橋町の個人宅にて1940年頃撮影（中央着物姿が提供者I.Y.氏の母親）。

植民地期、朝鮮半島に居住した日本人は、ピーク時の一九四三年で約七五万人、全人口比の二・八五％だが、その六割以上が都市に暮らしていた。彼らは、現地とは分離した、日本式の生活を送ったとされてきた。しかし、日本人の日常生活に、朝鮮文化は意外に浸透していた。朝鮮の伝統家屋にはない、二階建ての日本式住居でも、一階に大概一つはオンドル部屋があった。平教員の官舎では、氷点下の京城（現ソウル）でも、火鉢一つで暮らしたと聞いたが、その方が驚かされる。食文化に関しても、平壌以北からの帰還者は、「朝鮮そば（冷麺）」の味は忘れられないという人が多い。もともと北部の食文化である冷麺は、現在の韓国では、解放前はあまり流通していなかった。一方、冬の温かいオンドル部屋で食べることや、横長の板で丼を二段重ねにして担ぎ、自転車で出前する「粋な朝鮮人」の姿など、現代では忘れられた冷麺文化を記憶する人も少なくない。また、戦後日本では、差別の象徴であったキムチ、「朝鮮漬け」は、隣人の差し入れを捨てたという二世作家の回想録もあるが、インフォーマントの家庭ではほとんど好んで食べていた。

また、日本各地から集まった移住者の日本語は、二、三世の時代には、お国訛りはなくなり、「標準語」となったが、独特な「朝鮮語」も浸透していた。よく使われたのは「オモニ」で、元来「お母さん」という意味だが、在朝日本人の中では既婚の「女中」を意味した。子どもがいる女性は、名前を呼ばず「○○ちゃんのお母さん」と間接的に表す朝鮮の慣習に由来している。男の使用人は「アボジ（お父さん）」。「チョンガー（独身男性）」は、渡日した飯場の労働者に多かったため、唯一本土に伝わった言葉とされる。「カナナ（カンナニ、赤ん坊の意）」、「キチベ（娘っ子）」は、各々少女の子守や若い使用人をさし、「カシナ（女性を「女」と呼ぶようなニュアンス）」は、未婚の女中のことだった。後者二つは、蔑称であったが、「チャンコロ（清国人への蔑称）」から派生した「チャンパン（現ホットク、黒砂糖入りの焼き菓子）」と同じく、このような支配者言語を人々は無自覚に使用した。二、三世たちは、「チャンカン（ちょっと）待っててね。」など、朝鮮語を知らずに身体化していることもあった。しかし、インフォーマントたちによれば、それらの言葉は、学校や親によって修正された。もっとも、「（当時は）日本だったので、朝鮮語を話すなど思いもしなかった」。周囲が話せたので、「必要がなかった」とも語った。一九四四年の『朝鮮年鑑』によれば、「国語

（日本語）を解する朝鮮人」は、一二割弱に過ぎず、彼らの周囲が如何に例外的であったかがわかる。

一九三五年『緑人』三号の須恵愛子らによる「朝鮮における内地人生活の考察一・二」によれば、朝鮮の日本人は、比較的経済格差が少なく、「生活不可能のもの」や「乞食」がほとんどなかったことが特徴ともされた。オモニたち使用人や、特別に日本人の学校に入学していた超エリートの朝鮮人同級生など、社会的に両極の階層にあった人々の間で、「平均的な暮らし」をしていると思っていた市井の人々は、「貧富の差が激しい朝鮮」という総督府の単純なプロパガンダを追認するだけだった。しかし、本国に一律的な近代が訪れていなかったことは、明らかである。故郷の山口で、着物に前垂れで通学していたAさんは、一九一二年、商工業都市、鎮南浦の尋常小へ転校し、袴で通い、ブルマに着替えて体操をする「モダンな朝鮮」に驚いた。内地に里帰りした際、乞食や物売りが日本人であることに違和感を覚えたという二世たちの語りも度々耳にしたが、帝国日本という想像の共同体の中、日本内地の貧困という矛盾は、人々の認識から消えていた。

朝鮮人とは別途の空間で暮らしていたことが、在朝日本人の優位な生活に対する非省察性の要因とされてきた。しかし、一九三〇年代後半の京城では、五〇％近い人は雑居地に暮らしていたという近年の分析もある。ただ、写真にあるような「愛国班」もあったが、提供者（一九二四年生）は、家族を含め朝鮮の人と付き合いがあったとは思っていなかった。筆者が調査した忠清南道保寧郡の混住地でも、冠婚葬祭などを驚くほど見ていたが、人々は、朝鮮文化を知っているという実感がなかった。つまり、出会っていなかったのではなく、言葉の障壁のためか、それらは単なる風景で、リアルな実態としては記憶に留めていなかったのである。

しかし、彼らの記憶の有無より重要なことは、二一世紀の韓流ブームよりずっと以前に、多くの普通の人々が、朝鮮の言葉や文化に遭遇していたことを、まともに知らない戦後日本の集団の記憶の創られ方である。戦前中国大陸から朝鮮半島を走った「ひかり」や「のぞみ」は、知らぬ間に復活したが、それらを含めた日本帝国の植民地経験は、一部の移民の歴史としてのみ記憶され、矮小化されている。

戦前・戦後期の日韓にみられた粉食中華の普及過程
――「食の段階的定着」の差に着目して

林　史樹

はじめに

日本各地で盛況なB級グルメにはラーメンや焼きそば、餃子など、「中華」をイメージしやすい粉食、本稿でいう「粉食中華」が多く含まれている。(1)韓国でも、同様にチャンポンやジャージャー麺、餃子などは手軽な食として人気を博している。

たとえば、世界的に広がったインスタント系粉食であるインスタントラーメンでみてみると、世界ラーメン協会（二〇一六年五月一一日当時）の調べによれば、年間消費量上位二〇か国・地域の中で、日本は約五五・四億食で三位、韓国は三六・五億食で六位であった。しかし、一人あたりの年間消費量がもっとも多かったのは約七六食の韓国で、二位のインドネシア（約五五食）や三位のベトナム（約五四・五食）と比べても年間二〇食以上の差をつけている。インスタントラーメン発祥国である日本でも一人あたりの年間消費量は約四三・六食であり、韓国は、はるかに上を行く世界有数のインスタン

トラーメン消費国である。(2)

一方、餃子においても、日本では福島・北九州(八幡)・津など各地に餃子の街があり、宇都宮と浜松の消費量トップ争いがニュースとなるくらい、親しみのある料理となっている。学生街を中心に、餃子の王将、珉珉、紅虎餃子房、ぎょうざの満州などの餃子チェーン店が全国展開するほか、冷凍食品としてスーパーで必ず販売されている食品となっている。韓国でも、餃子は夜食や間食として根強い人気で、二〇〇四年に生ゴミ入り餃子事件が世間を騒がせたものの、インターネット情報サイトのMediapen(二〇一六年九月二五日付)でも、国内の冷凍餃子の生産量は毎年二五パーセントずつ増加するほどという。中華料理屋はもちろん、粉食専門店や街角の屋台などでも欠かせないメニューとなっている。

このような粉食が、日韓の両地域で中華料理と関連が深いものとして受容されたのは、そこまで時代をさかのぼらない。日本や朝鮮が開国を迎えた一八〇〇年代中後半以降、人々の往来とともに国外から文物が大量に流入するようになってからのことである。しかし、各地域に入り込んだ粉食中華が、決して同じスタイルで受容されていったのではない。朝鮮でもすでに餃子や包子に似た片水《ピョンス》や霜花《サンファ》がメニューとなっていたが、各地域間にみられる受容され方の違いは何を意味しているのだろうか。

中華料理の発展に関しては、いくつかの先行研究がでている。しかし、日韓においても差があり、また韓国内で中華料理を扱う視点に差がみられる。まず、日本における食に関する先行研究は膨大で、外来食の導入に関する研究[岡田 二〇〇〇]はもとより、粉食中華にかぎっても麺料理を中心にいくつもみられる[奥村 一九九八、二〇〇九、岡田 一九九三ほか]。本稿でも引用した論考もその一部に過ぎない。そのほか、ラーメン［ソルト 二〇一五］や冷麺［小西 二〇〇七］、チャンポン［深潟 一九七九］など、さまざまな料理について先行研究がでている。ただし、個々の料理を細かく扱っても、それらを体系的に幅広く大陸との関係、とくには朝鮮半島など他地域との関係でグローバルに扱った研究はなかった。ましてや、そこに違いをみつけ、受容のされ方の違いから各地域が置かれた当時の事情を探る研究は、本稿が先駆として位置づけられる。

一方、朝鮮半島における食に関する先行研究も膨大であるが、それらの関心は主に伝統料理や宮廷料理に向けられているため、粉食中華など、いわゆる外来食の導入に関する研究はあまりみかけられない。しかも、そのテーマに特化するより、古代から現代にいたる食の文化史を扱う中で、現代的な様相として外来食が扱われる程度である［尹瑞石 一九九五、李盛雨 一九九九、姜仁姫 二〇〇〇、韓福眞 二〇〇一、咸翰姫ほか 二〇〇二］。個別に粉食中華を扱った研究としては、韓国の食文化研究を牽引している周永河［二〇〇二］、中国研究者である柳中夏［二〇一二］、そして拙著［林 二〇〇六b、二〇一一、二〇一六］程度で、そのほかには興味深いものとしては粉食中華などを扱ったB級グルメ紹介があるに過ぎない［文藝春秋編 一九八九ほか］。

そこで本稿では、食の伝播、とくに粉食中華の波及と定着に焦点を当てる。一般的に、外来食が流入し始めたとされる日本統治時代を前後し、日本帝国下の人々の移動が日本や朝鮮に及ぼした影響を探る。その作業を通じて、粉食中華が日本や朝鮮に広がる際の受容・変容過程を比較検討し、そこにみられる違いが示すことについても指摘していきたい。また、その作業と合わせて、料理の担い手の違いにも着目することで、担い手が抱えている「背景」の違いが食の伝播にどのような影響を与えたのかについても言及していきたい。そして最後に、これらの日本帝国下の食の伝播を通じて、文化の「上書き」という現象について考えてみたい。

まずは、帝国日本下において、中華料理を含めたところの外来食が普及していく過程を述べ、続いて朝鮮半島及び日本における粉食中華の流入、定着過程について概観する。そして、両地域への粉食中華の定着過程を比較することでみえてくる食の段階的定着、ひいては文化の「上書き」について論じていく。

一　日本帝国下における外来食の普及

外来食の代表として、当時、東アジアに覇権を及ぼしてきた西洋列強の食が挙げられる。いわゆる「洋食」である。日本の場合、一八八〇年代末には西洋料理に関するマナーが書籍として紹介される。東四柳祥子・江原絢子によれば、西洋料理書の先駆けは、仮名垣魯文による『西洋料理通』(萬笈閣、一八七二)と敬学堂主人による『西洋料理指南』(雁金書屋、一八七二)になる[東四柳・江原　二〇〇三：二二六]。これらは、西洋料理を書き留めた意味で貴重であるが、共通していえることとして西洋料理が合理的な調理法に基づいており、強壮な身体をつくり、国家に奉仕できると紹介していることである[東四柳・江原　二〇〇三：二二八]。欧米列強から不平等条約を突きつけられた日本は、早急に欧米列強に追従すべく、西洋スタイルを取り込もうとした中に食があった。

もう一方で、日本の食生活に影響を与えたのが中華料理であった。初期の料理書には、西洋料理ほどではないが、「支那料理」として紹介され、利便性と栄養に関して言及されている。東四柳・江原らが挙げげた書籍の中にも一八八〇年代からみられる。たとえば、『日本支那西洋料理獨案内』（吉田正太郎編、秩山堂、一八八四年）や『和洋料理案内』（岡本純、萩原新陽館、一八九九年）の付録として支那料理が含められるなど、西洋料理とともに紹介される。ただ、当初は支那料理だけが単独で紹介されることはなく、外来食として紹介されるのはあくまでも西洋料理であった。ところが、一九一〇年頃になると、家庭料理として支那料理が紹介され、一九二〇年代に入ると、『支那料理法――全』（潘鐘華編、陶陶亭、一九二二年）など、その傾向がさらに強まる。一九三〇年頃からは雑誌『婦人倶楽部』や『主婦の友』の付録として、再び西洋料理とともに、支那料理が紹介され始める［婦人倶楽部編 一九二九、一九三一、主婦之友社編 一九三九］。この一九二〇〜一九三〇年代が、一般家庭への紹介としては初期と考えられる。ただ、後述するように、長崎ではすでに一九〇〇年頃に支那そばが販売され、チャンポンが誕生するなど、日本に外食として粉食中華が普及していくのは二〇世紀に入る前後からと考えられる。

一方、朝鮮でも外来食が導入されたのは朝鮮の開国以降と考えられ、その初期段階として日本料理、中華料理、西洋料理が普及していった。なかでも、中華料理の開始は一般的に一八八二年に締結された朝清商民水陸貿易章程以降とされ、一九〇〇年代初期にはソウル市内で一般の人々に向けた中華そばや胡餅などが販売されていたという［韓福眞 二〇〇一：三二一、咸翰姫ほか 二〇〇一：三九九］。その状況下で徐々に大型中華料理店が開業していき、日本統治時代に入り、いくつかの中華料理店は宴席や会合が設けられる規模を備えていく。

二　日本における粉食中華の普及

同様に、粒食を中心とする日本においても、粉食は粒食の代用の意味合いが強かった。ただ日本の場合、山間地域の蕎麦や小麦など、粒食に適さない食物は、麦縄や切り麦、すいとんというかたちで消費されてきたため、それほど珍しいものではなく、粉食中華が受容されやすい環境であったともいえる。同様に、そのような関心からか、麺料理はいうまでもなく［奥村　一九九八、二〇〇九］、粉食全般を扱った文献も多くみられる。そこで本稿では、粉食中華の変遷を概観するうえで、とくに文献が入手しやすいラーメンや餃子を中心とする粉食中華の歴史をみていく。

東アジア史の研究者であるジョージ・ソルトは、一九二〇年代に日本の都市生活者が中華料理と西洋料理を取り入れた理由に、肉や油脂、香辛料など、日本料理に不足していたものが含まれ、伝統的な和食より優れていると評価された点を挙げ、栄養学分野でこれが賞賛されることで軍隊が外来食の普及を後押ししていったことが影響したとみている［ソルト　二〇一五：三九―四〇］。このことは、元陸軍糧秣廠長であった丸本彰造［一九三八：自序六―八、一］が、支那料理が普及する理由として安い、旨い、滋養に富むことを挙げ、結核の予防としても油脂分が多い中華料理が有効と考えていたことと重なる。また満州に在住していた藤田勘一も、中華料理はカロリーが高く、人を若返らせ身を補うと評価した［藤田　一九三九：四］ように、当時、そのような言説が広く出回っていたことが窺われる。

さらに、西洋料理と中華料理は栄養とエネルギー源として優れているという観念は、一九二〇年の栄養研究所成立によって科学的に補強されていたが、これらの料理が実際に広まったのが一九五〇年代後半から一九六〇年代であったのは、厚生省（現・厚生労働省）の指導があったためとされる［ソルト 二〇一五：一〇二］。以上のことを念頭に、麺料理と餃子についてみていく。

1 麺料理の定着

日本におけるラーメンの誕生には諸説あるが、おおよそ一八〇〇年代後半に「南京そば」と呼ばれて一定の受容があった。とくに、当初は軍隊のほか、一九二〇年に内務省に置かれた栄養研究所（現国立健康／栄養研究所）が多大な影響を及ぼした。中華料理が、西洋料理とともに、滋養強壮に効果的とされたためである。そして一八九四年の日清戦争で日本が勝利したことで、支那料理という言い方が普及していく。

この頃からの社会的な変化としては中国人留学生、いわゆる「清国留学生」の増加が挙げられる。王玉珊によれば、日本留学の第一次ブームといえる清国政府派遣留学生は一九〇五～一九〇六年頃にピークを迎えるが、日本滞在留学生数は八〇〇〇～九〇〇〇人に及ぶという［王 二〇一〇：一〇二］。彼らは日本の各地で学生として生活を送ると同時に、生活の糧を得るためにアルバイトを始める。この過程で彼らが始めたのが中華料理屋で、日本人の食堂に入って中華料理のコックとして働く者が多くいた。

小菅によれば、一九一〇年、浅草にラーメン、ワンタン、焼売を中心にした一品料理の中華料理屋「来々軒」が誕生し、一九二二年の札幌に、札幌ラーメンの発祥とされる「竹屋食堂」が開店した後、一九二〇年代半ばに肉絲麺を改良してメニューになった麺料理にラーメンという名称をつけた［小菅一九九八：三四、六六、八五―八八］。およそこの時期に日本各地でラーメン屋が産声をあげていったと考えられる。

しかし、実際のところ、本格的にラーメンが普及していくのは戦後であり、そこで労働者のための食事として支持を得る。戦後は、日本が食糧難に陥る時期で、援助物資でもあった小麦粉を原料とするラーメンは庶民の間で欠かせない食事となった。一九五八年に、日清食品創業者の安藤百福がインスタントラーメンを開発した際、日本戦後の食糧事情の悪さが関係していたのは広く知られているところである。

ラーメンのもとをたどれば、明治期に導入された「南京そば」が、一八九四年の日清戦争での戦勝あたりから「支那そば」となり、それがさらに戦後、戦勝国である中華民国から通達で「中華そば」に変わった(3)［速水　二〇一一：二〇―二二］。また、札幌ラーメン横丁の基礎を築いたとされる大宮守人夫婦によれば、戦後間もない一九四八年頃、中華そばは統制品目に含められたが、登録されていないラーメンという名称を掲げることで統制経済から逃れられたという［小菅　一九九八：一九九―二〇〇］。この物価統制令は、社会経済秩序と国民の生活安定のために一九四六年三月に公布されたが、このことも中華そばに代わってラーメンという名称が定着した理由の一つと考えられる。前述の速水［二〇一一：二〇―二二］もラーメンの実際の普及は一九五〇年頃であったと推測する。

2　餃子の定着

次に、麺料理と並ぶ粉食中華の代表格といえる餃子をみてみる。日本の場合、横浜中華街などを中心に福建省や広東省出身の南方華僑が移住し、その際に定着したのが焼売とされる。雑誌『婦人倶楽部』付録の『簡單な西洋料理支那料理』(一九三一年)には焼売だけが紹介されていたり、同じく雑誌『主婦之友』の付録『洋食と支那料理』(一九三九年)にも餃子より焼売が先に紹介されていたりするなど、当時は焼売の方がなじみ深かったものと思われる。実際に、雑誌『婦人倶楽部』付録の『和食洋食支那食家庭料理』(一九二九年)や『洋食と支那料理』(一九三九年)を参照すると、一九〇〇年代初期にはすでに、餃子が、チャトツやチャオツとして紹介されている。しかし、餃子が本格的に日本に普及していくのもやはり戦後である。関東軍や満蒙開拓団として満州に駐留していた人々が戦後に帰国してきたが、そのような人々が中国東北部で口にした料理を普及させていったのである。

さらに、餃子が日本で普及していくのは、およそ一九五〇年代と考えられる。『餃子の研究』の著者である顧中正は、日本における餃子ブームは一九五三年頃からといい、満州からの引揚者がフスマ(小麦粉のぬか)で皮をつくり、野菜だけのあんを詰めて露店で売ったと指摘する[顧　一九八四:一〇六]。京都を中心に定着した餃子チェーン店「珉珉」が創業したのは一九五三年、「餃子の王将」で幅広く全国的に店舗展開する王将フードサービスが創業したのが一九六七年である。浜松餃子で名が知られる餃子チェーン店「石松餃子」は一九五三年創業、宇都宮餃子で名が知られる餃子チェーン店「みんみん」は一九五八年の創業である。

このような一九五〇年代からの粉食普及には、韓国における小麦粉食の普及と同様に、アメリカからの小麦輸入が大きく影響を及ぼしている。アメリカ公法（ＰＬ）四八〇号[4]が法制化された一九五四年、日本はアメリカとの間に、ＭＳＡ協定[5]に含まれる農産物購入協定を結び、小麦粉を大量に輸入した。あくまでもアメリカからの小麦輸入を促進し、表向きの食糧援助にアメリカの寛大さを刷り込むためのもので、小麦粉にはタンパク質が米より五〇パーセントも多く含まれており、そのタンパク質が健康な身体をつくると宣伝した［ソルト　二〇一五：八四―八五］。とくに支那そばと餃子の人気が終戦直後に高まったのは、スタミナがつくと考えられていたためで、ニンニクなどにスタミナ効果があると思わされていたためという［ソルト　二〇一一：八七―八八］。

また、その後の定着は、経済成長にともなう外食産業の隆盛のほか、団塊の世代の成長と重なったという指摘もある［静岡新聞社　一九九八：三九］。

三　韓国・朝鮮における粉食中華の普及

朝鮮半島は地理的にも中国に近く、その影響を強く受けてきたと考えられ、料理においてもその例外ではないと思われる。ただ、本稿で中心に扱うのはいわゆる中華料理のなかでも粉食中華であり、高級食材を用いたコース料理や宴会料理ではない。一人でも注文でき、手軽に食事が済ませられるほか、持ち帰りが可能な庶民的な料理で、今日のファストフードに感覚は近い。粉食は、昔から蕎麦粉や緑豆粉による麺やダンプリング（練り製品）を中心に食されてはいたが、拙稿［林　二〇一六］でもすでに言及したように、朝鮮時代までは限定的で、祝宴や正月の料理をのぞけば、盛んではなかった。

とくに小麦粉は中国から輸入していたために高価であったうえ、日本同様に、粉食はあくまでも粒食に事欠いた際の代用という認識もあった。そのため、日本統治時代を含め、農村部ではさまざまな雑穀を粉にし、つなぎとして小麦粉などを混ぜ、すいとんに似たものをつくって飢えをしのいでいたにすぎない。

1 麺料理の定着

麺料理は、粉食の中でも特別な食と位置づけられるが、朝鮮半島では小麦以外の原料が用いられることが多く、朝鮮北部で盛んな冷麺なども蕎麦粉を用いて食された。洪錫謨らによる『朝鮮歳時記』には、『東国歳時記』（一八四九年）に蕎麦粉で冷麺やビビン麺がつくられたと記されている［洪錫謨ほか 一九七一：一四九―一五〇］。ビビン麺とは、ソースや具材と混ぜて食べる麺料理である。

このような粉食事情を変化させたのが、一八八〇年代からの清国人移住と、小麦粉移入の増加である。当時、朝鮮米が供出される一方、逆に台湾米や内地米、外国米が移入されたが、合わせて小麦粉を移入することで、食糧難に対処しようとした。経済地理学が専門の荒木一視が提示したデータによれば、一九一四年から一九二九年にかけて小麦粉の輸入量は増加し続け、約三倍に至っている［荒木 二〇一四：一七］。麺料理の原料が小麦粉へと変化していくのも、それ以降の時代と考えられる。

次に、麺料理の中でも絶大な人気を誇るチャヂャン麺を例にみていく。チャヂャン麺に代表される韓国式粉食中華の変遷については表1に示したとおりである。一説に一九〇五年に開店したとされる中華料理店「共和春」が、炸醤麺をもとに改良し、メニュー化したのがチャヂャン麺とされる。チャ

表1　韓国式中華料理の略年表

1900年代初期	漢城(ソウル)に大衆向けの胡餅屋や中華そば屋が登場する。
1905年	「共和春」がチャヂャン麺を始めた→高級中華料理店（雅叙園・金谷園・大観園・四海楼）が富裕層に利用＝中華料理の二極化。
1948年	華僑の王松山が龍華醤油社を創業し、春醤を製造し始める。
1950年から1960年代	中華料理店は高級料理と認識される。
1960年代初め	深刻化する食糧問題を受けて「節米運動」や「米なしデー」が始まる→中華料理店全体の30パーセントが休業の危機にさらされる。
1970年代	チャヂャン麺が物価安定のための基本品目として価格規制の対象となる。
1973年	中華料理店を対象に米飯（쌀밥）販売禁止令がでる。 朴正熙政権によって「家庭儀礼準則」が定められる。
1970年代	都市労働者の外食利用と庶民化が進み、外食産業が発達する。
1980年代	国民所得が上がり、中華料理店の集客力が高まる。
1990年代から	韓国式中華料理は高級化が進む。
1990年代中盤以降	値下げ商品がでる。
2000年前後	メニューの多様化と無国籍料理化。
2000年代	中華料理店の分化・多様化。

ヂャン麺は、現代ではカラメルを入れて炒めた黒いソース（春醤：チュンジャン）を湯がいた麺の上にかけた麺料理で、日本でいうジャージャー麺と似ている。当初は、大陸でみられる豆豉醤で豚の挽肉と炒めた褐色のソースをかけた炸醤麺が、仁川の埠頭などで働く中国人労働者向けに広がったが、徐々に朝鮮の人々に好まれるソースに変わり、中国人以外にも広がったとされる。

そのようななか、チャヂャン麺の味を決める春醤は一九四八年につくられたとされる。山東華僑であった王松山が龍華醤油社（現 yeonghwa 食品）を創業したのが始まりであるため、このときにおよそ現在のチャヂャン麺ができたとも考えられる。

2　餃子の定着

餃子の類においては、マンドゥ（日本でいう餃子）があり、もともとマンドゥの皮の原料には蕎麦粉を用いた［李盛雨　一九九九：二三五］。マンドゥは漢字で饅頭であるが、中国のマントウ（饅頭）とは異なる。朝鮮時代には霜花《サンファ》という料理があったが、これは小麦粉を酒で発酵させ、具材を入れて蒸し上げたいわゆる中国の包子であった。ただ、中にはあんが入っていない包子も霜花としたりしたようで、あんの入った霜花のことを、わかりやすく饅頭果と表記するなどして、宮中宴会にだされた［李盛雨　一九九九：二三六―二三八］。これが後に、スルパン（酒種パン）やチンパン（蒸しパン：あんが入ることが多い）として根づく(6)。

一方、マンドゥは、蕎麦粉を柔らかにこねた後、ハシバミの実の大きさに丸め、具材として大根をやわらかく煮たものとキジ肉をみじん切りにして醤油と油で炒め、松の実や胡椒などで味つけをしたり、白菜キムチの茎葉をみじん切りにして豆腐や肉を混ぜたりしてつくったとされる［李盛雨　一九九九：二三九］。ところが、小麦粉の輸入が増加するにつれ、蕎麦粉に取って代わって、小麦粉が用いられるようになった。その過程で発酵に手間のかからない餃子がマンドゥ（饅頭）として普及していったと考えられる。

加えて、日本からの影響があったと考えられるのが、餃子を焼く方法である。本来、大陸では餃子を蒸したり、スープに入れたりして食したが、残って時間が経った餃子に関しては例外的に焼いて食べることがあった。ところが、日本では（油で蒸し）焼いて食べる餃子が戦前にすでに「焼き餃子」として紹介されている［主婦之友社編　一九三九：二八四］。韓国でも焼いた餃子のことを「ヤキマンドゥ」と呼ぶことがあるが(7)、もともと中国では水餃子が好まれていたことから(8)、呼称も含めて大陸から直接のルートでない、日本経由で入った可能性が高い。

その後、韓国で、小麦粉を主原料とする粉食が盛んに食されるようになったのは、一九五四年にアメリカでＰＬ四八〇号が法制化され、一九五五年に韓米剰余農産物協定が締結されたことが大きい。表向きは援助という形ながら、アメリカが処理に困った余剰農産物を韓国に売却し、その対価を復興や国防などの用途に限定して支払うという内容であった。韓国政府はそのような背景のもと大量に流入した小麦粉が栄養摂取に効果的で身体を丈夫にするとした粉食奨励を、米に雑穀を混ぜて食べる混食奨励と合わせて大々的に行ったが、これらは日本の状況と類似している。さらに価格統制がなされたチャヂャン麺が相対的に安価になったこと、所得水準が高まったことと相まって、韓国における粉食の中華料理は飛躍的に普及したのである。

四　食の伝播の仕方にみられる差異

以上、日韓両地域にみられた粉食中華の伝播をめぐって、食の段階的定着とそれと関連する担い手の変遷という二つの視点から検討を加える。

1　食の現地化と段階的定着

まず第一に、食の段階的定着という概念を用いて食の伝播について分析を試みる。食の段階的定着とは、ある料理が別の地域に定着する際、一度に受容されるのではなく、時代ごとに何度も層を重ねるように受容され、定着していくことを表現したものである。つまり、ある名称をもった料理がある地域に持ち込まれる際、最初に持ち込まれたままの名称で、再び時を経て持ち込まれることを指す。たとえば、Aという料理がB地域に一八〇〇年代に持ち込まれ、一九〇〇年代にもまたAという料理が同一名称のままで、あるいは名称は変わっても同一の料理の「本場の味」として再び持ち込まれるようなことである。

このような状況は、食の「現地化」と関係している［林　二〇〇六b］。食の現地化とは、いわゆる食にみられるグローカリゼーションであるが、単に影響力がある文化形態が別の地域にそのままの形態で定着するのではなく、程度の差こそあれ、その地域の状況に合わせてローカル化されて定着していくことを示す。とくには、本稿で紹介したラーメンのように、日本の各地でアレンジされ、現地の食として定着することを現地化と表現した。

しかし、これまでのグローバリゼーションやローカリゼーションをはじめ、現地化での議論と本稿で提起する議論で異なるのは視点の違いである。既存の研究では、ある文化形態が別の地域に波及したときの変化型や変化過程に主眼が置かれ、回数も含めて波及の仕方は着目されてこなかった。本稿では、それに対して、後述するように、誰が波及させたのかという視点に着目すると同時に、波及が波のように何度も押し寄せること、それが絶えず、すでに現地化しつつあった文化の形態にも影響をもたらしていることに着目した。もし、これまで波及の仕方に目が向けられなかったとすれば、それは我々がその変化自体にすぐに慣らされ、過去からのものと誤って記憶してしまっていたことに起因すると思われる。無意識のうちに記憶が新しいものに塗り替えられ、「上書き」されてしまうのである。

先のようにB地域に持ち込まれた料理Aは、現地化されることでA'となって定着するが、それはすでにAとは異なった形態になっているため、「本場」の味を導入する目的で再びAが持ち込まれる余地を残す[9]。そこで再び持ち込まれたAによってすでにある程度定着したA'も影響を受けて、微妙な修正が繰り返され、A''となる。A'は明確な世代nを表すことはできないが、これが無数の融合を繰り返した結果、AnがB地域で根づいていく。ただし、ここで重要なことは、AがAnとしてB地域に根づく際、B地域では、それを単にA、あるいはAを受け入れて現地化させたA'としか捉えないことである。

これこそ食の段階的定着がみせる興味深い事例で、いわゆる「文化の上書き」現象が起きていることを意味する。つまり、人間が日々経験している、いわゆる過誤記憶の際に起きる記憶の上書きや修正が、文化の定着の際にも起きている。昔と現在では、すっかりと変わってしまった故郷の風景も、その風景の中にしばらく身を置くと、変化後の新しい風景に慣らされてしまうことがある。今ある文化の形態がさも遠い以前から続いてきたかのように、記憶が上書きされるのである。これが個人レベルに留まらず集団レベルで起きると、文化が上書きされることになるのである。

ここでは、粉食中華における食の段階的定着、あるいは食文化の上書きについて、日韓の差をみていくことにしたい。

(1) 日本における粉食中華の段階的定着

まず日本の状況をみて疑問に感じられるのは、中華料理が粉食中華とともに婦人雑誌で紹介されたものの、実際にどれほど一般家庭で食されたかという点である。ここで興味深い点として、婦人雑誌で紹介された中華料理の名称は、チャトツ、シウマイなど、標準中国語の発音に近い表記で紹介されており、シュウマイ（焼売）はよいとして、ギョーザ（餃子）に至っては現在と異なった音で呼ばれていた。加えて、一九二九年の婦人倶楽部付録『家庭料理』には中華料理の紹介として麺料理のメニュー自体を登場させていない。

これら戦前から戦後期にかけて断続的に流入した粉食中華をめぐる疑問点こそ、本稿で指摘する食の段階的定着で、特定の料理が何段階かに分かれて波及していき、受容者側もその形態をその都度、上書きするかたちで受容していく現象を示している。餃子も、「餃子」という確立したメニューが一時期に一度に波及したわけではなく、段階的に持ち込まれ、その都度、上書きして現在にみられる形態へと変化してきたわけである。その第一波こそが一九二〇年代の婦人雑誌で紹介されたチャトツやチャオツであり、第二波として一九五〇年代に急速に広まったギョーザへと上書きされたというわけである。

一方で、同じく婦人雑誌で紹介されていた焼売は、主に南方華僑たちが中華街を中心に日本にもたらしたが、[10]焼売に関しては、呼び名も含めて食の段階的定着はみられなかった。焼売と餃子が異なったのは、料理の「出身地」である。一般的に餃子は北方料理、焼売は南方料理とされるが、主に日本の中華街で勢力を誇ったのは福建省などからの南方華僑で、これは江戸時代の日中間の交易が、長崎の唐館を中心に寧波幇、福建幇、広東幇の三幇と、幕府との間の制限貿易に始まったことに関係すると思われる［中村　二〇〇四：一三］。それに対し、戦後日本に粉食中華をもたらした引揚者たちが居住していたのは中国北方の旧満州で、そこはまさに餃子がよく食されていた地域である。食の段階的定着に引揚者が影響を強く及ぼしたことを考えれば、その引揚者と接点をもたない南方料理であった焼売は、すでに日本で紹介されていたシウマイに影響を与えることもなかったといえる。

また、明治期にいわゆる高級食材を用いた中華料理が日本で紹介されていったのに加え、「支那そば」など麺料理を中心とする支那料理が急速に普及していった。背景にある西洋料理と共通して肉が使用され、油脂が滋養のために効果的で、安く旨いといったことは、前掲の通りである。札幌の事例でいえば、肉絲麺《ロースーミエン》で始まった豚そば(11)（チャンそば）は、日本人店主の要望であっさりとした味に変化していくと同時に、徐々に日本で入手できる食材を用いながら名称もラーメンと変えて普及していった［小菅　一九九八：七〇―七二、八五―八八］。

以上のように粉食中華の日本普及は、戦後の一九五〇年頃からであったが、その背景にはまた、アメリカとの間に締結された余剰農産物協定があった。その当時の日本では、粉食が小麦消費拡大運動によって奨励される。そのような時代的背景と重なり、粉食中華は中華料理というカテゴリに含められながらも、戦前に紹介されたチャトッはギョーザとして再導入され、支那そばはラーメンとして再加工され、上書きされながら普及した。

(2)　朝鮮半島における粉食中華の段階的定着

一方、朝鮮半島においても清国人（中国人）が定着し始めたのは一八八〇年代以降と、日本でいう明治時代であり、その頃から在鮮中国人を中心に朝鮮半島で中華料理が広がっていく。一九二四年には、李用基による『朝鮮無双新式料理製法』［李用基　一九二四］が刊行されるが、そこに中華料理として粉食は紹介されていない。支那料理（中国料理）として紹介されているものは燕窩湯《イエンウォタン》や海蔘湯《ハイシエンタン》など一五種類で、そこにいわゆる麺料理や餃子の類は紹介されていない。むしろ朝鮮料理の一つとして、「麺料理をつくる方法」（一三〇—一三五頁）という項目に素麺や冷麺、温麺や蕎麦などが紹介され、「餃子をつくる方法」（一三五—一三七頁）という項目にキムチやキジ肉を用いた餃子が紹介されている。

このことから粉食系の中華料理はいち早く朝鮮半島に入り、食材や具材を変化させることですでに定着していたともいえるが、今日の中華料理で提供される麺や餃子とは異なる料理が記されている点は留意すべきである。麺料理の項目には、中華料理店でメニューとされているチャンポンやチャヂャン麺、鶏絲麺《キスミョン》、ウドン（タンメンに似た麺料理）が含まれていないのはもちろん、マンドゥの項目に至っては焼き餃子や水餃子は紹介されておらず、小麦マンドゥ、蕎麦マンドゥなど、皮の材料の違いで料理が載せられている。つまり、マンドゥという同じ名称のまま、上書きが起こっていたと考えられる[12]。また包子の類は、中華料理の項目にも、朝鮮料理の項目にも紹介されていない。

加えて、これらマンドゥが朝鮮料理として紹介されるなど、小麦粉を中心とする粉食中華があまり普及していない、あるいは中華として捉えられていなかったことを思わせる。つまりは霜花《サンファ》や饅頭、とくに片水《ピョンス》などは宮中料理に含まれる粉食であり、これら部分的に定着していた中華料理とは別に、新たに流入した粉食中華は中国人が日常的に食べるものとして、霜花や片水などに取って代わって広まっていったと考えられる。とくに一九二〇年代に中国からの移住者が急増し、一九三〇年には六万人を越える人口を有したことは［林　二〇〇七：一三二］、当時、半島全体で二〇〇〇万人弱の人口であったことを考えるとそれなりの影響力を持ったと考えてよく、それは徐々に一般朝鮮社会にも浸透していった[13]［李正煕　二〇一二：一九五］。

これらが意味するのは、朝鮮時代以前に朝鮮半島に取り込まれた中華料理はすでに現地化し、それ以外に新しく朝鮮時代以降に中国から粉食が流入してきたということである。また、それは朝鮮半島に直接的に渡ってきた中国人によってもたらされたのである。

朝鮮時代の粉食の特徴として、蕎麦粉や緑豆粉が用いられたことが挙げられる。確かに片水や水《ス》餃《ギョ》衣《イ》（今日の餃子に似た料理）などについては小麦粉による製法が紹介されているが［尹瑞石 一九九一：六六—六七］、朝鮮時代中期の料理書『飲食知味方』（一六七〇年頃）に紹介されている多くの粉食の原料は、蕎麦粉か緑豆粉となっている［鄭大聲編訳 一九八二：五—八］。ここからいえるのは、すでに朝鮮時代に存在した中華の系統を含む粉食は、日本統治時代以降に粉食中華が急速に広まっていく過程で、原料を蕎麦粉や緑豆粉から小麦粉に替えていった。この背景には、日本統治時代となり、つなぎとして優れ、完成した料理の外見が白くなる小麦粉が入手しやすくなったことも要因と考えられる。緑豆粉でつくった麺（匙麺）やすいとん（緑豆羅花）、蕎麦粉でつくった饅頭（マンドゥ）などが消え［鄭大聲編訳 一九八二：六—一二］、小麦粉でできたククス、すいとん、マンドゥ（餃子）などに塗り替えられていったわけである。

日本のように強兵のため、栄養や滋養が意識されて国家から推奨されるわけでもなかったが、資本力のある華僑が大型中華料理店を経営する一方で、労働者階級向けに粉食中華が普及する(14)。華僑と個人的に接触のあった朝鮮人が餃子や包子などの振る舞いを受けるなかで、それらは徐々に朝鮮社会でも浸透していったが、中心的な原料となる小麦粉自体が一九四〇年から配給統制となり、一九四五年まで状況が悪化し続けることで中華料理店や飲食店の統廃合、経営者の中国帰国が相次いだ［李正熙二〇一二：二〇〇—二〇二〕。一九四五年以降、多くの中国人が祖国に戻り、韓国人を相手とする商売が拡大し始め、徐々に味が韓国人向けに変化していった。その典型がチャヂャン麺であり、そのソースとなる春醬であった。中国人向けの炸醬麺が韓国人向けのチャヂャン麺に塗り替えられていったのである。

（三節で）表1に記したように、一九四八年に、今日のチャヂャン麺に用いられる春醬の工場ができたことは、味覚が統一化されていくうえで注目したい。つまり、チャヂャン麺が誕生したとされる二〇世紀初めと比べても四〇年以上が過ぎており、チャヂャン麺が朝鮮の人々に受容されるにしたがって変化していく過程で、名称だけを残して料理の内容が変化していったことをうかがわせる。さらにその後は、日本同様に米不足と一九五〇年代中盤からの小麦粉の大量流入で粉食は大いに普及した。粉食の普及によって、中華料理も添え物をはじめ味つけも辛口が増え、ますます韓国人向けに変化したのである。

2　料理の担い手の変遷

食の段階的定着は、もう一つの視点である料理伝播の担い手の問題と深く関わってくる。どのような文化的背景、あるいは国籍・アイデンティティをもった人間が料理の担い手、あるいは創造主となったかは、料理の特徴を大きく左右する。ここまで両地域における粉食の定着過程をみてきたが、両地域における粉食中華の担い手にも興味深い差がみられる。日本において、粉食中華を定着させたのは在日華僑であったが、満州事変が勃発する一九三一年頃から祖国に戻った中国人に代わって日本人が

表2　中国料理の主な担い手の変化

	第Ⅰ期（19世紀後半-1931年）	第Ⅱ期（1931-1945年）	第Ⅲ期（戦後-1970年代）	第Ⅳ期（1970年代以降）
日本	華僑	日本人	日本人（引揚者流入）	日本人
韓国／朝鮮	華僑	華僑	華僑	韓国人

担い手となり、さらに戦後は満州からの引揚者となった。一方、導入期（第Ⅰ期）の韓国・朝鮮においても在韓華僑が担い手となったが、抑圧政策[15]を受けて海外移住が本格化する一九七〇年頃まで韓国人が担い手とならなかった点が異なってくる。それは満州事変のわずか二か月前に起きた万宝山事件[16]をきっかけに多くの在韓華僑が朝鮮半島を離れたときも、状況として大きな変化がなかった。

そこで本節では、粉食中華の普及をその担い手である料理人という視点に着目してみていきたい。まずは、以下、時代ごとに日韓両地域における中華料理の担い手の移り変わりを大枠として表2にまとめた。

以上のように、日本における粉食中華は第Ⅰ期から第Ⅲ期と三回にわたって変化してきたと考えられる。各時代の社会状況に応じて料理の担い手が中国人（華僑）から、日本人、大陸からの引揚者へと変わってきたことがわかる。第Ⅳ期になると、第Ⅰ期、第Ⅱ期の二世たちが経営に携わることも多く、とくに引揚者であるなしは関係なく、日本人が粉食中華の担い手になっていったと考えられる。

一方、朝鮮では第Ⅲ期まで、華僑が中華料理の担い手であり続けたことが大きく異なる。一九三一年の万宝山事件の影響で中国人料理師が帰国しても、担い手に変化がなかったのは、一般人が外食にでかけるほど、経済的余裕がなかっただけでなく、朝鮮社会における中華料理の需要がそれほど高くなかったためと考えられる。そのほか、後述するように、中国人料理師が韓国人雇用者に調理技術を伝達しなかった点も要因となり、朝鮮人が中国人料理師に取って代わることもなかったようである。

およそ一九四七年までに満州からの引き揚げた朝鮮人は八〇万人から八四万人とされる［李海燕 二〇〇二：四七］。当時、南北朝鮮の人口が約二五〇〇万人であることを考えると、それほどの人口が戻ってきたにもかかわらず[17]、食への影響が少なかった理由として、所得状況以外にも、一九五〇年に勃発した朝鮮戦争で、満州あるいは共産党中国に対する敵対的なイメージも影響したと考えられる[18]。そのためか、料理師が韓国・朝鮮人へと主役交代するのは、在韓華僑が海外に大量に移住を始めた一九七〇年代まで待たなければならなかった。この頃になって、それまで中華料理店で見習いや雑用をしていた韓国人たちが、ようやく担い手として表舞台に現れるようになった[19]。

これには、中国人（華僑）のスタイルとも大きく関わっているといえる。日本のラーメンの変遷について調べた小菅によれば、中国人料理師たちは日本人が調理場に入ることを禁じており、ときに調理場に入ろうとすれば、技術を教えることで自分の職が奪われるのを恐れて威嚇したという［小菅 一九九八：七四―七五］。そのため、少なくとも札幌では、中華料理屋の料理師として中国人が占める状態は一九三一年の満州事変まで続いたといい、それ以降は身の危険を感じて本国に帰った中国人の穴埋めをするかたちで、日本人による中華料理が普及していく［小菅 一九九八：七五］。

これに似たことは韓国でもいわれており、中華料理屋に雇用されても調理技術が韓国人に伝達されることはなく、一九七〇年代に多く独立していった韓国人料理師も見よう見真似で覚えていったといわれていた[20]。そのことは同時に、粉食中華に対して韓国人料理師による改良が加えられたことを意味している。たとえば、チャヂャン麺でいえば、春醬を炒めるのに豚の脂身を使っていたのを食用油に変えたり、麺にかけるソースに水気を加えたり、具材に用いるタマネギの量を減らしてジャガイモやニンジンなどを多用したりすることも、一九七〇年代後半からの変化である［林　二〇〇六a：五五］。さらに、当時、中華料理として認識されていたチャンポンのスープが唐辛子で辛くなったのも一九七〇年代後半である［林　二〇一一：五三］。

3　料理の担い手の差からみた食の段階的定着

以上のような料理の担い手の変化が、食の段階的定着にも影響を及ぼしたことは想像に難くない。日本の場合、華僑がもたらした粉食中華に脚色が加わったのは、約一八万人といわれる満州からの引揚者の存在が大きかった［蘭　二〇〇二：三二一］。戦後は、食うのに精一杯の状況で、日本に基盤を持たなかった引揚者たちが手っ取り早く商売をするには、開拓地で親しんで味を食糧難の日本で売りだすことであった。先述の札幌ラーメン横丁をつくった大宮守人夫婦も満州からの引揚組で［小菅　一九九八：一九八］、多くの引揚者たちがチャルメラを吹き、ラーメン屋台を引いて生計を立てたことと重なる。名称を支那そば・中華そばからラーメンに変えながら、各地に浸透していったのも段階的定着の一過程であった。

また、宇都宮や浜松、福島などにおける餃子の定着に、引揚者や関東軍経験者が多く関わっていたことは、今日でもよく語られるところである。満州帰りで、後述するじゃじゃ麺の生みの親である高階貫勝も、それ以前は屋台で餃子を売っていた［松田　二〇一〇：一一七］。これこそ、先に指摘した食としての粉食中華の段階的定着に大いに関係しているが、重要なことは中国で餃子は水餃子が一般的で、蒸して食べることもあるが、焼くのは餃子が残ったときの食べ方とされることである。さらに油で蒸し焼きにしたかたちで定着させていったのも引揚者たちで、このような再加工こそが食の段階的定着に大いに寄与した。

加えて、盛岡市で有名な麺料理にじゃじゃ麺があるが、これも現地に合わせて改良した料理で、中国北方で食される炸醤麺をもととする、ゆでた麺に肉味噌を載せた料理である。専門店「白龍《パイロン》」を開業した高階貫勝が開拓先であった満州から戦後、盛岡に戻り、職にあぶれていたときに移住先で慣れ親しんだ炸醤麺の味に近づけてつくったとされる。一九五三年頃から中国東北部で食べた炸醤麺の味を真似て屋台で売り、試行錯誤を経て現在のじゃじゃ麺をつくったというが〔松田 二〇一〇：一一七―一一八〕、中国の甜麺醤が入手しにくく、また地元の人々の舌になじみやすくするため、肉味噌に用いる味噌として仙台味噌を用い、麺もうどん麺に変え、紅ショウガを載せた。このような大胆な改変が加えられたのも担い手、あるいは作り手の「国籍」によるものといえる。

一方、韓国／朝鮮では、華僑が長らく料理の担い手であり続け、技術の継承も行わなかった(21)。彼らが引き上げた日本の敗戦直後は、韓国自体、食事情が思わしくなく、料理技術の継承ができていなかったため、華僑に取って代わって粉食中華を担う韓国人は多くなかった。周囲の韓国社会へ営業をかけるために、味を韓国化させても、それほど大きな変化ではなかったと思われる。その状況が変わったのが、一九七〇年代の華僑の移住ブームであった。担い手も中華料理の見習いから少しずつ技術を身につけた韓国の料理人が、食材や味覚など自分たちが好むように変化させていったのである。

食の段階的定着の過程で興味深いことは、これらのように引揚者が普及させた粉食中華が、いわゆる華僑たちが普及させた粉食中華と異なったという点である。たとえば、札幌ラーメンを全国区にしたとされる前述の大宮夫婦は［小菅　一九九八：一九六］、味噌ラーメンを開発した。ラーメンに味噌を入れるという発想自体が、華僑にできなかったわけではないが、現地人であるほど、より「原形」にこだわらないため、変革が可能と考えられる。

以上のことをまとめて考えると、まず食が伝播した最初期では食を持ち込んだグループ内でのみ消費されることが多い。そして、その次の時期では、食材を現地のもので代用したり、担い手が譲れる範囲で味を現地の人々の舌に近づける工夫を凝らしたりするようになる。次に、担い手が現地の人々に取って代わる時期になると、改良を加えながらも基本的に教わった味にとどまる。そして、最後は原形がわかりにくいかたちでの発展型が完成する。ただし、最初に外来食を持ち込んだ人々が現地の人々であった場合、盛岡じゃじゃ麺のように、苦労の末、最初から大幅な改良が加わって料理が生みだされ、その後、それが原形として現代にまで継承されることもある。

むすび

本稿では日本帝国下の東アジアにおける粉食中華の伝播について二つの視点から検討してきた。一つは食の段階的定着や文化の上書きという本稿で新たに提起した考えで捉え直した。それが、もう一つの視点である料理の担い手と密接に絡んでいたことは興味深い。

韓国・朝鮮では、小麦粉の生産や普及との関係で粉食は存在しても、小麦粉による粉食がなかなか普及しにくかった。一部、宮廷料理などにはみられても、材料が異なることがあった。それに比べて、粉食がある程度浸透していた日本においては、粉食中華においても、さほど抵抗はなかったと思われる。その差が、粉食中華の受容においても差をみせた。

さらに、料理の担い手が容易に現地人と代わりえた日本の場合は、文化の上書きも自然に行われたのに対し、料理の担い手が長く華僑にとどまっていた韓国・朝鮮においては、定着も段階をあまり踏まず、明確な上書きがみられなかったように思われる。

いずれにせよ、これまで、たとえば餃子なら餃子、カテゴリとしての中華料理なら中華料理と一括りにまとめて伝播が語られてきたのに対し、食の段階的定着という考えを用い、本稿では地域の特性や社会情勢の変化に応じて、さまざまな段階を経て導入され、普及していったことを指摘した。粉食中華と括られる料理でも、過去と現在では同一の料理ではなく、食が段階的に定着し、常時「上書き」がなされることを示した。

外来食が現地に定着する際、受容側の食習慣の影響、味覚や好みが大きく左右するが、担い手である料理人の背景によっても導入される料理は大きく影響された。日本における粉食中華は、時代ごとに華僑、日本人、引揚者を含む日本人と移り変わった。韓国の粉食中華については、華僑がずっと料理人で居続けたため、食の段階的定着も日本とは異なった。むしろ、担い手としての華僑自身が、客として訪れるようになった韓国人に合わせ、添え物を変えたり、味を辛くしたり、油脂を落としたりなどと工夫を凝らし、変化させてきた。そして一九七〇年代以降、韓国人料理人が増えると、ジャガイモなどの食材が新たに用いられたり、辛さの度を増したり、さらなる変化がみられた。

表3　食の導入過程による分類

①国家が主導したもの	日本における肉食（牛鍋）・牛乳、韓国における小麦粉製品など
②軍隊が主導したもの	パン・ビール・カレーライスなど
③移住者が主導したもの	朝鮮における中華料理・日本食・洋食、日本におけるチャンポン・冷麺・朝鮮漬など
④引揚者・帰郷者が主導したもの	日本におけるじゃじゃ麺・餃子など
⑤国内移住者が主導したもの	日本におけるチャンポン・ラーメン・餃子、朝鮮半島における冷麺

一方、一九三一年の万宝山事件や満州事変の影響で日朝両地域から中国人料理師が帰国した際、日本では担い手の交代が進み、朝鮮では進まなかった点については、前節の解釈だけでは説明がつかない部分もある[22]。この点については、今後、さらに検討していきたいが、日本で中華料理は栄養や滋養の観点が宣伝、認識されていたため、すでに一般の間でも一定の受容が見込めた反面、朝鮮の場合は栄養や滋養と捉える観点があまりなく、粉食への慣れも異なったため、需要が見込めなかった可能性もある。それに加え、中華料理の定着度や庶民の経済状況の差が影響したともいえそうである。

また、担い手に着目するときには食が導入された過程をみると（表3）、いかにそれらが多様な形態で流入してきたことがわかる。とくに日本では、富国強兵と絡み、欧米列強に追いつけ追い越せで、国家や軍組織が主導して食が定着する過程が多くみられるが、外国の統治下にあった朝鮮では、その過程が少なかったとも考えられる。

本稿では、食の段階的定着という考え方から、特定の料理が段階に応じて定着していく際に食の「上書き」が起こることを指摘する反面、同じ粉食中華でも焼売のように上書きされない料理があることを示した。現在でも韓国に焼売が一般の食卓にみられないように、料理の担い手の国籍や出身地が食に大きく作用するのである。

そして、最後に着目したいのは、これらの「上書き」がとくに食文化だけに当てはまらない点である。言語その他全般に当てはまるものと考える。[23] およそ文化全般にこのような「文化の上書き」や「塗り替え」、つまり「段階的定着」が起きている。今日の日本や韓国でみられるスタイルも、むしろ多くの上書きの過程を経て、現在の形態に至ったと考えるべきである。食は変化を受けやすく、また人々の流動によって容易に波及する。食の伝播は、時代を問わず起きうるが、今回、とくに人々の移動が激しかった時期、戦前戦後期の帝国日本下に焦点を当てた。食の段階的定着が、どのグレードまで進むのか、今後も注目していきたい。

また以上のことに加えて、韓国の中華においては、日本統治時代に影響を受けた料理名や呼び方が今日まで影響を及ぼしていることについて指摘して終わりたい。呼び方と料理の中身自体が、日本のメニューと異なっている事例も多くみられるが、これについても、受容側や担い手が周囲の社会とどのような接点を持っていたのかと関わっている。もちろん、このことも当時の日本帝国下において、想像以上に人々の移動が起きていたことがその理由になっている。ともすれば、軍靴の音ばかりが強調される時代である。そのこと自体は間違いなく、多くの悲劇を生んだ。この過去はきちんと胸に留めておく必要があるが、一方で、その時代に多くの人々が移動を繰り返したことで、食を含む文化全般が多様化したのも確かである。

注

（1）二〇一六年一二月三～四日に開催された「帝国日本におけるモノと人の移動と他者像」シンポジウムにおい

て粉食は中華の枠組みに入るのかという質問を受けた。確かに、高級食材などが用いられる中華料理は調理法から始まり、食材まで一つの体系となったものを指しやすいが、本稿では、今日あるいは日本統治時代に遡り、人々が一般に和食や朝鮮料理、洋食と区別して、「中華」と捉えたものを中華料理とし、とくに粉食をメインとするものを粉食中華とした。

（2）日本で国民食とされるラーメンについても、似たようなことがいえる。一人あたりのインスタントラーメン年間消費量では、韓国などに劣っても、日本ではインスタントラーメンでなく、生ラーメンが人気の主流となっていることはいうまでもない。

（3）中国を指した「支那」という呼称はすでに平安時代にはみられるが、一九〇〇年代当時は本来の意味と離れ、蔑称として流布していたため、「支那そば」という言い方が問題視された。

（4）一九五四年にアメリカで可決成立した法案（Public Law）で、農産物貿易促進援助法（The Agricultural Trade Development and Assistance Act）である。アメリカでの余剰農産物を輸出相手国の通貨で決済するが、その売上金を相手国に積み立て、軍事物資や経済援助などアメリカとの協議で使用できる。ある意味で、輸出拡大と援助を兼ねた余剰農産物処理方法ともいえる。

（5）アメリカの国内法である相互安全保障法ＭＳＡ（Mutual Security Act）に基づき、一九五四年に日米間で締結された協定で、日米相互防衛援助協定ともいう。アメリカが日本に軍事物資その他の援助をする代わり、日本は防衛力を強化し、アメリカに各種便宜を与えることを取り決めた。

（6）ただし、これらは中華料理で販売されるものではなく、「粉食店」（粉食を中心とする軽食店）などのメニューとして販売される。これらの料理は中華料理が一般的になる前にすでに浸透していたと考えるのがわかりやすく、同時にこれらは主食に対する副菜という位置づけでなく、それ自体が完結した間食として定着する。

（7）実際には、焼くのではなく、日本のように油で蒸し焼きにするのでもない。油で揚げる揚げ餃子をヤキマンドゥと呼んでいる。

（8）日本で焼き餃子が流行った理由として一般的なのが、中国では主食になり得た餃子が、日本では餃子があくまでも米飯の副菜として食されるためという見解がある［顧中正　一九八四：一四］。これも粉食よりも粒食を優先した食文化から変化ともいえる。

（9）当然ながら、A自体が変化していることも珍しくなく、その場合も変化したAが「本場」のAとして持ち込まれることになる。

（10）横浜中華街で支配的であったのは広東人とされるが、中には山東人も入り込んでいたことを小菅［一九九八：一二一—一二二］は指摘する。

（11）湯通しして糸切りにした豚肉を日本人好みのあっさりとしたスープ麺の上にのせたものであったが、チャンそばやチャンコロそばと注文されたため、それに代わる名称としてラーメンに行き着いたとされる［小菅一九九八：七〇—七二、八五—八八］。

（12）中華料理としても、韓国料理としても登場するチャプチェは「雑菜」として『朝鮮無双新式料理製法』にも紹介されるが、ナムル（和え物、おひたし）として紹介される。製法としては珍しく油で炒めることが記されている。朝鮮では食用油としては荏油（エゴマの種子からとる油）がよく用いられていた。

（13）一時六万人を越え、七万人に迫る人口規模をもったが、一九三一年の万宝山事件、満州事変で四万人以下に人口が落ち込む。その後、再び一九四五年頃までに八万人を突破する［林　二〇〇七：一三二］。また、これらの料理は当時の朝鮮の人たちからも好まれていたようである［李正熙　二〇一二：一九八—一九九］。ソウルでも一九二〇年代、中国人経営のホットック屋が学生などから人気であったと記されている［金振松二〇〇五：二八二］。

（14）たとえば、これに関して華僑研究者の李正熙［二〇一二：一九五—一九七］は、中華料理店、飲食店の中華料理、飲食店の中華パン屋に分類している。本稿に合わせれば、中華料理店は大型中華料理店となり、麺類ほか簡単な一品料理をだす飲食店の中華料理と、ホットックやマントウのようなものをだす飲食店の中華パン屋を合わせて粉食中華の飲食店となる。さらに本稿では、その中でもホットックなどは、特別な技術を要するものでなく、徐々に「粉食中華」というカテゴリから離れ、単なる「粉食」（あるいは、今日の「粉食店」で提供されるような韓式粉食）というカテゴリが形成されていったものと捉えたい。中国人料理師たちが技術を外部に伝えないことは本文内でも指摘したとおりである。いずれにせよ、中華料理を提供する店舗も分類して捉える必要がありそうである。

(15) 一九六〇年代から外国人土地所有をめぐって事業に支障をきたすレベルで制限をかけたほか、一九七〇年代にも米飯販売禁止令を中華料理店にのみ適用するなど、中華料理店に心理的、経済的な負担を与える政策が相次いだことで、多くの華僑が韓国を離れる決断をしたとされる。

(16) 一九三一年七月、中国吉林省の長春郊外にある万宝山で田に水を引くための水路をめぐって朝鮮移民と地元中国農民が争った事件で多くの死傷者がでた。これをきっかけに民族対立が助長され、朝鮮半島において排華暴動が起こった。

(17) 当時の日本の人口は約七二〇〇万人であり、仮に満州引揚者が一八万人とすれば、約〇・三パーセント、朝鮮の場合は約三パーセントとなる。

(18) 前掲「帝国日本におけるモノと人の移動と他者像」シンポジウムにおいて、東亜大学の崔吉城先生も共産党中国への敵愾心が相当に強かったことを指摘している。

(19) 中華の担い手がほとんど男性であったことも今後の議論となり得る。朝鮮の場合、宮中において慶事の宴会料理は男性調理師が受けもつが、平素は尚宮という女官が担当した［依田 二〇〇七：二九四］。また、酒幕の酒母（旅籠の女主人）など、大衆レベルの飲食店では女性が料理人となることが多数であった。中華料理店に関しては、中国人料理師のほとんどが男性であったためか、現代韓国においても中華料理店の料理師は男性が多い。もともと朝鮮では料理人の地位が低かった点は念頭に置くべきで、統治時代を通じてか、価値観の変化が起きたと思われる。一方で、粉食屋については女性主人が多いように思われる。

(20) 一九四五年以降の韓国における中華料理店は、華僑たちの独占状態が続くが、料理店の数は、一九四五年に一七五店、一九四八年に三三二店、一九五八年に一七〇二店、一九六四年に二三三七店、一九七二年には二四五四店と増加していった［朴銀瓊 一九八六：一二八］。しかし、一九七〇年代前半までは増加をたどった中華料理店も、その後、一九七六年に朴正熙政権が教育権や財産権を剥奪したことで華僑が韓国を離れ［周永河 二〇〇一：四二］、一九七〇年代後半になって韓国人経営者が増加したことが指摘されている［朴銀瓊 一九八六：一三八］。

(21) 移住者が長らく料理の担い手になっていた事例として、日本における朝鮮料理が挙げられる。ただし、同じ朝鮮人(在日朝鮮人)が担っていたとはいえ、冷麺とホルモン料理では、その普及度や、その後の担い手の変化が異なっているように思われる。これについては、その料理に対する価値の度合などが関連している可能性がある。

(22) 当時、一部の粉食店やホットックの屋台などは朝鮮人が営んでいたと思われるが、本稿ではホットックやいわゆる粉食店で販売される粉食料理は粉食中華という範疇から外して考えており、担い手に含めていない。それは注14で指摘したことと重なる。実際に、後の屋台で販売されるマンドゥなどは冷凍食品が多く、出来合いものを販売するにとどまっている。ちなみに、冷凍食品産業が活発化するのは一九八〇年代以降と考えられ、一九七九年に永川の釜山製菓が「餃子マンドゥ」の機械を導入したほか、一九八〇年に千一食品が日本の冷凍餃子を導入して生産を始めたという[韓福眞 二〇〇一:一六五]。

(23) 言語でいえば、在日コリアンが用いる朝鮮語が挙げられる。彼らは世代を超えた日本滞在から日本語に影響を受けた朝鮮語を話すが[申昌洙 二〇〇五:二八八]、韓国留学からの帰国組などが増加し、韓国ドラマが流行るなかで、徐々に韓国アクセントに影響を受けた朝鮮語を話すようになった。彼ら自身の言語を「在日語」「朝鮮語」「韓国語」と区別する者もいるが、内実は大きく異なる対象を指しておらず、それ自身も変容してきている。これは日系人が用いる「日本語」についても同様なことがいえ、中東[二〇一一:八四]の論考ではパラグアイ日系人を例に、彼らの言語の元となる広島方言の変化すら影響を与えることを指摘する。

参考文献

荒木一視
　二〇一四「戦前期朝鮮半島の食料貿易と米自給――主要税関資料による検討」『山口大学教育学部研究論叢第一部・第二部、人文科学・社会科学・自然科学』六四:一五―二九。

蘭信三

二〇〇二 「「満州移民」が問いかけるもの」『環』一〇：三〇八―三一七。
文藝春秋編
一九八九 『B級グルメが見た韓国――食文化大探検』文藝春秋。
千葉俊二編
二〇〇四 『谷崎潤一郎上海交遊記』みすず書房。
鄭大聲編訳
一九八二 『朝鮮の料理書』平凡社。
婦人倶楽部編
一九二九 『和食洋食支那食家庭料理』（婦人倶楽部、第一一巻第一号附録）大日本雄弁会講談社。
一九三一 『簡單な西洋料理支那料理』（婦人倶楽部、第一二巻第一号附録）大日本雄弁会講談社。
藤田勘一
一九三九 『支那料理の話』（佐藤眞美編）滿鐵鐵道總局營業局旅客課。
深潟久
一九七九 『四海楼物語』西日本新聞社。
ソルト、ジョージ
二〇一五 『ラーメンの語られざる歴史』野下祥子訳、国書刊行会。
咸翰姫ほか
二〇〇一 「ソウル住民の食生活変遷」ソウル市政開発研究院・ソウル市立大学ソウル学研究所編『ソウル二〇世紀生活・文化変遷史』ソウル市政開発研究院、三七九―四五六頁（韓国語）。
韓福眞
二〇〇一 『私たちの生活一〇〇年・食』玄岩社（韓国語）。
速水健朗
二〇一一 『ラーメンと愛国』講談社。
林史樹
二〇〇六a 「コリアン中華の代表料理――チャヂャン麺」『韓国語ジャーナル』一七：五四―五五。

二〇〇六b 「グローバル化した韓国式中華料理――再現地化する食」河合利光編『食からの異文化理解テーマ研究と実践』時潮社、九一―一一一頁。
二〇〇七 「「韓国華僑」の生成と実践――移民集団の括り方をめぐって」『韓国朝鮮の文化と社会』六：一二四―一四八頁。
二〇一一 「チャンポンにみる文化の「国籍」――料理の越境と定着過程」『日本研究』三〇：四七―六七頁。
二〇一六 「戦争期にともなう食の伝播に関する一考察――韓国における粉食を中心に」『神田外語大学紀要』二八：三一一―三二五。
東四柳祥子・江原絢子
二〇〇三 「解題近代日本の料理書（一八六一―一九三〇）」『東京家政学院大学紀要』四三：二二五―二四〇。
洪錫謨ほか
一九七一 『朝鮮歳時記』姜在彦訳、平凡社。
周永河
二〇〇一 「韓国で出会う中国・日本の食べ物」『BESETO』八三：四一―四三（韓国語）。
姜仁姫
二〇〇〇 『韓国食生活史』玄順恵訳、藤原書店。
金振松
二〇〇五 『ソウルにダンスホールを』安岡明子・川村亜子訳、法政大学出版局。
顧中正
一九八四 『餃子の研究』中央公論社。
小西正人
二〇〇七 『盛岡冷麺物語』リエゾンパブリッシング。
小菅桂子
一九九八 『にっぽんラーメン物語』講談社。
李海燕
二〇〇二 「第二次世界大戦における中国東北地区居住朝鮮人の引揚げの実態について」『一橋研究』二七（二）：

三九―六四。
李正熙
二〇一二『朝鮮華僑と近代東アジア』京都大学学術出版会。
李盛雨
一九九九『韓国料理文化史』鄭大聲・佐々木直子訳、平凡社。
李用基
一九二四『朝鮮無双新式料理製法』韓興書林（韓国語）。
丸本彰造編
一九三八『支那料理の研究――その料理法の研究と随園食単』糧友会。
松田十刻
二〇一〇『めん都もりおか』盛岡出版コミュニティー。
中村哲夫
二〇〇四「呉錦堂」神戸華僑華人研究会編『神戸と華僑』神戸新聞総合出版センター、一〇―三五頁。
中東靖恵
二〇一一「パラグアイ日系社会におけるアクセントの継承と変容――パラグアイの広島県人家族を対象に」『社会言語科学』一三（二）：七二―八七。
岡田哲
一九九三『コムギ粉の食文化史』朝倉書店。
二〇〇〇『とんかつの誕生』講談社。
奥村彪生（安藤百福監修）
一九九八『進化する麺食文化』フーディアム・コミュニケーション。
二〇〇九『日本めん食文化の一三〇〇年』農文協。
朴銀瓊
一九八六『韓国華僑の種族性』韓国研究院（韓国語）。
静岡新聞社編

一九九八『餃子伝説』静岡新聞社。
主婦之友社編
一九三九『主婦之友花嫁講座　洋食と支那料理』主婦之友社。
申昌洙
二〇〇五「民族教育の歴史と朝鮮学校における朝鮮語教育」真田信治他『在日コリアンの言語相』二七一―二九七頁、和泉書院。
楊昭全・孫玉梅
一九九一『朝鮮華僑史』中国華僑出版公司（中国語）。
柳中夏
二〇一二『華僑文化を解読する目、チャヂャン麺』ハンギョレ出版社（韓国語）。
尹瑞石
一九九一『韓国の飲食用語』民音社（韓国語）。
一九九五『韓国の食文化史』ドメス出版。
王玉珊
二〇一〇「中国人日本留学の歴史問題について」『中央学院大学社会システム研究所紀要』一〇（二）：九九―一〇六。
依田千百子
二〇〇七『朝鮮の祭儀と食文化』勉誠出版。

〈インターネット資料〉
Mediapen HP
「毎年25％驚きの成長、冷凍餃子市場の競争熾烈――食品業界の奥の手は?」（二〇一六年九月二五日付）（http://www.mediapen.com/news/view/189263　二〇一九年九月二六日閲覧）。
世界ラーメン協会
「インスタントラーメンの世界総需要」（二〇一六年五月一一日現在）（http://instantnoodles.org/jp/

noodles/market.html　二〇一六年一一月四日閲覧）。

〈博物館資料〉

仁川近代博物館資料「共和春メニュー」（韓国語）

●コラム

「帝国日本」で共有された職人の技と道具

角南聡一郎

台湾・彰化市森田畳蓆行の畳製作風景。
（2006年12月 筆者撮影）

「帝国日本」内では〈人〉と〈モノ〉が盛んに移動した。それに伴い、植民地でも日本文化が共有されることとなった。その中で重要な役割を果たしたのが職人である。そもそも職人と移動とは切っても切れないものだ。職人の仕事は自身の工房でなされることが多いが、大工などの場合は、現地での作業となり、必然的に職人は移動することとなる。また、木地屋（木地師、ロクロ師）は権威を持った職人集団であり、ロクロ免許状や鑑札を持ち諸国を渡り歩いていた。まさに移動する職人の典型である。

職人が移動するのは、何も日本に限られたことではない。リュック・ブノワ著『フランス巡歴の職人たち』（白水社、一九七九年）によれば、フランスでは、丁稚は仕事ができるようになると、親方になる前に職人（コンパニヨン）という資格で巡礼修行に出なければならなかった。その期間は二年～八年と幅があった。こうした職人の巡歴は国を問わず一般的なことであった。

奈良県吉野郡川上村のある集落で聞いた話では、個人宅の古い石垣は主に熊野から職人がやって来て築いたものであるという。作業の間のみの滞在がほとんどであったが、中には川上村へと移住したものもあった。移動が単に一時的なものでなく恒常的であれば移住という場合の例だろう。仕事のある場所に人が集まるのは常であり、現代社会における都市の人口集中、地方の過疎化も同様である。日本人の移動は、日本が植民地を有するようになって加速したといえる。人の移動が増加し、しかも「帝国日本」においては移動したのは官僚だけでなく、職人もそうであった。その際に当然ながら住処が必要となる。建造物を建てるために多くの大工が植民地に移動した。国内のみならず植民地にも新天地を求めて移動し定住していった者が多かったのだろう。

高崎宗司著『植民地朝鮮の日本人』（岩波書店、二〇〇二年）によると、一八九八年二月における釜山の日本人有業者数は一〇八〇人であったが、そのうち大工は一四八人と全体の約一四％を占めていた。佐野眞一著『旅する巨人』（文藝春秋、一九九六年）によれば、民俗学者・宮本常一の出身は長州大工で有名な山口県周防大島で、宮本の外祖父も大工で、日露戦争の前まで、台湾、朝鮮などを渡り歩いていたという。このようなエピソードは、植民地へと大工が一時的に移動して仕事をしていたことを物語るものである。沖縄でも旧植民地に渡り仕事をしてから、戻ってきたという話は少なくない。筆者の聞いた例では、沖縄のある考古学者の祖父も南洋に大工としていっていたという話がある。

台湾には、現在、二つのタイプの鉋がある。一つは中国の伝統的な押すタイプの鉋、そして今一つは日本の伝統的な引くタイプの鉋である。台湾の伝統的な鉋は前者であり、後者は植民地時代以降に現れた。このように二つのタイプの道具が共生するのは、日本の大工が移動してノウハウを台湾人に伝えたからだといえる。

日本植民地時代、台湾に建てられた日本式住居に不可欠なものの一つに畳があった。この伝統は戦後の台湾にも残り、台湾人の畳職人が畳を作ってきた（写真1）。大工と同じく最初に日本人の畳職人が移動してきた。そこで定住したものも多く、やがて台湾人の弟子も抱えるようになった。戦後、日本人は台湾を去り、畳屋は台湾人畳職人のみになり、メイドイン台湾の畳が製作されることとなった。畳は床と表、縁より成るが、定期的に取り換える必要がある。それは畳替えと呼ばれ、全てを新しくする新調、表を裏返して使用する裏返し、表を取り換える表替えがある。植民地の畳職人の数は多量の畳替えに対応できるものではなかったようで、内地から畳職人がやって来て、畳替えをした。台湾での作業が終わると、朝鮮へと移動していったという。

このように当時の内地と植民地は、内なる世界と認識されていたがためか、職人の往来は盛んであったようだ。そのような職人の手仕事は、植民地内の日本文化が展開するのに大きな役割を担った。一方で台湾や朝鮮に日本のものづくりのノウハウを伝えることにもなり、ここで紹介した日本式鉋や畳のように日本的なモノが戦後も持続する、文化的素地も同時に形作ったのである。職人の技術は身体に沁み込み、道具は身体の一部と化した。職人の匠は意識的な部分もあるが、多くは無意識の所産である。それが機械とは異なり、人間がモノをつくる絶妙のバランスを引き出している。それ故に日本が意識されることもあるが、職人にとっては意識されない中、「日本」が作られ続けることになったのだろう。

パイン産業にみる旧日本帝国圏を越える移動
――ハワイ・台湾・沖縄を中心に

八尾祥平

はじめに

日本では一般にはあまり知られていないことだが、台湾におけるパイナップル産業の発展にはハワイとのつながりが大きな影響を及ぼしている。また、台湾のパイナップル産業の動向は、沖縄のパイナップル産業に決して無視できない影響を与えてもいる。パイナップルはハワイで近代的な産業化に成功したことで、コーヒーのように世界各地の食卓で供されるようになった。ハワイはパイナップル生産に関して戦後もしばらく世界でトップの座にあった。その後、近代的なパイナップル産業のノウハウは戦前、ハワイから台湾へと導入され、さらに沖縄へと伝播した。パイナップルは台湾だけでなく、沖縄、そして、ハワイでも「伝統」作物として認識されており、地域社会のアイデンティティという社会文化的な側面にも深く結びついた重要な農産物である。このため、ハワイ・台湾・沖縄の各地域研究においてパイナップルの歴史には一定の研究蓄積がみられる。

まず、ハワイにおけるパイン産業史の先行研究としてはホーキンス（Hawkins）によるものが代表的である[1][Hawkins 2011]。ホーキンスはハワイのパイン産業史をハワイという地域に閉じて記述するのではなく、主としてアメリカ本土を含めた、より広い地域の枠組みを設定して描きなおしている。パイン産業をアメリカ帝国のなかで描き直すことで、これまでは十分に認識されてこなかったハワイのパイン産業史のもつグローバルな意義を掘り起こしたことは高く評価できる。ただし、ホーキンスはアメリカ帝国におけるハワイのパイン産業の歴史的役割を明らかにしてはいるものの、日本・沖縄・台湾・中国といった東アジアの異なる勢力圏（帝国）との結びつきや歴史的な変遷については「周縁」におかれ続けていると言わざるを得ない。

続いて、ハワイからパイン産業のノウハウを導入した台湾については、戦前から戦後にかけての時期をカバーするパイン産業史の優れた蓄積がみられる。主要なものとして、戦前のパイン産業については賴建圖［二〇一二］、高淑媛［二〇〇七］、関沢俊弘［二〇一二］、そして、北村嘉恵［二〇一四］、また、戦後については陳怡文［二〇〇五］らによる研究成果が挙げられる[2]。とりわけ、陳の研究は米国施政権下にあった「琉球」を日本とは別個の独立した主体として分析した章が存在し、これまでの日台経済関係史という枠組にとどまらない視点が盛り込まれている点で特筆に値する。ただし、これらの研究では台湾のパイン産業がハワイから導入され、さらには沖縄へと伝播していった歴史的過程については十分に主題化されておらず、今後の課題となっている。

さらに、沖縄のパイン産業については、これまで沖縄のなかにある台湾として一定の研究蓄積が積み上げられてきた。台湾から沖縄へのパイン産業が導入された歴史的経緯という台湾史研究における研究上の空白が沖縄研究のなかで補完されている[3]［松田　二〇〇四、野入　二〇〇八］。これらの研究では、日本本土からは「他者」として位置づけられてきた沖縄が、沖縄同様に日本本土から「他者」とされてきた台湾に対して、どのようなまなざしを向けたのかを問う。こうした問いから、日本本土＝支配者・沖縄＝被支配者という構図では捉えきれない、沖縄をめぐる自己と他者の複雑な様相を明らかにしてきた。こうした研究に加え、近年では農学の分野からも沖縄のパイナップル産業の歴史について考察した研究成果があらわれている〔新井・永田　二〇〇六、中村　二〇一六など〕。ただし、先行研究では沖縄のパイン産業の発展を、一地域を越える、よりグローバルな視野から検証することは必ずしも十分になされてはおらず、今後の重要な課題となっている。

最後に、本稿でとりあげるパイナップルのような日常品から日本と海外を結ぶ国際移動の意義を考察した研究を取り上げる。こうした研究としては、たとえば、バナナ〔鶴見　一九八二〕やエビ〔村井　一九八八、二〇〇八〕、かつお節〔宮内・藤林　二〇一三〕、マツタケ〔Tsing 2015〕などを対象とした先行研究がある。[4]とりわけ、鶴見・村井の研究は「南」の途上国の生産者と「北」の先進国の消費者との構造的な不均衡が主題化され、戦前から続く日本と東南アジアとの関わりが一地域・国家の枠組みを超える視野から描かれており、本稿の源流にあたる重要な先行研究である。ただし、バナナおよびエビについての研究では、生産者と消費者の不均衡に議論の焦点があり、戦前からの連続した視点から人の移動については十分には主題化されていない。さらに、鶴見や村井のいう日本人とは日本本土の日本人のことであり、戦前は日本国籍を持っていた植民地出身者や戦後もしばらくは日本本土とは異なりアメリカの施政権下におかれた沖縄人の存在は遠景化してしまっている。これに対して本稿ではこうしたグローバルな不均衡を視野にいれつつ、日本本土の日本人のみならず、海外の日系人、沖縄人、そして、旧植民地出身者も含めたパイナップルと人の移動の歴史の解明に力点をおきたい。

以上に取り上げたハワイ・台湾・沖縄におけるパイン産業史の研究蓄積を概観すると、パイン産業の歴史はひとつの地域、もしくは、同一帝国内での枠組みで描かれ、複数の地域あるいは帝国間での人・モノ・ノウハウの移動がハワイ・台湾・沖縄のパイン産業に与えたインパクトについてはこれまで十分に議論されることはほぼなかったといってよい。

そこで、本稿では、戦前から戦後にかけての時期のパイナップル産業を題材にして、ハワイ・台湾・沖縄といった太平洋に浮かぶ島嶼間を移動した人とモノについて取り上げる。こうした日本帝国を越える範囲での移動が台湾と沖縄にあたえたインパクトを、世界のパイン市場とその流通状況にも留意しつつ、アジア太平洋という地域の枠組みから検証する。(5)

本稿では、まず、戦前のハワイで近代パイン産業が確立し、パイン産業近代化のノウハウがハワイの日系移民を通じて台湾に導入された過程を概観する。続いて、戦前、台湾人による台湾から沖縄へのパイン産業の移転を明らかにする。さらに、日本帝国の台湾領有放棄後の台湾と沖縄におけるパイン産業の歴史を描く。その上で一九八〇年代末の貿易自由化後の沖縄のパイン産業や同時代の台湾のパイン産業をめぐる状況を取り上げる。

本稿では、パイン産業史を従来の台湾と沖縄といった単一の地域の枠組みに閉じ込めずに描き直す。こうした描き直しから、旧日本帝国圏というより広い地域の枠組みすら越えて、アジア太平洋地域で複数の帝国を結ぶネットワークが重層化しながらモノと人が移動した歴史の一端を明らかにし、地域を中心とした枠組みからは周縁化されて描かれやすい、こうした移動を担った人々の視点から歴史を描き直したい。

一　パイン産業の勃興と植民地台湾への伝播

1　世界におけるパイン生産の沿革

パインは一四九三年一一月にコロンブスらによって西インド諸島で「発見」され、その種苗は数か月の航海にも耐える性質を持っていたことから、世界の熱帯・亜熱帯地域へ伝播していった。一七九五年の缶詰貯蔵技術の発明はパインを高度な産業化と結びつけ、世界的に生産量を増やす足がかりとなった。それまでパイン生果は日持ちしないため長期の輸送には向かず、収穫地近辺での生食用として消費されるに過ぎなかった。しかし、パイン缶として遠隔地への輸送・消費が可能になったことで、ここに商機を見いだそうとする人々があらわれる。

現代にまでつながる、近代的な大量生産方式によるパイン缶製造の礎はハワイで築かれた。一八八五年、ジョン・キッドウェル（John Kidwell）が品種試験の結果、優良品種としてスムース・カイエンを見いだした。彼は友人のジョン・エメルス（John Emels）と共同でパイン缶製造法を確立し、一八九二年にパイン缶工場の操業を開始した[6]。ハワイにカリフォルニア式のパイン栽培技術が本格的に導入されるようになったのもこの時期である。ハワイの平地では既にサトウキビ農園が開発されていたものの、いまだ手つかずとなっていた山地などの傾斜地での栽培にも適した作物としてパインがあらたに注目されるようになった。

世界にハワイ産パイン缶の販路を切り拓いた立役者はハワイアン・パイナップル商会（現・ドール）の設立者のジェイムス・ドール（James D. Dole）である。彼は優良品種の選出、農場からパイン工場までの生産過程を自社で一貫して管理する経営方式を確立したのみならず、ハワイの同業者をひとつにまとめあげた功労者でもあった。この結果、パイン缶の品質向上と生産コストの低減に成功し、かつ、パイン生産者同業組合により製造数量をコントロールすることで同業者間の過当競争による利益低減も防止することができた。また、パイン缶加工の副産物であるパインジュースの製造に着目し、パイン加工を多角化させることにも努め、さらには、パイン缶製造業者間の過当競争による利益の低減を抑えることにも成功した。そして、一九二〇年代にはハワイはカリフォルニアのパイン産業を質・量の面でも凌駕するようになった。アメリカ大陸からみた場合、ハワイはパイン産業にとってのあらたなフロンティアであったといえる。

簡単にではあるが、ハワイと日本帝国との人の移動とパイン産業との関わりについて述べる。一八八一年、ハワイ王国のカラカウア王自らが日本を訪問し、日本政府に対して移民の送出を要請した。ちなみに、カラカウア王は日本帝国を初めて訪問した海外の元首である。カラカウア王にとっての日本訪問の意味は、当時、自らの王国内で影響力を強めようと様々な画策を行っていたアメリカ白人たちを牽制するために日本との関係を強めることにあった。この結果、一八八五年から一八九四年まで政府主導によって約三万人が日本からハワイへ契約移民として渡った。こうしてハワイへやってきた日本人は契約移民としてサトウキビ農場での農作業に従事するようになる。なお、契約移民として渡った「日本人」のなかには琉球王国滅亡により日本に編入された沖縄出身の人々も多く含まれている。サトウキビ農場では厳しい労働環境におかれ、かつ、貧しい生活を送ることも余儀なくされた。彼らは契約移民であるため、逃げようと思っても他の職業への転職はできなかった。ハワイへの日系移民の流入は始まったものの、カラカウア王の意図したようにアメリカ白人の勢いを止めることはできず、一八九三年にハワイ王国は滅亡し、ハワイ共和国になった。さらに、一八九八年にはハワイはアメリカの準州として併合される。一九〇〇年、ハワイでもアメリカ合衆国憲法が適用されるようになると、契約移民は無効となり、日本人にも職住選択の自由がようやく認められるようになった。

国際社会の中でハワイの地位の変化に前後して、一九〇〇年代に入ると、農場との契約から解放された日系移民たちが、サトウキビ農場ほど労働環境が悪くはないパイン農場へと移っていった[7]。こうしてハワイでパイン農園開発が進展し、その生産の現場の主力を日系移民が担う体制が出来上がっていった。この間の日系移民の動向としては、一九一〇年代にオアフ島パイナップル生産者組合が設立され、一九二〇年には小規模なパイン農場の九割弱が日本人によって占められる状況となっていた。さらに、一九二一年一〇月一二日、ホノルルで暮らす日本人が「ダイヤモンドベーカリー（Daimond BAKERY）」を開業し、「ハワイアン・ショートブレッド・パイナップル（Hawaiian Shortbread Pineapple）」という、パインを生地に練り込んだ焼菓子を販売するようになった[8]。ただし、日系移民はパイン生産者の地位から、先行者のいるパイン工場の経営者へと社会上昇することは困難な状況におかれていた［岡崎　一九三三：二七―二八］。また、同時期のハワイの製糖業では、サトウキビの生産や製糖工場で働く労働者によるストもたびたび起きていた［Duus 1999, Reinecke 1996］。こうした生産者・労働者の大半は日系人やフィリピン系人で占められていた。こうした製糖業における労働運動の経験は、戦後のパイン業でのストとも結びついていく。

ハワイにおけるパイン産業の隆盛は世界的に注目され、世界各地でパイン缶製造工場が設立されるようになった。こうしてパイン産業が世界に拡がった結果、アメリカ・イギリス・フランス・日本といった列強国がその勢力圏内でパイン缶を製造・消費するという、世界におけるパイン市場の構造が形成されていった。言い換えれば、ハワイで見いだされたスムース・カイエン種はパイン産業の確立に伴ってハイチ・キューバ・メキシコ・フィリピン・フィジー・ケニヤ・台湾といった列強の「周縁」間を移動していった。

パインの生育条件を考慮にいれれば、パイナップル栽培が可能な地域はそもそも熱帯・亜熱帯地域に限定されるため、とりたてて列強の中心を介さない「周縁」間移動であることに着目する必要はないとする見方もありえる。だが、世界におけるパイン生産地の拡大はパインの生育条件によって「自然」にもたらされたものではなく、あくまでもヨーロッパで確立された近代世界システムが世界に拡大する過程と結びついている。したがって、「自然」よりも近代世界システムへの編入がより重要な契機である。(9)

2　植民地台湾におけるパイン産業の確立と沖縄への移転

パインは一八世紀頃、福建から東南アジアへ渡った福建人ネットワークを通じて台湾やフィリピンへと伝来した、あるいは、史料によってはメキシコからフィリピンをつなぐスペイン帝国のガレオン貿易によって伝播したと推定されている。台湾では現在の高雄市鳳山が最も古い栽培地とされ、パインの生産は台湾原住民の平埔族が担い、漢人はその交易を行うという分業体制が営まれるようになった[10]。一九世紀の中頃にはパインは台湾全島で生食用として栽培されるようになった。こうした福建ネットワークを介して東南アジア各地へ伝播したパインは世代を経て、現在では台湾の「在来種」という意味で土旺莱（台湾および中国の福建省の一部で用いられる閩南語での発音でトゥオンライと呼ぶ）と人々に呼ばれるようになっている。

一八九四年の日清戦争の結果、台湾が日本によって領有されることになり、日本による台湾の植民地経営が開始される。これに伴い日本から台湾への大規模な人の移動も始まり、台湾における近代パイン産業の確立も日本人を通して着手された。

写真1　岡村庄太郎
（出典：櫻井［1936］より転載）

しばしそろばん棚に置き鋤取り野邊を耕せば
やせ地も肥へてアナナスも金の函にぞおさまらん

これは台湾において製糖業の礎を築いた新渡戸稲造が、一九〇二年に台湾初のパイン缶工場を鳳山に設立した岡村庄太郎へ贈った書の言葉である。岡村はパイン産業の「先進地」シンガポールで視察を行い、そこで得た知見を台湾に導入した。この書からはパイン工場設立とその経営においてさまざまな苦労があったことがうかがえる。また、一九〇五年には櫻井芳之

写真2　台湾での岡崎仁平一家
（提供：岡崎仁昭氏）

助が彰化でパイン缶工場を設立した。

一九二〇年代に入ると台湾におけるパイン産業の高度化が官民をあげて図られるようになった。一九二三年、先述の櫻井芳之助の子で士林園藝試験支所長であった櫻井芳次郎らによってハワイのスムース・カイエン種はパイン缶製造原料に適していることが確認された。翌一九二四年には嘉義の野々村國吉がボルネオからサラワク種を輸入し、パイン生産に好適として栽培が拡がった。こうした優良種を生産農家へ安価に安定供給することを目的として、一九二五年には高雄の大樹にパイン種苗養成所が設置された。この養成所の所長には当時台湾総督府特産課に属し、ハワイのパイン産業を実地調査した小笠原金亮が任命された。さらに、一九二六年に櫻井は中国南部や東南アジア各地に赴き、各地のパイン産業の実態調査も実施した［櫻井　一九二八］。

こうした日本帝国による台湾領有直後の時期から台湾に渡りパイン産業を興そうとした人々とは別にして、一九二〇年代に東洋製罐の社長を務めた高碕達之助を中心とするグループによってパイン農場を株式会社化するハワイ式の経営手法が台湾の高雄で初めて導入された[11]。こうしたハワイ式のパイン農場経営は、ハワイで実際にパイン栽培に従事し、そのノウハウを熟知していたハワイ移民の岡崎仁平とその友人である中尾孫市たちが指導にあたった。岡崎は一九〇六年に郷里の福島からハワイへ渡り、パイン栽培に従事するようになった。ハワイではパイン工場の経営はアメリカ本土出身の白人によって占められ、日系人が生産者から経営者へと社会上昇する余地は皆無に等しい状況にあった。先に述べたドールを始めとするハワイでのパイン会社の興隆による恩恵は生産現場の日系人やフィリピン系人にはそれほど行き渡っていたわけではなかった。そこで、岡崎はフィジー諸島に進出し、イギリス人との合同経営により、欧州向けのパイン企業を設立しようとしたものの、フィジーでのパイン業にも食指を動かしていたアメリカからの横やりで頓挫してしまった〔岡崎　一九三三：一二七―一二八〕。こうした苦境に立たされていた時に、以前から知遇を得ていた高碕達之助が台湾でのパイン業進出を考えていたことが重なり、岡崎はハワイから台湾へと呼び寄せられたのだった。

また、日本政府や台湾総督府の政策もパイン産業の発展を後押しした。一九二三年の贅沢品関税の引き上げは、結果としてではあるものの、ハワイ・マラヤ産パイン缶輸入を抑制し、台湾パイン産業の保護につながった。一九二八年には缶詰工場の濫立による原料獲得競争からくるパイン缶の品質低下防止策として、台湾鳳梨缶詰検査規則が定められた。

一九二〇年代の缶詰工場の濫立の背景には、当時の日本におけるパイン市場の需給と関わりがある。台湾ではパイン産業から高い利益をあげるために付加価値の高いパイン缶製造を目指していた。そのため、台湾総督府を中心に上述したハワイ型の自営農場をもつ大規模な工場経営を目指そうとしていた。しかしながら、日本本土においては付加価値の高いパイン缶だけでなく、多少品質が劣っていたとしてもより安価なパイン缶を求める需要もあった。こうした安価なパイン缶への需要を満たしたのは台湾人経営のパイン工場であった。彼らは自営農場をもたず、小規模な工場を建てることで初期投資コストを抑えた。また、原料にはパイン缶製造において手間がかかる安価な在来種パインを用い、人手がかかるパイン缶製造過程には安価な女性労働力を用いることでコストを抑制した。台湾人経営の小規模なパイン工場から「粗製濫造」される安価なパイン缶は、日本人の中小パイン工場に対しては競争上の優位にたっていた〔関沢　二〇一一：三九―五五〕。

一九三〇年代に入ると、台湾でのパイン生産の経営を安定化させるための動きがさらに加速する。一九三五年には、台湾総督府の指導によって、台湾島内の八一工場が統合され、臺灣合同鳳梨株式會社が設立された。この経営統合当時、台湾のパイン産業に打撃を与えていたパインの萎凋病を背景に、台湾におけるパイン栽培のより好適地である台湾中部の八卦山での栽培拠点の移転・拡大が促された。さらにはこうしたパインの病虫害への対処策・予防策も発見されたことで一時期は失敗とまで言われた台湾におけるパイン産業はさらなる発展を遂げることになる。

台湾でのパイン工場の経営統合がきっかけとなり、沖縄へのパイン産業の移転が開始される。台湾でパイン工場を経営していた林發は、臺灣合同鳳梨株式會社による台湾でのパイン工場の経営統合のために、自らのパイン工場を売却することになった。売却によって得た資金を元手にして、林發らは仲間と共に、台湾と同じくパイン栽培に適した気候と土壌を有する石垣島でのパイン経営に乗り出したのである。一九三八年、林發は仲間と共に石垣島で大同拓殖株式会社を設立する。これに前後して、台湾から石垣へ渡った台湾人は三〇〇名程度おり、当初は台湾からの新参者をこころよく思わない地元住民との衝突がたびたび起きた。林發はその度に調停に乗り出し、次第に石垣島における台湾人住民のリーダーとしての役割も担うようになっていった。その後、太平洋戦争時にはパイン缶は「贅沢品」に指定され、事業自体がやむなく停止した。だが、こうした林發らによる沖縄へのパイン産業のノウハウの移入は、戦後の沖縄におけるパインブームの礎となる。

ここで、一九三〇年代におけるパイン産業の技術指導にあたり、戦後も台湾と沖縄でパイン栽培の指導にあたった中心的人物である渡辺正一について取り上げたい。渡辺は三重県に生まれ、中学卒業と同時に渡台し、台北高校・台北帝国大学農学部へと進学した。台北帝国大学ではパイン栽培についての研究に携わり、卒業後は台湾総督府殖産局では一貫してパイン産業の安定化とその発展に取り組んだ。一九三六年にはハワイに渡りパイン産業の最先端を研究し、その成果は台湾でのパインの萎凋病への対処策を講じるといった場面やパイン密植などの技術指導にあらわれた。渡辺の提案によって一九三七年に設立された鳳山熱帯園藝試験支所は、「戦後」も台湾におけるパイン栽培研究の拠点として機能した。なお、渡辺は日本への引揚げ後は香川大学の教員となり、詳細は後述するが沖縄・台湾から要請を受けてパイン生産の指導・助言を行った。

こうして一九三〇年代には台湾におけるパイン缶製造高は世界全体の一割を占め、ハワイ・マラヤに次ぐ世界第三位にまで躍り出るようになった。当時の日本帝国内でみても、パインは全生産高全体の約七割が缶詰となり、洋梨（四割）・桜桃（二割五分）・蜜柑（一割以下）といった他の園芸作物と比較してもその割合の高さは突出していた。また、日独伊三国同盟の影響でドイツやイタリア産の安価な鮭・鱒・蟹・蜜柑缶詰が市場に出回った結果、上記の日本産缶詰は輸出不振に陥った一方で、パイン缶はその生産高の半分が輸出にまわり外貨獲得の貴重な手段ともなっていた。

パイン産業は総力戦体制のなかにも組み込まれていく。たとえば、戦時中、台湾のパイン缶は軍需品として戦線の兵士のもとに届けられるといったことが行われている。台湾のパイン工場は敗戦間際に米軍によって破壊され、生産停止に追い込まれた。その復興は日本帝国の敗戦後に行われることになる[12]。

二 「戦後」におけるハワイ・台湾・沖縄のパイン産業

1 ハワイのパイン産業

戦後のハワイにおけるパイン産業は一九五〇年代にピークを迎える。この時期のハワイでは製糖業やパイン業で生産者や労働者が待遇改善を求めたストが頻発していた。こうした激しい労働運動による人件費の上昇を背景に、一九六〇年代に入ると、ドールを初めとする企業はフィリピンへ生産拠点を移転させ始める。ドールは戦前から、法の規制をかいくぐり、フィリピンの米軍基地内に農園用地を確保していた［鶴見 一九八二：七九―八二］。さらに一九七〇年代は、タイでのパイン生産およびパイン缶工場の操業も行われるようになった。ハワイのパイン産業はこのようにして生産拠点が海外に移転するにつれて世界におけるパインの生産におけるハワイ産の占める割合が低減していった（表1）。

一九三〇年代と一九六〇年代にハワイでのパイン産業について調査を行っていた渡辺正一は、戦前も戦後もハワイでの製糖業やパイン業での労働問題についても地域紙での報道などを通じて見聞きはしていたと考えられる。そして、この労働問題の現場にいるのは彼にとって同胞であるはずの日系人が大半を占めていた。それにもかかわらず、渡辺はこうした問題について論文のなかで言及することはなく、せいぜい「人件費の上昇を抑えることは難しい」というテクニカルな問題としてしか認識していなかったようである［渡辺　一九六六］。

一九八〇年代に、デルモンテのパイン缶工場閉鎖による影響についての調査が実施され、パイン農場で働いている者の多くはフィリピン系であることが報告されている。一九六〇年代以降、ハワイのパイン産業はフィリピンへと移転する一方で、ハワイのパイン農場でも作業に従事するのはフィリピン系であった。すなわち、ハワイであろうとフィリピンであろうとパイン農場の現場で、パインの栽培・収穫をするのはフィリピン系という状況が現出していたのである。なお、日系人労働者はフィリピン系につぐ割合を占めてはいたものの、かつてのように大半を占めるということはなく、これはおそらくは、三世・四世が社会上昇を経て、他の職に就いた結果と考えられる。

表1　沖縄県におけるパインの生産高（1957～1985）

年	収穫量（t）
1956/57	1,541
1960/61	28,813
1964/65	47,752
1969/70	101,847
1975	64,500
1980	56,200
1985	41,100

（出典：『沖縄統計年鑑』および農林水産省『果樹生産出荷統計』より作成）

表2　台湾におけるパイン生産量の推移（1935～1985）

年	生産量（t）
1935	24,263
1940	27,556
1955	70,537
1960	166,730
1965	231,005
1970	338,191
1975	318,978
1980	228,804
1985	149,745

（出典：戦前については渡辺［1942］からの転載、戦後は行政院農業委員会『農業統計』より作成）

2　台湾のパイン産業

日本政府はポツダム宣言の受諾に基づいて台湾領有を放棄し、日本人は日本本土へと引揚げていった。この後の台湾の帰属を住民投票によって住民の意思を諮ることなく、台湾は中華民国国民政府（以下、国府と記す）によって「接収」され、中華民国の一部となった。これを受けて臺灣合同鳳梨株式會社は臺灣鳳梨股份公司として経営が引き継がれる。企業だけでなく、パイン栽培技術の普及や指導を行う試験場なども引き継がれた。植民地から日本本土へ引揚げた者がふたたび植民地へ赴くことは一般的にはあまりない。だが、パイン産業の分野ではかつて台湾でパイン産業に携わっていた人物が戦後も台湾側から招聘された。まず、一九五一年、工場運営の指導者として中村徳松、続いて一九五二年には栽培技術の指導者として先述した渡辺が招聘された。

再び台湾の地を踏んだ渡辺は萎凋病などの病虫害の防除法・優良種の選抜・パイン苗の密植栽培などを指導した。また、一九二〇年代の規模の大小を問わずパイン工場が濫立する状況へ後戻りする懸念があったことから渡辺は国府に対してパイン工場に消化原料の三・四割を生産する自営農場を設置させることを提案した。国府はこの提言に基づいて自営農場の設置をパイン工場設置の基礎条件として法制化した。これと同時に原料となるパインの買取配給組織も設立した。こうして政府の指導によって生産農家と加工工場間の調整が行われる体制は戦後も維持された。さらに、一九五七年から一九五八年にかけて台湾糖業公司が台湾東部にパイン産業を展開した際にも渡辺は招聘され、指導にあたった。結果として、台湾東部のパイン産業は軌道に乗り、さらなるパインの増産につながった。

戦前はスムース・カイエンと作業による果実のロスが比較的多い「在来種」の二本立てでパイン缶が

製造されていた。だが、戦後は政府の指導のもとでスムース・カイエンに一本化された。一九六〇年代の台湾では一九四〇年の約二万八〇〇〇トンを大きく上回る一六万トン以上のパイン生産高を達成し、一九七〇年代にかけて隆盛期を迎えることになる(表2)。全体としてみれば、渡辺が戦前から描いていた台湾のパイン経営の構想は日本政府から国府へと政権が変わってからも、その構想自体は変わることなく、継続されることで花開いたといえる。

こうして渡辺の理想とするパイン経営は台湾で成功をおさめた。だが、一九六〇年代に入ると、台湾の工業化を背景に、農村労働人口が流出したことでパイン業界は人手不足に悩まされる。人手不足の問題をパイン生産者も加工者も機械化によって乗り越えようとしたものの、次第にパインの生産量は低減していったと考えられる。渡辺が戦前から戦後にかけて実現した台湾パイン産業の隆盛期は、戦前の台湾では考えられなかった工業化の進展によって転機を迎えようとしていた。

台湾におけるパイン経営は戦前からの連続性が認められる一方で、台湾をとりまく世界のパイン市場の動向は変化した。世界全体でみれば、旧宗主国が旧植民地からパイン缶を輸入するという戦前からの構造そのものは変わらない。ただし、第二次世界大戦時のパインの生産拠点の破壊によって生産地の多様化・分散化もすすんだ。さらに、旧植民地を持たないヨーロッパの自由陣営諸国への自由競争による輸出も見られるようになった。戦前の台湾は、日本本土を最大の消費地としていた。これに対して、戦後の日本本土では、パインを日本の統治下を離れた台湾に替わって沖縄を供給地とするようになり、沖縄以外の地域からの輸入については数量割当を行った。こうして台湾は戦前最大のパイン消費地であった日本市場への輸入は制限されたものの、一九六一年の西ドイツやデンマーク向けの輸出は総数で一万七〇〇〇トン以上におよび、当時の日本（約八〇〇〇トン）やアメリカ（約一万トン）を大きく上回る水準となっていた。こうしてみると台湾は旧日本帝国圏から切り離され、冷戦期の自由主義陣営に編入されるなか、新たな市場の開拓に成功したと言える[13]（なお、同年の沖縄におけるパイン缶の日本への輸出高は約一万五〇〇〇トン）。

先述した台湾の工業化は賃金上昇をもたらし、台湾のパイン産業から国際競争力を奪うことにもつながっていた。また、一九七〇年代前後の国府の国連脱退や日華断交・米華断交といった台湾をめぐる国際環境の変化もパイン市場における台湾の地位を低下させる遠因ともなっていたと考えられる。日本市場との関係でみると、たとえば、バナナのように、台湾産はより安価なフィリピン産にシェアを次第に奪われていった。

3 沖縄のパイン産業

(1) 日本と沖縄をめぐる関係

日本の敗戦後しばらくの間、台湾と沖縄間は統治の空白地帯とでもいうような状態となっており、香港・台湾・沖縄間で「密貿易」による取引が活発に行われていた。こうした「密貿易」の中心地は与那国島であった。林發は与那国島で「密貿易」を取り仕切る者の一人として財をなした〔奥野二〇〇五〕。一九五一年三月に琉台貿易協定が発効すると、台湾・沖縄当局によって「密貿易」が違法行為として厳しく取り締まられるようになった。そこで、翌一九五二年から林は石垣島にてパイン工場を再稼働させ、一九五五年には琉球缶詰株式会社を設立した。

林發は、渡辺正一と台湾時代に知遇を得ており、一九五七年に渡辺が沖縄へパイン栽培の調査・技術指導に赴いた際に再会している。渡辺とはその後もパイン産業を通じた交流が続いた。一九六〇年、琉球缶詰株式会社は琉球殖産株式会社と合併する。琉球殖産株式会社は、戦後の沖縄における製糖業の発展の礎をつくった宮城仁四郎の経営する企業である。宮城は戦前、ジャワで製糖業に携わり、沖縄への引揚後はジャワで得た知識を活かして製糖会社を起ち上げた。日本政府が台湾の領有を放棄したことによる砂糖生産の穴を埋めることで、沖縄における産業の復興と経済的な自立を同時に達成するという明確な意図が宮城にはあった。琉球殖産では、林はパイン工場長として引き続き経営に携わった。石垣島では林發が中心的な役割を担ってパイン産業が再開された一方で、沖縄島では台湾からの引揚者がパイン産業の担い手となった。彼らは戦前の台湾でパイン産業を担っていたわけではなく、戦前からつきあいのあったパイン業を営む台湾人を沖縄へと呼び寄せてパイン栽培等のノウハウを得ていた〔菅野　二〇一八〕。全体としてみれば、沖縄のパイン産業は、経営のトップを台湾人が担うことはない点で戦前の台湾の状況を反復しており、「華僑が地元の産業を牛耳る」ような状況とはほど遠かった。

表3　沖縄県におけるパインの生産高(1957〜1985)

年	収穫量 (t)
1956/57	1,541
1960/61	28,813
1964/65	47,752
1969/70	101,847
1975	64,500
1980	56,200
1985	41,100

(出典:『沖縄統計年鑑』および農林水産省『果樹生産出荷統計』より作成)

「戦後」の沖縄でパイン産業が製糖業にならぶ基幹産業として急速に発展した背景には、日本帝国の敗戦によりパイン缶の供給地であった台湾が日本の領土から切り離され、沖縄がその穴を埋めるという位置づけを得たためである。一九五〇年代の中頃から櫻井芳次郎や渡辺正一といった戦前の台湾でパイン産業に携わった者たちが沖縄に招かれ、パイン産業五カ年計画の策定や一般農家向けの栽培技術指導に携わった。渡辺からの提言に基づき、琉球政府は一九五九年にパイン産業振興法・重要産業育成法・パイン缶詰検査規則などを定めた。これを受け、民間では一九六〇年に沖縄輸出パインアップル缶詰組合が結成され、そのトップには宮城が就いた。さらに、一九五〇年代に日本政府が沖縄のパイン缶詰を「南西諸島物資」として指定し、当時の沖縄は日本の施政権下にはないにもかかわらず沖縄からのパイン缶には関税をかけずに輸入する一方で、台湾からのパイン缶輸入には割当制をとった。このことが「パインブーム」と呼ばれるパイン産業の急激な成長の呼び水となった。こうしたパイン産業の急成長を経て、一九六三年にパイン産業は琉球政府から重要産業として指定されるに至った。日本の敗戦はパイン産業において人・モノ・ノウハウが台湾から沖縄へと「引揚げた」ともいうべき状況をもたらしたのだった。

沖縄での「パインブーム」は沖縄で暮らす台湾人に限らず、多くの沖縄の人々に恩恵をもたらした。「パインブーム」の礎を戦前から忍耐強く守ってきた台湾人に対して今も強く感謝の念を述べる沖縄の地元住民は決して少なくない。さらに、沖縄の地元住民や華僑の別なく、かつての林發を知る人は彼のことを「八重山華僑の天皇」、あるいは「パインの天皇」などと呼んでいる。

このように日本政府と沖縄との関係だけをみれば、日本帝国の敗戦後、パイン産業においては沖縄が台湾の代替地となったようにみえる。しかし、日本の敗戦はパイン産業において日本と沖縄で自閉することを許さなかった。一九六二年、アメリカ側からの強い要請に基づき、それまでのパイン缶の輸入は台湾・マラヤ連邦に限定した割当制を撤廃し、世界各国からの輸入を受けいれることとなった。

ここからハワイやフィリピン産といったアメリカ圏のパイン缶が日本へ輸入されるようになり、その後のパイン缶輸入自由化への兆しが既に見え始めてもいた。

(2) 沖縄と国府・国民党をめぐる関係

一九六〇年前後のパインブームの頃から沖縄の農村では人手不足が問題化する。この背景には日本本土の高度経済成長や沖縄県内の建設事業などに農村労働人口が吸収されていったことがある。こうした人手不足を補うために、一九六二年に林發が工場長をつとめる琉球殖産のパイン工場に台湾からのパイン女工が試験的に導入された。日本の敗戦後、日本籍民の台湾人から中華民国籍の華僑へと、国籍を自らの意思とは無関係に切り替えられた林發は、八重山華僑のトップとして台湾をたびたび訪問し、台湾のパイン産業の視察も行っていた。台湾からのパイン女工の導入は林發の発案によるものであった。

台湾パイン女工の導入は成功し、他社も導入許可を強く要請する声は年々強まっていった。そこで、琉球政府は一九六六年から「技術導入事業」として沖縄への非琉球人の雇用を開始することになった[14]。技術導入事業によって台湾のパイン女工をパイン技術者として招くことが可能となった。最盛期にはパイン業のみならずさまざまな業種による募集によって年間二〇〇〇人ほどの人々が台湾から沖縄へ渡った。これは同時期の日本本土でも人手不足解消のために外国人労働者の受け入れが検討されたものの戦前の強制労働の記憶がまだ生々しく残るなか、消極的な姿勢が強かったのに対して、当時の琉球政府内では「沖縄の労働市場を外国人が圧迫しない」ことを基準に受け入れの可否が決められていたことと比較すると対照的である。

沖縄ではかつての植民地台湾から技術導入事業によってやってきた人々のことを「台湾での生活が苦しく、出稼ぎにやってきた」とみる向きが多かった。当時の沖縄では日本本土での高度成長を背景にした本土への就職が盛んであった。これだけでなく、沖縄での海洋博開催に先駆けてのインフラ整備なども農村から都市部への人口流出を加速し、人手不足となっていた。このため、沖縄では賃金が安いために働き手の見つからない職であっても台湾ではなり手が現れるほど職がないのだと誤解をうけていた。技術導入でやってきた技術者への賃金が地域住民の賃金よりも安く設定されていたこともこうした誤解に拍車をかけた。しかし、こうした沖縄側での理解は、台湾での実態とはかけ離れたものだった。まず、台湾においては政策によりパイン女工の賃金はもともと低く抑えることで競争力をつけていた。また、当時の沖縄では米ドルが流通していたため、沖縄の地域住民よりも安い賃金水準であろうと台湾で同じ仕事をして働くよりも何倍もの高収入となるため働く側にとっては問題にはならなかった。さらに、先述したように、一九六〇年代の台湾でも工業化による農村人口の流出が生じていた。このため、台湾からのパイン技術者送り出しは職にあぶれた者を送り出すといった安易なものではなかった。沖縄では一般には知られていないものの、当時の台湾と沖縄のパイン工場間では人材の奪い合いが起きていた。

台湾と沖縄で労働市場の需給が逼迫していたにも関わらず、技術導入事業によるパイン女工の導入が継続できたのは国府・国民党の対「琉球」戦略とそこから生まれた国府・国民党と沖縄の政財界とのコネクションが強く働いたからである。国民党首脳部は戦後処理において、琉球は日本の支配から切り離すという立場をとっていた。一九五二年の奄美施政権返還から、アメリカ・日本に対しても明確に自国の立場を主張するようになっていた。一九五八年には台湾において沖縄との交流を推進する「民間団体」として中琉文化経済協会が設立される。協会のトップには国民党幹部で国民党の国際戦略・海外工作を担っていた方治が就いた。当時の沖縄では台湾を植民地としてみることが主流であったのとは対照的に、方治は前近代の国際秩序にもとづき、「中国」を兄、「琉球」を弟としてみなし、兄が困っている弟を助けることは当然であると周囲には語り、「琉球」の日本復帰を阻止するためのさまざまな「中琉親善」事業を展開した。中琉文化経済協会を通じて沖縄側の人士との交流が深まり、一九六五年には沖縄に中琉協会が設立され、宮城仁四郎が会長となった。この翌年からの技術導入事業は中琉文化経済協会と中琉協会が主たる窓口となって人材の送り出しと受け入れが行われていた。国府・国民党は自らの国際戦略に則り、政府内および民間企業との利害調整にあえて奔走しながら技術導入事業による台湾からの技術者の送り出しを継続させていたのである。

方治は技術導入事業について、当時の沖縄では激しいストがたびたび頻発していたことを回想している［方 一九八六］。当時は中国の正統政権の座をめぐり、中国大陸の中国共産党と台湾の中国国民党が激しく対立していた。このため、中国共産党との「内戦」を理由として台湾では戒厳令がしかれ、社会運動そのものが押さえ込まれていた。技術導入事業による「おとなしい」台湾人労働者の受入は、沖縄側の企業にとっては労働問題を回避することにも結びついていた。

技術導入によって台湾から沖縄へは、旧植民地・台湾からかつて「日本人」であった人々が流入しただけではない。人数としては二〇〇名程度でそれほど多くはないものの、一九六六年から一九六八年にかけての時期に戦後の東アジア・東南アジアの混乱によって、中国大陸や東南アジアから台湾へ渡った人々が沖縄へと再移動していた。こうした再移動の背景には、中琉文化経済協会の理事長であった方治が、戦後、中国大陸や東南アジアの戦乱などを避けるために台湾へ渡った人々を支援するために設立された、中国大陸災胞救済総会（以下、救総と記す）を幹事長として牽引していたことがあげられる。救総で方治が取り組んでいた台湾に生活基盤をもたない人々への就労支援事業が、沖縄での技術導入事業にも結びつけられた。この結果、戦前の日本帝国時代の台湾との結びつきや戦後の冷戦体制の構築による英米圏から在沖縄米軍基地周辺への人の移動とも異なる、国民党の「反共のネットワーク」とでもいうような国際ネットワークによる人の移動経路が出現したのである。このように技術導入による沖縄への人の移動は旧日本帝国の枠組みを超える、冷戦期の自由主義陣営からの重層的な移動ネットワークによって構成されていた[15]。

こうした中国大陸出身者・華僑がいる一方で、技術導入事業による派遣の大部分を占めていた台湾本省人のなかには経済的には恵まれていたにもかかわらず、国民党一党独裁による台湾の抑圧的な状況に嫌気して沖縄での求人に応じた人々が少なからず存在する。彼らにとってみれば、技術導入事業は台湾を抜け出し自己実現のためのチャンスとして認識されていた。

技術導入事業は台湾と沖縄の関係を深める目的はあったものの、前近代の歴史に根ざした国府の「琉球」認識と、台湾をかつての植民地としてしかみない沖縄の地域住民の台湾認識、そして、台湾から沖縄へ実際に渡った人々の認識はお互いに影響や変化をもたらすこともなくすれちがったままとなった。沖縄と台湾の関係は、地理的には近しいものの、自己と他者の認識はこのように遠く離れたままの「近くて遠い」ものであった。

一九七二年五月、国府・国民党側の働きかけもむなしく沖縄施政権は日本政府へ返還された。上述のとおり、沖縄のパイン産業は戦前の台湾が担っていた日本への供給地としての地位を引き継いでいた。技術導入事業をパイン産業に限ってみるならば、国民党の意図とは裏腹に、日本市場向けに生産される沖縄パイン缶への人的支援は日本本土と沖縄との結びつきを崩すことには結びつかなかった。また、同年九月には日華断交により、日本政府と国府との公式的な関係も断たれることとなった。技術導入事業は翌年も続けられるための準備が進められていたのだが、日華断交によって継続が打ち切られた。沖縄側では台湾からの送り出しが途絶えた後、韓国からの受け入れが行われた。旧日本帝国の植民地・韓国からかつては日本籍民であった人々が沖縄へ渡ってきたものの、台湾とは異なり、パイン産業のなかった地域の人々とは連携がうまくいかず、一九七七年には技術導入事業自体が打ち切られることとなった［外村・羅　二〇〇九］。この後、沖縄のパイン産業も人手不足を補うべく機械化がすすみはじめる。

三　一九九〇年代以降のハワイ・台湾・沖縄のパイン産業

1　一九九〇年代以降のハワイにおけるパイン産業の観光化

一九九〇年代以降もハワイでのパイン産業は人件費の安いフィリピン・タイ産のパイン缶との競争に勝てず生産量の面では衰退の一途をたどる。パイン缶工場も次々と閉鎖になり、二〇〇七年にはハワイで最後のパイン工場が閉鎖となった。マウイパイナップル商事はこの最後のパイン工場に入荷するパインを日系の生産者から買いつけていた。工場閉鎖後も二〇〇九年まではこの生産者から生食用のパインの購入を行ってもいた。現在ではパインは生食用のものだけが生産され、生産量そのものも大きくはない。

　このようにパイン産業そのものは衰退したものの、ハワイにおける基幹産業のひとつでもある観光産業のなかで過去のパイン産業の歴史は観光資源化されている。たとえば、ドールは農場や缶詰工場の跡地をお土産品売場や映画館などに転用している。お土産品売場では、パインの加工食品のみならず、かつてのパイン缶などのデザインを活かしたTシャツやバッグなどが売られてもいる。

写真3　ドールプランテーション
（2017年10月23日 筆者撮影）

2　一九九〇年代以降の台湾におけるパイン産業の「復興」

台湾のパイン産業は台湾の工業化や台湾をとりまく国際状況の変化によって衰退するかにみえた。しかし、一九九〇年代以降は生産が回復していく（表4）。この回復の背景には台湾経済の成熟化がある。経済発展により、台湾の国内市場がパインの消費地として十分な規模を持つに至ったのである。台湾パインは、その大半が外貨獲得のために輸出されるものから、台湾で暮らす人々が自分自身で消費するものへと今や完全に転換したのである。かつてのバナナやエビをめぐる議論は、生産者と消費

表4　台湾におけるパイン生産および輸出推移（1990～2015年）　単位：トン（t）

年	生産量	輸出全体	中国	香港	日本	大韓民国	アメリカ
1990	234,629	8,271	—	243	7,255	164	194
1995	256,421	1,418	0	72	1,307	—	24
2000	357,535	1,964	3	98	1,676	—	10
2005	439,872	3,035	324	225	1,793	375	67
2010	420,172	4,984	2,222	319	2,007	194	69
2015	493,998	47,257	42,971	577	2,530	37	162

（出典：行政院農業委員会『農業統計』より作成）

者が世界システムのなかで分離している不公正な状況を民主化することを訴えていた。現在の台湾におけるパイン産業の状況は確かに生産者と消費者との間のギャップを解消したと言ってよいだろう[16]。

台湾自体の経済成長による変化がある一方で、国際情勢の変化もパイン産業に影響を及ぼしている。かつての宗主国・日本や戦後の保護国とでもいうべきアメリカへのパイン輸出は減少傾向にあるのに対して、馬英九政権期に中国向けの輸出が急激にシェアを高めている。この背景には、二〇〇八年末より台湾と中国との間で人とモノの行き来に関する制限が大幅に緩和されたことがある。こうした中国の経済面での台頭と台湾における馬政権下の経済運営は台湾経済と中国経済の結びつきを強める方向に働いていたことの一端を示している。

3　パイン缶の輸入自由化による沖縄のパイン産業の変化

一九八七年一一月一五日、ガット・ウルグアイラウンドでパイン缶の輸入自由化がなされる見通しであることが報じられた[17]。これまでみてきたとおり、「戦後」、日本政府は台湾産も含めて海外産のパイン缶に高関税をかけ、沖縄のパイン産業を保護してきた。パイン缶の輸入自由化とはパイン産業にとっての「戦後の終わり」に等しい事態であった。パイン産業関係者は強く反対の意を示し、当時の沖縄県知事であった西銘順治はパイン自由化阻止を政府に要請した[18]。西銘は「戦後」の沖縄における利益誘導型の保守政治家として一九七八年から一九九〇年にかけて三期連続で沖縄県知事を務めた[19]。新聞に掲載されたパイン生産農家のコメントには「パインは伝統的な作物で地域経済を支える大きな柱。もし自由化になれば、パイン農家は壊滅してしまう。何としても阻止していこう」（傍点部は筆者による加筆）とあり[20]、パイン生産が本格的に開始されたのは戦後であっても沖縄の農家はパインを「伝統作物」として認識するようになっていたことがうかがえる。

時間は少しさかのぼるが、一九六〇年代から沖縄のパイン産業では、台湾で実施されたようなパイン工場の整理統合やパイン農家と加工業者間の安定的な買取制度づくりが課題とされてきたものの、実現には至らなかった。こうしたなか一九七〇年代のオイルショックによる低成長の時代に入ると高級品であったパイン缶の売り上げは減少し、経営的な体力がなく操業を停止するパイン工場があらわれだした。一九八〇年代には琉球殖産すらもパイン工場を売却するに至った。さらに、一九八五年のプラザ合意後にすすんだ円高は輸入パイン缶の価格を押し下げ、高関税率の効果すら吹き飛ばしてしまった。沖縄のパイン産業は業界をあげて合理化をすすめ、競争力をつける状態にはなかった。

一九九〇年にパイン缶輸入自由化が開始されるとパイン工場の経営状況はさらに悪化し、一九九六年には石垣島からもパイン工場が消滅してしまう。このことをきっかけにして、石垣のパイン農家は加工用パインの生産から生食用パインへと品種を切り替えていった。その後、パイン生産は再生産のできる価格帯で販売できる種に限って生産・販売されるだけとなり、収穫量の低減にはいまだに歯止めがかかっていない[21]（表5）。

西銘や宮城は本土との格差是正と沖縄経済の自立を目指して、粘り強い交渉の結果、中央から予算や保護を引き出してきた。こうした利益誘導による再分配を軸にした政治は、結果から見れば、沖縄の地域経済の自立よりも日本経済への依存体質を深める結果にしかならなかった。とりわけ、パイン産業は戦前の植民地・台湾から宗主国・日本への供給という戦前の植民地経済の構造をほぼそのまま沖縄へと移し、日本市場への従属ありきの構造によって支えられていた。この構造自体に変化はないため、沖縄にとってパイン産業の隆盛が沖縄経済の自立へと結びつくことはなかった。パイン産業への保護打ち切りの直前に沖縄で開催されていた「海邦国体」[22]が沖縄の総合優勝で幕を閉じた際に、西銘は「沖縄の戦後は終わった」とコメントしたものの[23]、それが図らずも沖縄のパイン産業にとっての「戦後の終わり」と重なったことは歴史の皮肉に思える。

表5　沖縄県におけるパインの収穫高（1990 ～ 2010）

年次	収穫量（t）
1990	31,900
1995	25,700
2000	11,200
2005	10,400
2010	8,780

（出典：農林水産省『果樹生産出荷統計』より作成）

この後、国際化・グローバル化と呼ばれる時代の趨勢は小さな政府を指向する経済の新自由主義の潮流と結びつき、沖縄だけでなく日本全体で中央から地方への利益誘導によってすすめられていた日本経済の所得再分配の仕組みそのものが衰退していった。沖縄のパイン産業の衰退はこうした潮流の端緒として位置づけられる。

先にも触れたとおり、現在の沖縄でのパイン生産は、生産量自体が低減し続けている。だが、筆者は現在の沖縄のパイン産業の現場を、単に衰退したとみるのではなく、かつての植民地経済からの転換、あるいは自立へと結びつく側面があることを指摘したい。まず、パインの生産量自体は落ち込んでいるものの、輸送技術やネットの発達により生産者と消費者が直接結びつくことが可能となった。この結果、高付加価値のつく、採算のとれる生食用パインの生産への転換が促された。また、沖縄島北部の東村ではパインをシンボルとした地域おこしプロジェクトが発足した。このプロジェクトのなかでパイン缶工場の操業も復活している。

おわりに

本稿ではパイン産業を題材に、戦前から戦後にかけてのアジア太平洋地域における複数の勢力圏の秩序変動のなかのモノと人の移動を検証した。

パインは、パイン缶製造をつうじて高度な産業化を遂げると同時に輸送性も獲得し、世界経済における重要な産品のひとつとなっていった。パイン産業におけるモノと人の移動の特徴は戦前の列強の中心間ではなく、周縁間で生じていた点にある。ハワイの先進的なパイン経営のノウハウを台湾へと移そうとしたことや、第二次世界大戦後をきっかけとする列強のパイン産業の移転も周縁間の移動となっている。このことはパイナップルの生育条件による制約よりも近代世界システムの拡大によるグローバルな秩序の再編がより強い影響を及ぼしている。

これまでの帝国史や植民地史研究では、同一の帝国内での移動が題材となってきた。台湾から沖縄へのパイン産業の伝播に伴うモノと人の移動も、一見すれば同一帝国内での移動という枠組みで議論できると筆者自身も本稿での分析に取りかかる前は考えていた。しかし、旧日本帝国の枠組みを超えて、アジア太平洋地域の地域秩序の変動がモノと人の移動に大きな影響をおよぼしていることの一端が期せずして明らかとなった。

まず、アジア太平洋地域の「周縁」間でのパイン産業の移転には、ハワイ・台湾・沖縄という島嶼部が前近代の地域秩序から列強による支配へと再編されていった歴史と輻輳している。ハワイや沖縄ではほぼ同時期に大国によって王朝が滅亡し、台湾も日本帝国の版図へと編入されていった。日本・沖縄からハワイへ渡った移民はやがてオアフ島のパイン生産者の大半を占めるようになった。だが、彼らはアメリカ本土からの植民者たちにかわりパイン産業においてイニシアチブを握ることはできなかった。台湾におけるパイン産業の近代化やハワイ型経営のノウハウの移入は、こうしたハワイの日系人が支えていた。さらに、一九三五年の台湾におけるパイン工場の経営統合は、結果として台湾人による沖縄へのパイン産業の移転を促し、このことが戦後の沖縄における「パインブーム」の基盤となった。結果として、パイン産業のノウハウは、植民者が「周縁」間を押し出されることで伝播していった。

次に、日本帝国が崩壊し、アジア太平洋地域が冷戦体制による地域秩序に再編されてからは、いわゆる自由主義陣営では、ハワイ・台湾・沖縄が、より人件費の安いフィリピン・タイのパイン缶に世界市場でのシェアを奪われていった。一九九〇年代以降は、グローバル化の進展によって、ハワイ・沖縄ではパイン工場の操業が停止した一方で、工業化による経済発展を遂げた台湾だけがパインを地産地消し、生産量を大きく伸ばすという対照的な状況となった。一九五〇年代前後の時期には、台湾と沖縄では戦前の台湾総督府官僚・渡辺正一が戦前に描いた青写真にもとづいて指導を行っていた。また、八重山のパインの「天皇」と呼ばれた林發が台湾と沖縄を行き来して、パイン産業の発展に尽力したりもしていた。ハワイでは、フィリピンへの産業移転がなされつつも、フィリピンでもハワイでもフィリピン系がパイン栽培に従事し、日系人もパイン工場が二〇〇〇年代に閉鎖されるまでパインを納入していた。

このようにアジア太平洋地域では、パインをめぐる国際移動には、アメリカ圏・中華圏・旧日本帝国圏という複数の勢力圏の移動ネットワークが重層的に折り重なっている姿が析出された。たとえば、ハワイから台湾には近代パイン産業のシステムを導入するためにモノと人が移動する一方で、台湾から沖縄にはかつての日本籍民であった人々のみならず、国民党の海外ネットワークに結びついた人々の移動が見られた。沖縄と台湾の間では、旧日本帝国という同一帝国内の移動だけでは捉えきれない、複数の勢力圏を結ぶ移動ネットワークが重層的に絡みあっている。

こうした国際移動をめぐる歴史は、一国史や地域史の枠組みからは漏れてしまいやすい。だが、モノと人の移動が社会に与えるインパクトを正確に考察するには、これまでの同一帝国圏内という枠組みを越えるより広い地域の枠組みによる分析が必要であることをパイン産業の事例は示している。パイン産業という窓からアジア太平洋地域を臨むと、同一の帝国とその植民地という枠組みや、複数の帝国間での比較という視点からも汲み取りきれない風景がみえてくる。ここから見えてくるもののなかで、より重要なものは、たとえば、帝国間の地域秩序の変動に翻弄されながらも、自らの生活基盤を確立しようともがき、国境を越えて移動した労働者としての民衆の姿であろう。ハワイ・台湾・沖縄からフィリピン・タイへのパインの生産拠点の移動は、後者の発展に寄与したという点を強調するような、かつての「近代化論」を焼き直したような議論が未だにある［Bartholomew, et al. 2012］。ハワイ・台湾・沖縄といった太平洋の島嶼地域での労働問題は、移動する労働者が未だに周縁化されて描かれることが主流である状況では、十分な議論がなされているとは言いがたい。このことは英米圏だけの問題ではなく、日本でも渡辺のように農学者としてパインの増産のみに焦点をあて、労働問題についてはさほど関心をもたずにいたようにみえる姿勢も同根の問題として考えられる。複数の勢力圏がひしめくなかで移動しながら生きてきた人々の視点から歴史を描き直すことの重要性は今後ますます強く認識されるであろう。とりわけ、国境を越える経済開発を労働という観点から批判的に検証することは、重要な課題のひとつとして指摘しておきたい。

〔付記〕

本論文は、『白山人類学』二一号（二〇一八）に掲載された、筆者による同名の論文に加筆・修正して改稿したものである。なお、本論文は、基盤研究（A）「帝国日本のモノと人の移動に関する人類学的研究――台湾・朝鮮・沖縄の他者像とその現在」（研究課題番号：二五二四四〇四四）、基盤研究（C）「越境する沖縄のパイン産業の基礎的研究――台湾・ハワイとの結びつきを中心に」（研究課題番号：一七K〇四一六五）、特別研究員奨励費「沖縄からみる環太平洋島嶼植民地支配の重層性：パイン産業の国際移動の批判的検証」（研究課題番号：一九J〇一八八六）による研究成果の一部である。

〔謝辞〕

本論文の執筆にあたっては植野弘子先生をはじめとする科研グループのメンバーだけでなく、東栄一郎先生・飯島真里子先生・石田正人先生・岩渕祥子さん・内海愛子先生・鈴木佑記先生・谷垣真理子先生・知花愛実さん・西村一之先生・箕曲在弘先生・三尾裕子先生（五〇音順）など多くの先生方からのご助言・ご協力をいただいたことをここに記して感謝する。また、岡崎仁平氏に関する貴重な資料を惜しみなく提供してくださった、仁平氏の孫にあたられる岡崎仁昭先生にも心から深く感謝する。

注

(1) 本稿では、パイナップルの略称としてパインという表記も用いる。

(2) 台湾パイン産業史の研究蓄積は、台湾の民主化を背景にした、台湾を独立した主体として歴史研究の対象とする台湾史研究の発展と軌を一にしている。台湾史研究は台湾をめぐる政治状況とは全くの無関係ではなく、むしろ、台湾アイデンティティを確立させる役割を担っているといってよい。

(3) 当事者による記録としては林［一九八四］を参照した。

(4) 宮内・藤林の研究については内海愛子氏、ツィン（Tsing）の研究については飯島真里子氏よりそれぞれ教示を受けた。

(5) 本稿の世界のパイン市場の動向は、戦前は台湾総督府官僚、戦後は香川大学教授としてパイン産業に携わった渡辺正一の論文［渡辺　一九四三、一九六六］を参照した。なお、本稿では紙幅の都合で触れることができなかったが、フィリピンでは、パイナップルを原料とする、スペイン統治時代からの伝統的織物・ピーニャがある。ピーニャをめぐる歴史については、菅谷千春・佐野敏行［一九九七］、小瀬木えりの［二〇〇三、二〇〇六］、そして、中村哲也［二〇一八］による研究がある。

(6) パイン缶工場そのものは一八八四年にフランス人がシンガポールで設立してはいたものの、それが世界に広まるまでには至らなかった。

(7) 日本人移民のサトウキビ農場からパイン農場への移入は Hawkins［2011］を参照。

(8) ダイヤモンドベーカリーのハワイアン・ショートブレッドのパッケージに商品の由来が表記されるようになったのはごく最近のことであるらしい。こうした表記がなされるようになった正確な時期や背景、さらには台湾などのパイン焼菓子の表記との比較は今後の課題としたい。

(9) 近代世界システムは中心から周縁へと拡大するモデルで理解されることが一般的ではあるが、周縁間で確立した近代性も存在しうる。近代世界システムの拡大が「先進的」な中心から「遅れた」周縁へという「成長物語」と結びつけられてきたことを相対化するためにも、列強の「周縁」間を移動する近代性を検証することは今後の重要な課題である。

(10) 前近代の台湾におけるパインの歴史や台湾におけるパインの歴史や台湾におけるパインの先行研究については、中央研究院台湾史研究所・林玉茹研究員より多くの教示を受けた。記して感謝したい。

(11) 高碕はアメリカと中国の双方に人的なパイプを持ち、一九六二年当時、まだ国交のなかった中国とのLT貿易を実現させた。戦前はハワイの日系人同様に、社会実現ができずくすぶっていたアメリカ西海岸の日系人たちを満洲に呼び寄せ、彼らの持つ機械式大規模農法のノウハウを活かそうといたが、当時の日本軍からの横やりにより構想が頓挫したことが回想録に記されている［高碕 一三四—一三八］。高碕と缶詰産業については、今後の研究課題としたい。

(12) 日本帝国は米国に台湾のパイン工場を破壊されたという被害を一方的に受けた訳ではない。日本軍は世界第二位のマラヤ、第四位のフィリピンのパイン工場を壊滅させている。この結果、イギリスはこれを代替するために南アフリカやケニアにパイン工場を移転させた。一方、アメリカでは一九四二年から一九四五年にかけての時期はアメリカ国内で圧倒的なシェアを誇っていたハワイ産のパイン缶の約六割を政府が買い上げたことやフィリピンのパイン缶生産の停止とも相俟って、市場への供給が不足するようになった。そこで、アメリカに近接するキューバ・ポートリコ・メキシコからの輸入が急増することとなった。このように第二次世界大戦は列強の各勢力圏の「周縁」間でパイン産業の拠点の移動・拡散を引き起こした。

(13) 渡辺［一九六六］に掲載された統計による。

(14) 技術導入事業の詳細については、八尾［二〇一三］を参照。

(15) 沖縄の製糖会社の社史には、技術導入事業により台湾からやってきた大陸出身の退役軍人が沖縄滞在中に香港経由で大陸に残した家族へ手紙と送金を行おうとしたエピソードが記されている。第一製糖株式会社記念誌編集委員会［一九八〇］を参照。

(16) 台湾の現状は、経済的に自立をしただけでは国際社会における自決権の行使をめぐって大国との間に生じる不公正の問題を根本的に解消するには至らないという限界も示している。

(17) 「パイン缶詰 自由化は必至の情勢 政府 近く米へ受け入れ伝達」（『琉球新報』一九八七年一一月一五日）。

(18)「パイン缶自由化の阻止を 西銘知事が要望」(『沖縄タイムス』一九八七年一一月一八日)。

(19) 西銘は利益誘導型の政治家として自民党内では田中派に属していた。西銘県政の特徴は、沖縄文化の独自性を評価しつつ、沖縄施政権返還後の沖縄と国の方針との一体化(本土化)をおしすすめようとした点にある。その一方で、田中派は親中派であったものの、西銘自身は沖縄施政権返還以前から台湾の国民党との親交があったため、生涯中国を訪問することはなかった。また、沖縄では保守・革新ともに米軍基地問題の解決に向けて行動することが得票にもつながることを背景に、西銘は沖縄出身の政治家としては初めて日本政府を通さずに米国へ赴き基地問題の解決を訴えた人物でもある。西銘を台湾という切り口でみつめると、日本本土の保守の枠には必ずしも回収されない、沖縄保守の独自性を垣間見ることができる。こうした、沖縄は日本本国の一部と認めつつも、日本・米国のみならず、台湾や中国とも向き合いながら沖縄の独自性も同時に認めていた西銘にとっての「戦後」や、沖縄をめぐる自己と他者の認識を読み解くことは今後の沖縄・台湾関係史における重要な課題のひとつであることを指摘したい。

(20)「パイン自由化『生産農家の犠牲許さぬ』本島各地から三千人決起『阻止』で強い決意 名護市」(『琉球新報』一九八七年一一月二一日)。

(21) 新井祥穂・永田淳嗣[二〇〇六]を参照。

(22) 一九八〇年に沖縄での国体開催が決定され、これを「海邦国体」と銘打ち一九八七年の開催にむけた準備がすすめられた。だが、大会開催期間中に日の丸焼き討ち事件が起き、その後、右翼による報復事件にまで発展した。海邦国体に端を発したこうした一連の事件は、日本が沖縄の住民を同じ日本国民としながらも、戦中から「戦後」にかけて沖縄に強いた負担を直視することも、歴史的和解をすることもせずに日本との一体化を図ろうとすることの限界が露呈したといえる。

(23)「『沖縄の戦後終った』西銘知事 国体は予想以上の成果」(『琉球新報』一九八九年一〇月三〇日)。

参考文献

新井祥穂・永田淳嗣
二〇〇六「沖縄・石垣島におけるパインアップル生産の危機と再生」『東大人文地理学研究』一七：三五―四九。

Bartholomew, Duane P., Richard A.Hawkins and Johnny A. Lopez
2012 Hawaii Pineapple: The Rise and Fall of an Industry, *HORTSCIENCE* 47(10): pp.1390-1398.

陳怡文
二〇〇五『亞太政治經濟結構下的臺日鳳罐貿易（一九五〇―一九七二）』台北：稲郷出版社。

第一製糖株式会社記念誌編集委員会
一九八〇『第一製糖株式会社二十周年記念誌』沖縄：第一製糖株式会社。

Duus
1999 *The Japanese conspiracy: the Oahu sugar strike of 1920* Berkeley, Calif.: University of California Press.

方治
一九八六『我生之旅』台北：東大出版。

高淑媛
二〇〇七『經濟政策與產業發展――以日治時期臺灣鳳梨罐頭業為例』台北：稲郷出版社。

Hawkins, Richard A.
2011 *A Pacific Industry: The History of Pineapple Canning in Hawaii*, London: I.B. Tarius.

北村嘉恵
二〇一四「パインアップル缶詰から見る台琉日関係史」『境界研究』特別号：一三三―一三九。

小瀬木えりの
二〇〇三「フィリピン伝統織物産業の復興に関する事例研究――ピーニャの再生に寄与した人々」『国際研究論叢：大阪国際大学紀要』一七（一）：七九―九四。
二〇〇六「トレーダーから製造業者へ――フィリピンのピーニャ産業における国際化の影響」『国際研究論叢：大阪国際大学紀要』一九（三）：五九―七三。

頼建圖
　二〇〇一　『日治時期臺灣鳳梨產業之研究』（国立台湾師範大学提出の修士論文）。
林發
　一九八四　『沖縄パイン産業史』沖縄：沖縄パイン産業史刊行会。
松田良孝
　二〇〇四　『八重山の台湾人』沖縄：南山社。
宮内泰介・藤林泰
　二〇一三　『かつお節と日本人』東京：岩波新書。
村井吉敬
　一九八八　『エビと日本人』東京：岩波新書。
　二〇〇八　『エビと日本人Ⅱ——暮らしのなかのグローバル化』東京：岩波新書。
中村哲也
　二〇一六　「パインアップルの来歴〔2〕——沖縄パインアップルの来歴と冷凍パイン自由化までの産業史」『農業および園芸』九一（九）：九〇六—九二一。
　二〇一八　「パインアップル繊維の利用——台湾での衰退とフィリピン・ピーニャの再興」『農業および園芸』九三（三）：二三一—二四九。
野入直美
　二〇〇八　「生活史から見る沖縄・台湾間の双方向的移動」『日本帝国をめぐる人口移動の国際社会学』蘭信三（編）五五九—五九二、東京：不二出版。
岡崎仁平
　一九三三　「布哇の鳳梨事業に就て」『台湾時報』一七：一三一—三一。
奥野修司
　二〇〇五　『ナツコ——沖縄密貿易の女王』東京：文藝春秋。
Pineapple Growers' Association of Hawaii
　1973　*Pineapple fact book* Honolulu: Pineapple Growers' Association of Hawaii.

Reinecke
1996 *The Filipino piecemeal sugar strike of 1924-1925* Honolulu : Social Science Research Institute, University of Hawaii.

櫻井芳次郎
一九三六「臺灣のパインアップル罐詰事業の創業」『熱帯園藝別刷』六（三）：二一三—二二〇。
一九二八『南支南洋鳳梨事業』南洋協会臺灣支部。

関沢俊弘
二〇一一「植民地台湾における日系パイン缶詰工場の経営——台湾鳳梨缶詰株式会社を事例として」『経営史学』四六（一）：二九—五五。

菅野敦志
二〇一八『やんばると台湾——パインと人形劇にみるつながり』沖縄：沖縄タイムス社。

菅谷千春・佐野敏行
一九九七「フィリピンにおけるピーニャの歴史的背景と近年の再生過程」『繊維製品消費科学』三八（一一）：六三七—六四四。

外村大・羅京洙
二〇〇九「一九七〇年代中期沖縄の韓国人季節労働者——移動の背景と実態」『移民研究年報』一五：七七—九五。

高碕達之助
一九六五『高碕達之助集 上巻』東京：東洋製罐株式会社。

鳥越皓之
二〇一四『国の滅亡とハワイ移民』東京：吉川弘文館。

鶴見良行
一九八二『バナナと日本人』東京：岩波新書。

Tsing, Anna
2015 *Mushroom at the End of the World: On the possibility of life in capitalism ruins* New Jersey: Princeton

University Press.
渡辺正一
一九四三「臺灣に於けるパイン栽培の沿革現況及将来」『臺灣経済叢書』一〇：一二一―四八
一九六六「東南アジア諸国におけるパインアップルの改良と技術交流の可能性に関する研究」『熱帯農業』一〇―一二：一二三―一四〇。
八尾祥平
二〇一三「戦後における台湾から「琉球」への技術導入事業について」『帝国以後の人の移動――ポストコロニアリズムとグローバリズムの交差点』蘭信三（編）五九五―六二三、東京：勉誠出版。
〈新聞〉
沖縄タイムス　一九八七年一一月一八日付
琉球新報　一九八七年一一月一五日付、一一月二一日付、一九八九年一一月三〇日付

あとがき

東アジアの諸地域と日本とのつながりを、人とモノという具体性をもって問うた研究プロジェクトの成果を、ようやく出版するに到ったことに、安堵の念を感じている。それとともに、この研究活動を通じて巡りあった人たち、そして出かけたフィールドでのことを思いだし、貴重な体験をさせてくれた研究プロジェクトであったと改めて思う。

台湾を研究のフィールドとしてきた私は、日本と東アジアとの関係を、人々の生活の中から考えたいという長い間の思いがあった。そして、そのつながりは、グローバル化が叫ばれる今に始まるものではなく、歴史の産物としてあることに自覚的であるべきだと考えてきた。七十数年前に終わった戦争にいたる「戦前」において、日本人が東アジアの各地に、さらに旧南洋群島にも多く移動し、多様な活動をしてきたことに、現代の日本人は無自覚になってしまっている。

しかし、「戦前」は、遠い歴史のかなたにあるものではない。私事を取りあげ恐縮ではあるが、終戦時に私自身の家族や親戚がどこにいたかを考えると、戦前の日本と他地域との関わりの深さを感じる。

私の父母は、商社に勤務していた父の赴任先、かつて「仏印」といわれたベトナムのハノイにいた。カルフォルニアで農場経営に携わっていた父方叔父たち、そして叔母も日系人強制収容所にいた。母方祖父は、勤務していた紡績会社の工場があった中国・青島におり、学徒出陣をして海軍航空隊に配属された母方叔父は、フィリピンの陸戦で既に戦死していたはずである。「戦前」の日本人は、いま思う以上にさまざまなかたちで、外の世界と関わっていた。この本を手に取った方たちの家族や親戚にも同じようなことは起こっていたはずである。しかし、戦後の日本は、国家として、そして多くの人々も、かつての大日本帝国の時代の日本の姿を忘却することで、いまの社会を存在させてきた。けれども、忘れない日本以外の地域の人たちがいるということを、我々は思い返さなければならない。

人の移動だけではなく、日本のモノも植民地に入ってくる。台湾において植民地期に最も「日本化」が進んだのは、エリート階層であるが、そうした家庭に育ち高等女学校で学んだ女性たちが語る教育の場でのモノ——文房具、手芸用品など、そして少女雑誌も、ときにはおしゃれな洋服も、日本から入ってきていた。こうしたモノからみると、植民地の生活のなかに日本のモノが埋めこまれ、それが戦後における日本のモノへの評価に繋がるようにもみえるが、それほど単純なものではない。かつての戒厳令下の時代には、台湾の人々も日本統治期のことを、今のようには語ることはなかった。今現在の台湾の状況が、日本や日本のモノに対する評価を生み、また語られることを、この研究を通じて再認識させられた。

また、植民地では、こうした「日本化」が到るところに浸透していたわけではない。私が長期フィールドワークをしていた一九八〇年代前半の台南地域の農村では、高等女学校で学んだ人たちと同世代の高齢女性たちは、ほとんどが学校に行って日本語教育を受けたこともなく、字も書けなかった。そのかつての日々の家庭生活に、日本のモノを探すのは難しい。こうした側面を無視して日本の記憶を語ることを戒めなければならない。そして、この農村からも、軍夫として戦場に行き戻らなかった人もいたことを忘れて、帝国日本の移動を語ることができないことを、今、改めて考えている。

本プロジェクトでは、沖縄、韓国、台湾において、当該地をフィールドとするメンバーが調査計画をたて、メンバー全員が参加して、各地で日本統治と関連する場を訪れ、またインタビュー調査を行った。

二〇一四年二月には沖縄・石垣島において、当時、八重山毎日新聞社に勤務していた松田良孝氏のアレンジによって、特に八重山と台湾との関係に着目した調査を行った。台湾から来た人たち、また台湾から引き揚げた人たちにお話を伺ったが、台湾でフィールドワークをするのと、非常に似た感覚であった。訪れた場所では、「臺灣農業者入植顯頌碑」が印象深い。台湾人の入植開始時には、対立した相手であった石垣の人々が中心となって、移住者に感謝する碑を建てたのである。「移動」が協調を生み出したこのプロセスに、学ぶべきことは多い。

二〇一四年八月には韓国で多彩な調査を行った。当科研プロジェクトの研究協力者である宋承錫教授（仁川大学）のご尽力により、韓国仁川華僑協会での調査が実現した。また、全京秀教授（ソウル大学）のご案内で、ソウル大学の図書館・博物館、さらに本の博物館（全羅北道サムレ）、東国寺（群山）で、植民地期の貴重な資料を目にすることができた。群山に移動してからは、咸翰姫教授（国立全北大学校）のご助力で、植民地期に日本人が経営した熊本農場のあった村落で調査を行った。熊本農場のような日本人による大規模な農場経営は、台湾ではなじみがない。そこにあった、「日帝強占期　収奪現場」と書かれた案内板は、台湾研究者に驚いて写真をとらせることになった。しばしば言われている台湾と韓国の植民地期に対する評価あるいは表現の違いを感じたときでもあった。

そして二〇一五年一二月には台湾で調査を行い、一九三〇年に完成した烏山頭ダムの建設を担った技師、八田與一の記念館を訪問した。八田は、灌漑を確実にするダムの建設によって台湾の経済発展に貢献した日本人として、台湾では一般的に高く評価されている。この大事業の結果は、農民に負担も強いるものでもあったが、記念館にそのような解説はなかった。地元民が作った八田の銅像とそれをめぐる逸話、八田の死後にダムに身を投げた八田夫人の像、いまも行われる八田の命日の供養など、記念館とその周辺は日本とのつながりを示す場のようにさえ見える。台湾でこうしたことがあることに、私は驚かなくなっていた。しかし、韓国研究者にとっては、異なる思いがあったろう。

共同調査は、各メンバーにとっても自らのフィールド以外の場を知るのみならず、日本人あるいは日本人研究者の立ち位置、研究をとりまく環境を、身をもって知る機会となった。この三回の調査は、メンバーの豊かな現地経験に支えられて、現地の方々、また研究者の方たちから、温かいそして刺激的なご助力をいただいた。ここでお名前を挙げられなかった多くの現地の皆様、また現地研究者の皆様に、この紙面を借りて、心より御礼申し上げたい。

研究プロジェクトの成果公開の一環として、二〇一六年一二月にシンポジウム「帝国日本における人とモノの移動と他者像——台湾・朝鮮・沖縄を基点に」を開催した。さらに、二〇一七年一一月には、一部のメンバーでフォーラム「モノと人の移動にみる帝国日本——記憶・近代・境域」(第一〇回白山フォーラム　白山人類学研究会)を行った。いずれも活発な議論が行われ、これらを踏まえて論文の改稿を重ねてできあがったのが、本書である。

また、三尾裕子氏と西村一之氏は、これまで台湾に関する研究活動をともに行ってきたが、このプロジェクトの調査や研究発表の場に参加して下さり、さらにコラム執筆のお願いまで聞き入れていただいた。ご協力に深く感謝申し上げる次第である。

ここにいたるまでのフィールドで出会って語ることのできた方々、また研究発表の場でいろいろな形で議論に加わってくださった方々に、心よりの感謝を伝えたい。皆さまのご助力なしでは、我々の研究活動は成り立たず、この本も存在し得ない。

本書そして姉妹編の刊行は、風響社の石井雅社主のご厚意なくしてはあり得なかった。出版助成金の獲得に失敗した私に、「もっと薄い本ならば出せるかも…」と言ってくださった。結局、二分冊になってしまったのはなんとも申し訳ないが、出版事情の厳しいなかで刊行していただいたことは、誠にありがたく心より感謝申し上げたい。また、編集を担当して下さった古口順子氏には、実に丹念な原稿・校正のチェックをはじめとして、本書が出版にいたるまで、真摯で強力な後押しをしていただいた。執筆者一同より、厚く御礼申し上げるところである。

東アジアにおける他者像を、人とモノの移動を視点として、時空の広がりをもって考察することをテーマとした今回の研究は、自己を取り巻くものに対するさまざまな気づきを与えてくれた。多様多彩に展開しうるこのテーマに関して、今後、さらなる研究が進展していくこと願って、結びとしたい。

二〇二〇年一月

植野弘子

写真・図表一覧

帝国日本におけるモノの交錯

日式表札の成立と越境

ある朝鮮総督府警察官の移動

神社を持つ「日本神」廟

日本統治期台湾における税関制度の変遷

「ヘッチする」とは？

植民地台湾における綿布消費の嗜好と商社の活動

マ

ナ

ハ

サ

索引

ア

カ

西村一之（にしむら　かずゆき）

2000年、筑波大学大学院博士課程歴史・人類学研究科単位取得退学。博士(文学)。

専攻は文化人類学、東アジア地域研究。

現在、日本女子大学人間社会学部准教授。

主著書として、『境域の人類学――八重山・対馬にみる「越境」』(風響社、2017年、共著)、論文として「閩南系漢民族の漁民社会における「鬼」に関する予備的考察――「好兄弟」になる動物」『日本女子大学紀要　人間社会学部』28号、2018年）など

谷ヶ城秀吉（やがしろ　ひでよし）

2008年、早稲田大学大学院アジア太平洋研究科博士後期課程研究指導終了退学。博士(学術)。

専攻は日本・アジア経済史。

現在、専修大学経済学部准教授。

主著書として、『帝国日本の流通ネットワーク――流通機構の変容と市場の生成』（日本経済評論社、2012年)、『植民地台湾の経済と社会』(日本経済評論社、2011年、共編著)、『"世界の工場"への道――20世紀東アジアの経済発展』（京都大学学術出版会、2019年、共著)。論文として、「函館における海産物移出の展開と植民地商人」(『社会経済史学』75巻 1号、2009年)、「戦間期における台湾米移出過程と取引主体」(『歴史と経済』208号、2010年)、「政府部門と国策会社の設立――台湾拓殖を事例に」(『社会科学年報』51号、2017年）など。

鈴木文子（すずき　ふみこ）

1992年、甲南大学大学院人文科学研究科博士後期課程単位取得満期退学。

専攻は文化人類学、韓国・朝鮮文化研究。

現在、佛教大学歴史学部教授。

主著書として、『変貌する韓国社会――1970～80年代の人類学調査の現場から』（第一書房、1998年、共著)、論文として、「山陰から見た帝国日本と植民地――板祐生コレクションにみる人の移動と情報ネットワークの分析を中心に」(『国立民族学博物館調査報告』69、2007年)、「朝鮮玩具の社会史――植民地期朝鮮における'鮮玩'の発見とその系譜」(『国際常民文化研究叢書』3、2013年)、「交錯する人と記憶――朝鮮混住地における植民地経験」(『佛教大学歴史学部論集』9号、2019年)

林　史樹（はやし　ふみき）

2001年、総合研究大学院大学文化科学研究科博士後期課程修了。博士(文学)。

専攻は文化人類学、韓国・朝鮮研究。

現在、神田外語大学外国語学部教授。

主著書として、『韓国のある薬草商人のライフヒストリー』(御茶の水書房、2004年)、『韓国サーカスの生活誌』(風響社、2007年)、『韓国食文化読本』(国立民族学博物館、2015年、共著）など。

八尾祥平（やお　しょうへい）

2012年、首都大学東京大学院人文科学研究科博士後期課程単位取得満期退学。博士(社会学)。

専攻は社会学、移民(華僑華人）研究。

現在、日本学術振興会特別研究員・上智大学非常勤講師。

主な論文として、「1950年代から 1970年代にかけての琉球華僑組織の設立過程――国府からの影響を中心に」(『華僑華人研究』、第 8号、2011)、「戦後における台湾から『琉球』への技術導入事業について」、(蘭信三編著『帝国以後の人の移動――ポストコロニアリズムとグローバリズムの交差点』、勉誠出版、2013)、「地域と地域の境界に埋もれた歴史を思い起こす――琉球華僑・華人を中心に」(小熊誠編著『〈境界〉を越える沖縄』、森話社、2016）など。

翻訳

杉本房代（すぎもと　ふさよ）

2005年、台湾国立政治大学経済研究所碩士課程修了。

専攻は経済史。

執筆者（執筆順）

角南聡一郎（すなみ　そういちろう）

2000年、奈良大学大学院文学研究科博士課程修了。博士(文学)。

専攻は仏教民俗学、物質文化研究。

2020年4月〜 神奈川大学国際日本学部准教授。

主著書として、『論集葬送・墓・石塔』（狭川真一さん還暦記念会、2019年、共著）、論文として、「金毘羅信仰及び金刀比羅宮の絵銭」（『こと比ら』74号、2019年）、「元興寺をめぐる教育と学術――宗教の社会的役割を問い直す試み」（『元興寺文化財研究所研究報告2018』、2019年）など。

冨田哲（とみた　あきら）

2000年、名古屋大学大学院国際開発研究科国際コミュニケーション専攻博士後期課程修了。博士(学術)。

専攻は台湾史、社会言語学。

現在、淡江大学日本語文学系副教授。

主著書として『植民地統治下での通訳・翻訳――世紀転換期台湾と東アジア』（致良出版社、2013年）。論文として、「ある台湾語通訳者の活動空間および主体性――市成乙重と日本統治初期台湾」（楊承淑編『日本統治期台湾における訳者及び「翻訳」活動――植民地統治と言語文化の錯綜関係』台湾大学出版中心、2015年）、「元台湾語通訳者市成乙重とアジア・太平洋戦争期の「福建語」」（『跨境／日本語文学研究』第3号、2016年）。「乃木希典遺髪碑建立と伊沢修二」(木下知威編『伊沢修二と台湾』台湾大学出版中心、2018年）など。

三尾裕子（みお　ゆうこ）

1986年、東京大学大学院社会学研究科博士課程中退。博士(学術)。

専攻は文化人類学、東アジア地域研究。

現在、慶應義塾大学文学部教授。

主著書として、『王爺信仰的歴史民族誌――台湾漢人的民間信仰動態』（中央研究院民族学研究所、2018年）、『帝国日本の記憶――台湾・旧南洋群島における外来政権の重層化と脱植民地化』（慶應義塾大学出版会、2016年、共編著）、『グローバリゼーションズ――人類学・歴史学・地域研究の現場から』（弘文堂、2012年、共編著）など。論文として、「従地方性的廟宇到全台性的廟宇――馬鳴山鎮安宮的発展及其祭祀圏」（謝国興編『台湾史論叢　民間信仰篇』175-248頁、2019年、台大出版中心）、「植民地経験、戦争経験を「飼いならす」――日本人を神に祀る信仰を事例に」『日本台湾学会報』(19号、2016年)、「《特集》外来権力の重層化と歴史認識――台湾と旧南洋群島の人類学的比較　序」『文化人類学』（81巻 2号、2016年）など。

林玉茹（りん　ぎょくじょ）

1997年、台湾大学大学院歴史研究科博士課程単位取得退学。博士(歴史)。

専攻は台湾社会経済史、清代台湾史、海洋史、地域研究。

現在、台湾中央研究院台湾史研究所研究員。

主著書として、*Merchant Communities in Asia 1600-1980*(London: Pickering & Chatto、2015年、共編)、『台湾拓殖株式会社の東台湾経營――国策会社と植民地の改造』(汲古書屋、2012年)、『植民地的辺区――東台湾政治経済的発展』（遠流、2007年）、『戦後台湾的歴史学研究 1945-2000――台湾史』（行政院国家科学委員会、2004年）、『清代竹塹地区的在地商人及其活動網絡』（聯経、2000年）、『清代台湾港口的空間結構』（知書房、1996年）、論文として、「進口導向――十九世紀台湾海産生産与消費」（『台湾史研究』25巻1号、2018年）、Management of and Experiments in a Colonial Industry: Japanese Government-run fishermen Migration Project in Taiwan during the Late Meiji Period(*Translocal Chinese: East Asian Perspective* 9巻、2015年）、「通訊与貿易――十九世紀末台湾与寧波郊商的訊息伝通」（『台大歴史学報』58号、2016年）など。

編者紹介

植野弘子（うえの　ひろこ）

1987年、明治大学大学院政治経済学研究科博士後期課程満期退学。博士（学術）。

専攻は社会人類学。

現在、東洋大学アジア文化研究所客員研究員。

主著書として、『台湾漢民族の姻戚』（風響社、2000年）、『台湾漢人姻親民族誌』（南天書局、2015年）、『台湾における〈植民地〉経験——日本認識の生成・変容・断絶』（風響社、2011年、共編著）。論文として、「父系社会を生きる娘——台湾漢民族社会における家庭生活とその変化をめぐって」（『文化人類学』75巻4号、2011年）、「『民俗台湾』にみる日本と台湾の民俗研究——調査方法の検討を通じて」（『東洋大学社会学部紀要』50巻1号、2012年）など。

上水流久彦（かみづる　ひさひこ）

2001年、広島大学大学院社会科学研究科修了。博士（学術）。

専攻は文化人類学、東アジア地域研究。

現在、県立広島大学地域基盤研究機構准教授。

主著書として、『台湾漢民族のネットワーク構築の原理——台湾の都市人類学的研究』（渓水社、2005年）、『東アジアで学ぶ文化人類学』（昭和堂、2017年、共編著）、『境域の人類学——八重山・対馬にみる「越境」』（風響社、2017年、共編著）、『アーバンカルチャーズ』（晃洋書房、2019年、共著）、『台湾の海洋安全保障と制度的展開』（晃洋書房、2019年、共著）など。

帝国日本における越境・断絶・残像——モノの移動

2020年2月18日　印刷
2020年2月29日　発行

編　者　植野　弘子
　　　　上水流　久彦

発行者　石井　雅

発行所　株式会社　風響社

東京都北区田端 4-14-9（〒114-0014）
03(3828)9249　振替 00110-0-553554
印刷　モリモト印刷

ISBN 978-4-89489-274-3 C1039